Las herramientas del directivo

La Serie Harvard Business Essentials

La serie Harvard Business Essentials está pensada para proporcionar consejos en general, formación personal, información de base y una guía sobre las cuestiones más relevantes de los negocios. Fundamentadas en los excelentes contenidos de Harvard Business School Publishing y otras fuentes, estas concisas guías están cuidadosamente preparadas como fuente altamente práctica para lectores de todos los niveles de experiencia. Para asegurar calidad y exactitud, cada volumen cuenta con la cuidadosa revisión de un asesor de contenidos especializados proveniente de una escuela de negocios de nivel mundial. Tanto si el lector es un nuevo directivo interesado en ampliar sus habilidades como un directivo experimentado en busca de recursos personales, estos libros llenos de soluciones ponen respuestas de confianza al alcance de la mano.

Otros libros en las series:

Finanzas para directivos
Contratar y retener a los mejores empleados
Gestionar el cambio y la transición
Negociación
Comunicación empresarial
Desarrollar la gestión de la creatividad y de la innovación
Gestión de proyectos
Cómo crear equipos efectivos

Las herramientas del directivo

Las trece destrezas que necesita
un directivo para tener éxito

EDICIONES DEUSTO

Única traducción autorizada al castellano de la obra *Manager's Toolkit. The 13 Skills Managers Need to Succeed* (ISBN:
1-59139-289-6), publicada en lengua inglesa por la editorial Harvard Business School Press, de Boston.

Diseño de la cubierta: Slovinsky Estudio Gráfico

© 2004 Harvard Business School Publishing Corporation

© 2005 Ediciones Deusto
      Planeta DeAgostini Profesional y Formación, S.L.
      Avda. Diagonal, 662-664
      08034 Barcelona

Traducción: Juan Castilla Plaza

Composición: Fotocomposición Ipar, S. Coop. - Bilbao

Impresión: T.G. Soler

ISBN: 84-234-2253-4
Depósito legal: B - 45.278-2004

Impreso en España

Índice

7. Evaluación y formación   127

Mejora de los resultados mediante feedback

8. Manejo de los empleados problemáticos.   147

Motivar o dejar que se vayan

9. Gestión de las crisis   167

No espere hasta que lleguen

10. Desarrollando su carrera   183

Y la de ellos

11. Convirtiéndose en un líder **205**
El reto final

12. Estrategia **223**
Un manual

Tercera parte: Dominio de las herramientas financieras

13. Confección del presupuesto.   **237**
Viendo el futuro

Introducción

Si usted es un directivo, es probable que alcanzara dicha posición debido a que es un colaborador excelente. Como tal habrá desarrollado unas destrezas muy útiles. Es probable que realizara un buen trabajo y lo hizo en su debido tiempo. Ahora, como directivo, se le ha pedido que desempeñe un papel más amplio y algunas de las cualidades y experiencias que le sirvieron para sus anteriores éxitos no le serán de ninguna utilidad en esta nueva faceta de su profesión. La experiencia técnica y las destrezas que adquirió en su anterior puesto de trabajo son todavía importantes, pero ya no definen el papel que desempeña. Su gestión como directivo consiste en obtener resultados mediante la creatividad, la experiencia y la energía de otros. Por ejemplo, su destreza como vendedor puede que le haya llevado a convertirse en jefe de ventas. Dicha destreza podrá servirle para enseñar a sus subordinados. Sin embargo, su éxito como directivo se verá determinado por otras cualidades: su capacidad para contratar y retener a una buena plantilla; su habilidad para motivar y desarrollar el potencial de cada miembro de su equipo; para crear planes rentables; su forma de controlar el presupuesto; su capacidad para tomar decisiones correctas y adecuadas; su habilidad para despedir a las personas que no pueden o no quieren realizar su trabajo; su ayuda para que asciendan las personas que disponen de capacidad. Es como un nuevo juego, sólo que con diferentes pautas de éxito y que, además, requiere nuevas destrezas.

Tanto si es nuevo en lo que a la gestión se refiere como si es sólo temporalmente, este libro le ayudará a mejorar las trece destrezas que debe dominar cualquier directivo eficiente. Cada capítulo se inspira en experiencias fidedignas y ofrece muchos consejos de carácter práctico, así como enseñanzas personales y antecedentes que podrá aplicar diariamente.

¿Qué sigue?

Este libro se divide en tres partes. La primera parte se centra en cinco destrezas básicas, pero esenciales, que son necesarias para construir las bases de un directivo poderoso y de alta ejecución. El capítulo primero trata de establecer metas que otros perseguirán, lo que explica por qué las metas unitarias deben alinearse con los objetivos estratégicos de la empresa, describe igualmente las características de unas metas eficientes y proporciona consejos de cómo puede desarrollar perspectivas poderosas, tanto para su unidad como para usted mismo.

Los capítulos segundo y tercero tratan de dos destrezas que están relacionadas: la contratación y la retención de una buena plantilla. Una buena plantilla, bien dirigida, es la clave del éxito. En el capítulo segundo aprenderá lo más novedoso acerca de los requisitos para un trabajo, la forma de contratar ese personal y los cinco pasos de enfoque que debe dar para disponer de personal que pueda y realice ese trabajo. El capítulo tercero trata de los motivos por los cuales retener ese personal es de suma importancia para las empresas y sus directivos, el porqué de que unos se queden y otros se vayan. Al contrario de otras muchas fuentes, este capítulo no ve la rotación de personal como algo tan negativo, ya que sólo lo considera exclusivamente un problema cuando dicha rotación conlleva la contratación de un personal que resulta caro de contratar y de formar, y que supone, además, un valor real para sus clientes o su empresa. Esto conlleva que los directivos diferencien entre segmentos de empleados y empleados individuales; algunos valen más que otros para los negocios. Los directivos deben centrar sus capacidades de retención en aquellos empleados más valiosos; por eso, saber quiénes son los que realmente valen es una destreza que todos los directivos necesitan desarrollar.

La delegación es el tema principal del capítulo cuarto. Una cualidad esencial y básica de todo directivo. Aquella persona que no sepa delegar de forma eficiente no puede ser un directivo capaz. Este capítulo trata de esos síntomas alarmantes que le indican que debe delegar con más frecuencia, e incluso le proporciona las pautas para hacerlo debidamente. Los directivos que no delegan terminan con la agenda repleta. No obstante, cuando se gestiona una empresa existen otras muchas razones para sentirse apurado en lo que al tiempo se refiere, y este capítulo trata de identificarlas y explica cómo puede desembarazarse de aquellos asuntos que son una perdida de tiempo con el fin de recuperar el control del mismo.

La segunda parte se centra en una destreza directiva aún más retadora. El capítulo sexto trata del trabajo en equipo, algo que a muchos directivos experimentados, acostumbrados a ser jefes, les cuesta trabajo llevar a cabo. En este capítulo encontrará las bases de cuándo y por qué utilizar los equipos, la forma de crearlos, dirigirlos y solventar los problemas que se crean en ellos, así como la forma de evaluar su rendimiento.

El capítulo séptimo se ciñe a la forma de mejorar ese rendimiento mediante la evaluación y la enseñanza. Ambas actividades proporcionan a los directivos el *feedback* esencial que deben mantener con sus subordinados. Y aunque la evaluación es una actividad que se ejerce con poca frecuencia, la enseñanza es una destreza que puede utilizarse diariamente. Como tema afín, el capítulo octavo enfoca ese tema que preocupa a todo directivo: el problema de los empleados. La mala conducta y el pobre rendimiento de algunos de ellos pueden ser corregidos mediante la motivación y el *feedback*, tal y como se explica en dicho capítulo. Habrá otros, no obstante, que tendrán que ser despedidos porque no pueden o no saben hacer el trabajo. El despido es una tarea engorrosa para todos los implicados en ello, y si no se lleva a cabo de la forma adecuada puede dañar la reputación de la empresa o terminar con una demanda en su contra. Este capítulo nos indica claramente lo que debemos hacer y lo que *no* debemos hacer en esas situaciones.

¿Se le ha quemado alguna vez su ordenador principal? ¿Se le ha ocurrido pensar en lo que debería hacer si así fuera? Todas las empresas se ven a veces envueltas en una crisis, ya sea de un tipo o de otro. Cuando eso ocurre, el directivo se encuentra en una situación que le impide moverse al menos durante tres meses, y entonces los clientes pueden verse también envueltos en serios apuros. Las posibilidades de que su empresa se vaya al garete son infinitas. Por eso, el capítulo noveno explica cómo se pueden evitar ciertas crisis mediante una debida planificación, así como la forma de prepararse para aquellas que no pueden evitarse. Dicho capítulo le proporciona, además, consejos para las crisis contenidas en caso de que sucedan, así como la forma de resolverlas y aprender de ellas. Una crisis de gestión es la última cosa que imagina un directivo, hasta que sucede. Sea, por tanto, lo suficientemente inteligente como para pensar en ello ahora.

El capítulo décimo trata de aquellas ideas de carácter práctico que le permiten obtener el mayor rendimiento de su carrera. Le ayudará a identificar los intereses principales de su empresa, los valores en el trabajo y sus destrezas. Una vez conocidos, se sentirá mejor preparado para identificar cuál es el camino que se ajusta a su personalidad. Sin embargo, el desarrollo profesional no es exclusivo de usted, y como directivo, una de sus responsabilidades es desarrollar la carrera de las personas que trabajan en su empresa. Podrá hacerlo siguiendo los enfoques planteados en este capítulo.

En muchos aspectos, el reto definitivo de todo directivo es desarrollar el liderazgo. Tal y como se aprecia claramente en el capítulo undécimo, la frontera entre gestión y liderazgo es un tanto ambigua. Los directivos deben ser capaces de liderar, y los líderes deben ser capaces de dirigir. Con el fin de ayudarle a desarrollar sus destrezas de liderazgo, este capítulo identifica las características que debe poseer un líder eficiente, le indica la forma de equilibrar las tensiones que, de forma típica, se generan en las organizaciones, así como la forma de crear una visión que sigan todos los demás. Los verdaderos líderes también actúan como agentes de cambio, desafiando la complacencia allá donde la encuentran.

La estrategia es el tema del capítulo duodécimo. En muchos aspectos, la formulación estratégica es una destreza de liderato, ya que señala la dirección que debe llevar el resto de la organización. Tal y como se describe en este capítulo, la estrategia es la búsqueda deliberada de un plan de acción que ofrezca a la organización una ventaja competitiva sobre sus rivales. Inspirado por los escritos de Michael Porter, Clayton Christensen, así como otros líderes que han tenido en consideración dicho tema, este capítulo identifica los diferentes enfoques que puede adoptar una empresa para hacerse diferenciar y tomar cierta ventaja con respecto a las demás. En este capítulo se estudian los cinco pasos que conlleva el proceso de formular una estrategia, así como la forma de alinear las actividades de la empresa con él.

La tercera parte del libro está dedicada a unas herramientas financieras específicas que todo directivo de grado medio o alto debe entender y aprender a aplicar. La destreza financiera es un complemento necesario para aquellas personas experimentadas que dominan la literatura de gestión. Los temas que se tratan en este parte incluyen la configuración de presupuestos (capítulo 13), la capacidad para leer e interpretar los balances generales (capítulo 14), el análisis del valor neto actual y la tasa de rendimiento interno (capítulo 15), y el análisis del punto crítico (capítulo 16). Estas herramientas ayudan a que el directivo tome el pulso de la empresa, le proporcionan la forma de controlarla y le sirven para tomar decisiones más óptimas.

Las diversas destrezas que aparecen en este libro requieren de un vocabulario específico, especialmente en el aspecto financiero. Comprender dicha terminología le ayudará a tener un mejor dominio del tema, así como a ser más eficiente a la hora de comunicarse con otros directivos o técnicos. Con ese fin, encontrará al final de este libro un glosario de todos los términos clave. Cada uno de ellos se ha escrito en letra cursiva cuando aparece por primera vez en el texto, indicándole que su definición puede encontrarla en dicho glosario.

Existe otra sección dedicada a «lecturas recomendadas» al final de este libro. En ella encontrará referencias de libros y artículos recientes —muchos de ellos clásicos— que le proporcionan más material y perspectivas únicas de los temas que se cubren en estos capítulos. Si usted desea aprender más acerca de los temas que hemos incluido en este libro, dichas referencias le serán de gran ayuda. Además, la página *web* de Harvard Business Essential (www.elearning.hbsp.org/businesstools) ofrece versiones interactivas gratuitas de herramientas, listas de comprobaciones y hojas de trabajo citadas en este y otros libros en la serie *Essentials*.

Primera parte

Aprendiendo lo esencial

Estableciendo metas que otros persiguen

Comprometiéndose con el resultado

Temas básicos tratados en este capítulo

- *¿Por qué las metas se deben originar en el objetivo estratégico de la empresa?*

- *Estableciendo metas ascendentes y descendentes.*

- *Las características de unas metas eficientes.*

- *Desarrollando metas para la unidad y para uno mismo.*

- *Estableciendo prioridades.*

- *Las cuatro fases del proceso que conlleva alcanzar la meta.*

- *Revisión después de la acción.*

ESTABLECER METAS es un proceso que sirve para definir los objetivos que usted planea conseguir. Es una de las funciones esenciales de la gestión. Cuando establece unas metas se compromete con unos resultados que puede conseguir por sí mismo o mediante sus subordinados. Establecer unas metas sirve también para concentrar los limitados recursos que uno tiene a su disposición en aquellos aspectos de mayor importancia. Establece el curso de la acción.

Al establecer unas metas y medir sus logros, usted puede dedicarse a lo más importante: no malgastar su energía en tareas de poca importancia y conseguir grandes resultados. Como directivo, es responsable de establecer metas para su unidad y para sí mismo. Este capítulo explica cómo hacerlo de la forma adecuada[1].

Empezar con la estrategia

Las metas deben surgir de la estrategia de la empresa. Por ejemplo, si la estrategia consiste en convertirse en un líder en la participación del mercado mediante rápidas introducciones de un producto, tanto las metas individuales como las de la unidad deben estar al servicio de dicha estrategia. De hecho, debe ser como un torrente de metas unidas y alineadas en forma descendente, tal

FIGURA 1-1

Definición de metas

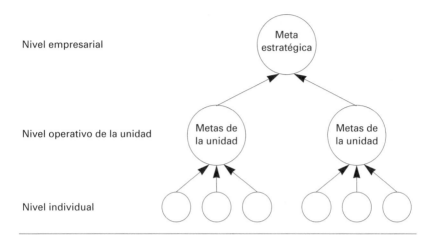

Nivel empresarial — Meta estratégica

Nivel operativo de la unidad — Metas de la unidad / Metas de la unidad

Nivel individual

y como indica la figura 1-1. En la misma, la estrategia de la empresa se encuentra en la parte superior. Cada unidad operativa tiene unas metas que apoyan directamente dicho objetivo estratégico. Dentro de las unidades operativas, se les asigna tareas a los equipos y a los individuos que apoyan directamente a las que se han dado a la unidad. El verdadero poder de estas metas en forma de torrente es la alineación con los propósitos de más envergadura de la organización. Sería ideal que cada empleado comprendiera cuál es su meta, cómo sirve a la meta de la unidad y cómo las actividades de dicha unidad contribuyen al objetivo estratégico de la empresa.

Ascendentes o descendentes

Los dos enfoques más comunes para establecer metas son el ascendente y el descendente. En el enfoque descendente, la directiva de la empresa establece amplias perspectivas y a cada empleado se le asignan objetivos que están alineados y apoyan dichas metas.

Este enfoque resulta más apropiado en aquellos casos en que los miembros de base de un sindicato necesitan de una mayor supervisión, son nuevos dentro de la organización o no conocen las metas de la unidad o la empresa.

En el método ascendente, los empleados desarrollan sus propias metas y los directivos se integran dentro de unas metas de organización más amplias. Este enfoque ascendente resulta más apropiado cuando los empleados se dirigen a sí mismos y cuando comprenden claramente la estrategia de la empresa, las necesidades de los clientes y el papel que desempeñan en el amplio esquema de cosas.

Tanto en un enfoque como en otro, establecer metas resulta más efectivo cuando los empleados se involucran en el proceso. Ese involucrarse aumenta la cobertura, asegura que los objetivos se han comprendido y fomenta la contabilidad a cada nivel. Por el contrario, en el enfoque descendente esta integración no es posible, ya que después de todo, es el directivo quien elige y adjudica las metas. Sin embargo, la cobertura puede asegurarse si el directivo comunica el propósito de las metas asignadas a los empleados, así como la forma de encajar dichas perspectivas dentro de la amplia estrategia empresarial.

En la mayoría de los casos, las metas de una empresa se ven determinadas mediante un proceso que conjunta ambos enfoques. La gestión no implica dictar objetivos a los empleados sin consultar, ni que dichos empleados tengan la libertad de fijar sus propias metas. Por el contrario, los hitos individuales, así como los de la unidad, se determinaran mediante un proceso de negociación en el que lo necesario y viable se discute entre la directiva y los empleados.

Características de las metas eficientes

No importa qué enfoque tome para establecer unas metas, éstas han de ser eficientes. Y para que así sea, esas metas deben ser:

—Reconocidas como importantes por todo el mundo.

—Claras y sencillas de comprender.

—Escritas en términos específicos.

—Con un tiempo limitado.

—Alineadas con la estrategia de la organización.

—Posibles de alcanzar, aunque supongan un reto.

—Recompensadas de la forma apropiada.

Pongamos, como ejemplo, las metas asignadas de un jefe de ventas a un vendedor de área:

> *Es de suma importancia que nuestra empresa aumente sus ingresos por ventas durante el próximo año. Hemos invertido recientemente una considerable cantidad de dinero en formación y fabricación, y la administración superior espera que compensemos esas inversiones con unos mayores ingresos. Si podemos lograrlo, la situación financiera de la empresa mejorará ostensiblemente y se encontrará en una mejor situación para competir en el futuro. Lo que significa mayor seguridad en el trabajo y unas mayores gratificaciones para cada uno.*
>
> *La meta de la empresa es aumentar los ingresos por ventas en 15 millones de dólares el próximo año, y se espera que todos los miembros del departamento de ventas contribuyan a ello. Se le encomienda, por tanto, a cada uno la tarea de aumentar los ingresos por ventas en su zona entre 2 millones o 2 millones y medio de dólares, es decir, un 10%. Se les entregara un documento escrito a tal efecto.*
>
> *Un aumento del 10% no será una meta fácil de lograr considerando el presente trabajo que han realizado. No obstante, existen muchas oportunidades en su zona y estoy seguro de que podrán lograr dicha meta, contando, siempre y para cualquier asunto, con mi apoyo y respaldo.*

Observe cómo este directivo ha subrayado cada característica de lo que es una meta eficiente.

Dos errores a evitar

Muchas organizaciones cometen dos errores al establecer metas:

1. Fracasan a la hora de crear unas métricas de rendimiento. Estos parámetros proporcionan unas evidencias objetivas de que se ha logrado la meta, o que se va hacía ella. Rendimiento por máquina, errores cometidos cada millar de unidades producidas y plazo de puesta en el mercado, son ejemplos de métricas de rendimiento. Sea cual sea la métrica que usted utilice, asegúrese de que está unida a las metas que busca.
2. Fracasan a la hora de alinear las metas y las compensaciones. Muchas empresas cambian las metas, pero ello no va seguido de un alineamiento de las compensaciones. Incluso cuando lo intentan, se equivocan con frecuencia insertando unas compensaciones que no son las adecuadas. Unas compensaciones mal mensuradas provocan que los empleados dediquen sus energías a actividades erróneas.

Desarrollando las metas de la unidad

En un día cualquiera, usted, como directivo, pensará cómo su unidad puede trabajar de una forma menos exhaustiva, en las nuevas responsabilidades que debe asumir dicha unidad, cómo un equipo puede trabajar mejor, o cómo pueden reducirse los gastos operativos. Cada una de estas áreas contiene unas metas potenciales. Su reto consiste en revisarlas e identificar cuáles pueden conseguirse, unidas a las metas de la organización y con posibilidad de crear mayor valor.

Por lo tanto, cada seis o doce meses debe revisar las diversas actividades de la unidad intentando identificar las oportunidades de lograr una gran diferencia en el rendimiento. Y puesto que dos es mejor que uno, llamé a todo su equipo —de forma regular— para que sugieran toda clase de metas. Haga preguntas como:

—¿Qué iniciativas necesitan llevarse a cabo para asegurar el éxito?

—¿Qué estándar estamos buscando?

—¿En qué lugar se puede mejorar un diez por ciento la productividad y la eficiencia?

—¿Qué esperan nuestros clientes de nosotros?

—¿Están cambiando las especificaciones del cliente? ¿Cómo podemos responder a ello?

No se preocupe acerca de las restricciones ni de las ejecuciones, puesto que solamente se están sugiriendo ideas. No se olvide tampoco de examinar de nuevo las metas existentes que pueden necesitar de una revisión debido a los cambios en los requisitos del cliente y la competencia.

Muchos directivos enfocan el establecimiento de objetivos con cierta aprehensión. Por un lado, saben que las metas deben ir enfocadas a afrontar los retos más importantes de la organización, pero estos, casi por definición, son difíciles y conllevan riesgos de cierta envergadura. En consecuencia, existe una tendencia natural a evitarlos o a poner el listón demasiado alto. Después de todo, unas metas difíciles generan que los subordinados empiecen a murmurar entre sí. Existe también una mayor probabilidad de fracaso, así como de verse sancionado profesionalmente. Ambas cosas se pueden evitar estableciendo unas objetivos menos retadores. Sin embargo, puede que eso no sea lo mejor para su organización, o para usted, ni incluso para sus subordinados. Lo mejor es comunicarse de forma sincera con sus subordinados y explicar por qué se han seleccionado estas metas tan dificultosas, por qué lograrlas resulta de tanta importancia, tanto para la organización como para ellos como individuos. Asegúrese de que vean en ello un beneficio personal.

Estableciendo prioridades

Algunas metas son críticas para un éxito futuro. Otras son sencillamente agradables de conseguir. Puesto que los recursos son limitados, usted debe aprender a diferenciar entre unas y otras. Por ese motivo, cuando tenga una lista de los objetivos que desea lograr, reduzca esa lista y seleccione las que considere más importantes. Empiece por establecer unos criterios de identificación que le ayuden a distinguir entre prioridades de mayor importancia y prioridades menores. Por ejemplo:

—¿Qué metas valora más su organización?
—¿Qué tendrá mayor impacto en el rendimiento o en los beneficios?
—¿Cuáles son las metas más retadoras?
—¿Qué metas puede afontar mejor su equipo, ya sea por habilidad o mediante una formación?

Algunas metas están destinadas a conjuntarse. Cuando eso suceda, trate de consolidarlas en una más amplia y única. Luego revise la lista de metas y utilice su criterio para clasificarlas en niveles de prioridad. Por ejemplo:

Prioridad A: De mayor valor e importancia.
Prioridad B: De valor medio y de importancia secundaria.
Prioridad C: De poco valor y menor importancia.

Elimine todas las metas de la prioridad C y luego vuelva a mirar las del grupo B. ¿Vale la pena dedicarles tiempo? Si es así, debería trasladarlas al grupo A y ponga el resto en el grupo C. Las metas que contiene el grupo A son las de mayor valor. Sin embargo, aún no ha finalizado el proceso de selección. Puesto que los recursos son siempre limitados, debe intentar de nuevo clasificar esas metas por prioridades. El último paso consiste, por tanto, en revisar las metas que están en el grupo de prioridades A y tratar de clasificarlas por orden de importancia hasta conseguir una lista final de prioridades.

Sus metas como directivo

Usted también necesita tener metas individuales. En ellas se pueden incluir metas de unidad o componentes de éstas que requieran de sus destrezas específicas; es decir, esas cosas que usted no puede delegar. Dichas metas pueden reflejar su contribución a las metas de los miembros del equipo. En algunos casos, esas perspectivas le serán encomendadas a usted por alguien con rango superior en la cadena de mando: un directivo general o un jefe ejecutivo.

Sus metas pueden incluir también algunos aspectos que no están relacionados con su unidad. Por ejemplo, puede desempeñar la tarea de revitalizar los beneficios de salud sanitaria de la empresa. En ese caso, una de sus metas se verá vinculada a esta actividad, aunque no esté conectada directamente con el trabajo realizado por su unidad.

Sea cual sea el enfoque de sus metas, trate de llegar a un acuerdo con su propio directivo, busque un entendimiento mutuo acerca de los resultados esperados y asegúrese del apoyo y de la formación que se necesita para tener éxito. Asegúrese, además, de que todos los miembros de su equipo son conscientes de sus metas personales. Si ellos comprenden cuáles son sus prioridades y la forma en que las actividades del equipo se ajustan a ellas, todo el mundo trabajara conjuntamente y con mayor satisfacción.

Cuatro pasos para lograr las metas

Establecer una serie de metas claras es importante, pero, obviamente, no lo es todo. Las metas por sí solas carecen de sentido y sólo son significativas cuando se ajustan a unos planes de carácter práctico con el fin de conseguirlas. Convertir las metas en realidad implica cuatro pasos:

1. Divida cada meta en tareas específicas, buscando unos resultados claros.

2. Planifique la ejecución de estas tareas, así como sus horarios.
3. Recopile los recursos necesarios.
4. Ejecute su plan.

Primer paso. Como primer paso debe determinar cuáles son las tareas necesarias para conseguir esas metas. Algunas de estas gestiones deben completarse por pasos; es decir, que la tarea A debe terminarse antes de comenzar la tarea B. Si es así, clasifique las tareas en su respectivo orden. En el caso de que otras tareas deban completarse de forma simultánea, siempre puede asignársela a otro equipo. Si una tarea resulta abrumadora, divídala en partes más pequeñas.

Segundo paso. Planifique cada tarea y señale una fecha de inicio y otra de finalización. Es posible que desee utilizar un *diagrama de Gantt* o algún otro tipo de gráfico de evaluación de tiempo para que todos los involucrados lo tengan claro. Los diagramas de Gantt son los métodos de evaluación que mejor conoce la mayoría de las personas. Son muy fáciles de leer y comunican claramente las necesidades que deben obtenerse dentro de un marco particular de tiempo (véase figura 1-2, por ejemplo). Obsérvese en dicha figura que las tareas clave están colocadas en la columna de la izquierda, con los tiempos de inicio y finalización representados en la barra horizontal. Cuando confeccione un diagrama de Gantt, preste especial atención a la relación que existe entra las tareas más dificultosas. Por ejemplo, «La modificación del diseño» es algo que no puede realizarse hasta que no se haya completado el «Análisis del cliente», puesto que la modificación depende, sin duda, de los resultados de esos tests. Algunas tareas como «La búsqueda de material» pueden llevarse a cabo de forma paralela con otras tareas. Usted debe utilizar las tareas más importantes de su plan como puntos de referencia en el camino que le llevará hasta obtener sus metas.

Los puntos de referencia hacen que un viaje tan largo parezca más corto, le permitirá, al mismo tiempo, ir cubriendo tramos más cortos, lo que le proporcionará la oportunidad de

FIGURA 1-2

Ejemplo de diagrama de Gantt

Proyecto de desarrollo del producto

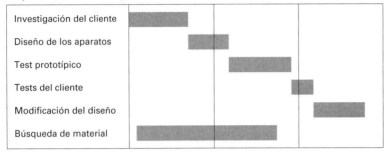

ofrecer a su personal la seguridad necesaria de que van a conseguir realizar su trabajo.

Tercer paso. Cuando programe, recuerde que muchos esfuerzos fracasan cuando las personas que lo han planeado pasan por alto una parte significativa del trabajo o subestiman el tiempo y los recursos que se requieren para completarlo. Por esa razón, una vez que haya planeado la forma de ejecutar cada tarea, revise los recursos. ¿Dispone del dinero suficiente para poder realizar el trabajo? ¿Dispone del personal *adecuado* en lo que se refiere a formación y confianza?

Cuarto paso. Un vendedor experimentado describió en cierta ocasión su secreto para lograr el éxito. «Primero, planifique el día. Luego, ponga en funcionamiento dicho plan». Este paso trata de cómo poner en funcionamiento dicho plan, ya que es donde todo lo que se ha hablado, así como las buenas intenciones mostradas, se transforman en trabajo real.

Obstáculos para tener éxito

Si ha realizado un trabajo intensivo en la planificación de sus esfuerzos, habrá identificado los serios inconvenientes, así como la forma de superarlos. No todos los obstáculos pueden identificarse, pero puede evitar que interrumpan por completo el progreso hacia las metas propuestas. Por ese motivo, antes de empezar a ejecutarlos considere los obstáculos potenciales que pueden aparecer entre usted y cada meta. Luego piense en las posibles soluciones para evitarlos. Las dos estrategias que vienen a continuación le pueden servir de ayuda: si los miembros de su equipo tienen problemas a la hora de completar una tarea, divídala en partes más pequeñas, en partes más fáciles de manejar. Si, por el contrario, parece que los miembros del equipo están perdiendo motivación, recuérdeles la compensación que recibirán si obtienen éxito.

Finalmente, no se convierta usted mismo en un obstáculo para el éxito. De acuerdo con Robert Schaffer, algunos directivos erigen obstáculos para el logro de las metas de la unidad cuando[2]:

—Están convencidos de que los empleados están dando lo mejor de sí;

—Se centran en los procedimientos, en lugar de en los resultados, lo que permite que los directivos esperen los mejores resultados sin que tengan que exigírselos a sus empleados;

—Enmarcan unas metas ambiciosas en términos vagos, lo que hace imposible saber cuándo se consiguen los objetivos.

No cometa esos errores.

Siguiendo la pista

Trate de saber siempre en qué lugar se encuentra con respecto a sus metas. ¿Van las mismas por delante o por detrás del tiempo previsto? ¿El empuje de su sitio *web* se está moviendo hacia adelante, o se ha quedado bloqueado por algún problema técnico? Una supervisión del progreso le permite intervenir antes de que sus proyectos vayan tan lejos que los pierda de vista. A continuación encontrará algunos consejos para supervisar el progreso:

No confunda las actividades con los resultados

En uno de los escritos publicados en *Harvard Business Review*, Robert Schaffer y Harvey Thomson advertían a los directivos de que no confundieran las actividades bien intencionadas con los resultados. La mayoría de los esfuerzos corporativos de mejora, dicen, tienen un impacto insignificante, puesto que presentan poca relación con las metas de la empresa y tienen unos horizontes de tiempo muy largos e indeterminados. Además, equiparan las medidas de las actividades con las mejoras de rendimiento actuales. Un programa centrado en la actividad confunde los fines con los medios, los procesos con los resultados. Eso asume, por ejemplo, que una vez que la empresa ha establecido un punto de referencia entre su rendimiento y el de sus competidores, haya evaluado las expectativas de los clientes y haya formado a su plantilla en cuestiones de resolución de problemas, la calidad, las ventas y los beneficios mejorarán de forma automática.

Un enfoque basado en los resultados, por el contrario, circunvala unos preparativos demasiado largos y, por el contrario, se centra en unas metas específicas y posibles de medir para mejorar el rendimiento que puede obtenerse a corto tiempo. Mediante el compromiso de un cambio susceptible de ser medido, los directivos no sólo pueden ver rápidamente unos resultados, sino que también pueden determinar más rápidamente qué es lo que está funcionando o no.

Fuente: Robert H. Schaffer y Harvey A. Thomson, «Un Cambio Exitoso del Programa Comienza con los Resultados». *Harvard Business Review*, enero-febrero, 1992.

—Actualice a su plantilla regularmente; hágales saber en qué lugar se encuentran con respecto a cada meta propuesta.
—Si se deja de progresar, trate de que las personas afronten el problema y sugieran soluciones. Revise las fechas de cum-

plimiento cuando sea necesario, pero solamente como último recurso.

—Vaya marcando y celebre cada vez que haya cubierto un tramo.

Revisión periódica

A medida que avanza hacia sus metas, debe retroceder unos pasos atrás y revisar lo recorrido. ¿Continúan siendo realistas? ¿Pueden realizarse en el tiempo acordado? ¿Siguen siendo importantes? Usted debe ser muy cauteloso en lo que respecta a desplazar o modificar metas a mitad de camino, ya que al hacerlo puede crear confusión de jerarquías. Además, no debe cambiar el curso por el mero hecho de encontrar obstáculos.

Sin embargo, si el medio externo o de la organización ha cambiado y ya el perseguir una determinada meta no tiene sentido, es apropiado y al mismo tiempo necesario volver a encauzar el curso. Como John Maynard Keynes dijo a uno de sus críticos: «Cuando los hechos cambian, también cambio yo. ¿Qué es lo que hace usted?». En cualquier momento que necesite cambiar de meta, usted, como directivo, debe justificarlo. Obtenga apoyo de su equipo, de sus superiores, así como de otros grupos antes de proceder.

Revisión posterior

Una vez haya alcanzado una meta, celebre el éxito del equipo y reconozca públicamente a las personas que realizaron el trabajo. La celebración, como el elogio, da nuevas energías a las personas y las prepara mentalmente para posteriores iniciativas. No obstante, alcanzar una meta no es el final del proceso. Usted, igual que su equipo, debe utilizar la calma que reina después de haber conseguido un logro para revisar cómo planeó y ejecutó la tarea. Pregúntese y pregunte a su equipo cuestiones como las que siguen, sin olvidar hacer un informe de ellas:

—¿Qué funcionó y qué no?

—¿Ha alcanzado la meta alcanzada las compensaciones que habíamos anticipado?

—Si tuviéramos que hacerlo de nuevo, ¿qué haríamos diferente?

—¿Se le dio suficientes recursos y autoridad al equipo para realizar la tarea debidamente?

—¿Qué lecciones hemos aprendido al llevar a cabo esta tarea para que en el futuro otras gestiones se realicen más rápidamente, mejor y de forma más económica?

Las lecciones que aprendemos al revisar posteriormente una tarea son de sumo valor. Haga que su equipo las comente entre sí con el fin de asimilarlas. Aplique esas lecciones a medida que se plantea y desarrolla nuevas perspectivas, y tenga en consideración esos aspectos a medida que avanza. Si las metas anteriores fueron demasiado fáciles de alcanzar, trate de que las futuras supongan un mayor desafío. Si por el contrario, supusieron un esfuerzo considerable, haga que las nuevas metas resulten más sencillas. Si notó un déficit en una destreza en particular cuando buscaba esa meta, trate de solventar esa deficiencia en el futuro. Si una meta era irreal, asegúrese de que las nuevas perspectivas reflejen mejor la realidad de la organización y las limitaciones del tiempo.

Resumiendo

—Las metas deben surgir y ser alineadas con la estrategia de la empresa.

—Algunas organizaciones adoptan un enfoque descendente para establecer las metas; otras utilizan un enfoque ascendente. Sin embargo, la mayoría adoptan ambos parámetros.

—Las metas eficientes deben ser consideradas como importantes, claras, específicas, posibles de medir, alineadas con la estrategia, alcanzables, aunque supongan un desafío, y apoyadas por las compensaciones apropiadas.

—Dar prioridad. Concentre a su equipo y los recursos en metas que supongan un gran valor.

—Convierta las metas en realidades mediante los cuatro pasos siguientes:

- Divida cada meta en tareas especificas.
- Planifique la ejecución.
- Recopile los recursos necesarios.
- Ejecute el plan.

—Busque resultados.

—Una vez que haya alcanzado una de las metas propuestas, celébrelo. Pero luego, aprenda de la experiencia.

Contratando al mejor

El papel de las cualidades humanas

Temas básicos tratados en este capítulo

- *Definir los requisitos de un trabajo.*

- *Contratando los candidatos más prometedores.*

- *Entrevistar.*

- *Evaluación de los candidatos.*

- *Toma de decisiones y oferta.*

POCAS DECISIONES DE LA DIRECTIVA son tan importantes como la contratación. En un mundo donde las cualidades humanas se han convertido en el factor clave que diferencia a las empresas competitivas, las cualidades y las habilidades de las personas que usted contrata para su equipo determinarán el éxito del mismo, así como del suyo como directivo.

El carácter y la eficiencia de la unidad que dirige se verán determinadas por el personal que usted contrata. Si conforma un grupo de personas de nivel medio presidirá una organización del mismo rasero, puesto que aunque usted los forme o los envíe a cursar caros programas de formación, no tendrá la probabilidad de mejorar el desarrollo general de su unidad. No contrate nada más que personal de nivel alto o superior y dispondrá de los elementos para formar un equipo potente.

Como muchas otras actividades que deben asumir las organizaciones, la contratación es un proceso comercial; es decir, una serie de actividades que convierten las entradas en salidas. Este proceso incluye la información necesaria acerca de los requisitos del trabajo, la solicitud de varios candidatos, una deliberación por parte de los responsables de dicha decisión y que se produzca un resultado: más personal en la nómina de la empresa. Este capítulo describe las cinco fases del proceso de contratación. Trate de ejecutar estos pasos debidamente y no solamente mejorara la calidad del personal que contrata, sino que usted mismo se sentirá más seguro de que está contratando a las personas *adecuadas*[1].

Definición de los requisitos laborales

Antes de que realice una buena contratación, se necesita saber para qué se está haciendo. Necesita también determinar qué destrezas y cualidades personales se «ajustarán» a los requisitos del trabajo y de la organización. Para definir el trabajo y los requisitos, necesita saber lo siguiente:

—Las responsabilidades primarias y las tareas que conlleva el trabajo.

—Los antecedentes necesarios para realizar el trabajo (educación y experiencia).

—Las características personales requeridas (por ejemplo, ¿necesita esa persona tener unas destrezas especiales en lo que se refiere a las relaciones personales o ser muy inteligente?).

—Los aspectos clave de la cultura de su organización (por ejemplo, la orientación de equipo, el grado de conformidad, el sistema de compensaciones).

—Su forma de dirigir (por ejemplo, autoritario, coactivo o democrático), así como sus implicaciones para conseguir una relación laboral eficiente.

Responsabilidades y tareas primarias

Si desea contratar de nuevo para un trabajo existente, mire al personal en ejercicio que lo está realizando en ese momento y evalúe la descripción de la persona encargada del trabajo, si es que existe alguna. Utilice la oportunidad de contratar para volver a evaluar las responsabilidades y tareas primarias del trabajo. Asegúrese de que puede responder a la pregunta: «¿Qué es lo que el empleado tiene que solventar en este trabajo?».

Educación y experiencia

La educación y la experiencia son los dos antecedentes más críticos a tener en cuenta cuando se evalúa un candidato. En lo referente a la educación, quizá desee especificar un determinado tipo de cualificación, o un determinado nivel. Asegúrese de cuestionarse si unos antecedentes educativos específicos son verdaderamente necesarios. ¿Puede ser flexible en este área, o puede sustituirse la experiencia por unos antecedentes educativos?

Los requisitos de experiencia deben basarse en un profundo análisis de las tareas y responsabilidades específicas de un determinado puesto de trabajo. Qué será más deseable:

—¿La experiencia industrial?
—¿La experiencia funcional?
—¿La experiencia en una gran empresa o en una pequeña?

La experiencia industrial y funcional son especialmente importantes para puestos orientados de forma externa que requieren un conocimiento de los productos y de los competidores. Sin embargo, si un buen candidato no ha tenido la oportunidad de haber realizado todo lo que se requiere, piense si vale la pena que aprenda lo requerido y cuánto tiempo conlleva. Existen varios tests, por ejemplo, que miden la destreza de un individuo con datos numéricos, la visión espacial, la habilidad mecánica, etcétera. Determine también si la organización puede permitirse ese tiempo de aprendizaje.

Características personales

Las características personales indican la forma en que el candidato enfocará el trabajo y cómo se relacionará con sus compañeros de gestión (véase «Consenso sobre las características personales»). Evalúe las características personales siguientes relacionándolas con las tareas y responsabilidades que ha determinado para el puesto vacante:

—**Las habilidades analíticas y creativas**. Las habilidades de un candidato en estas dos áreas determinan la forma en que él o ella evaluarán los problemas, así como la forma de ofrecer nuevos enfoques para solucionarlos.
—**Toma de decisiones**. Es muy particular, ya que muchas personas son excesivamente estructuradas, analíticas, o sólo

Consenso sobre las características personales

Muchas decisiones de contratación comienzan con mal pie porque la empresa no ha dejado claro qué es lo que se requiere en el nuevo puesto. Por ejemplo, las diferentes personas con las que se relacionará el nuevo empleado (o que también intervienen en la contratación) quizá tengan sus propias ideas acerca del perfecto candidato.

Tome como ejemplo la hipotética situación de una empresa que quiere cubrir un puesto de diseñador de productos, pero no ha llegado a un acuerdo acerca de los factores clave de la contratación. El director de diseño desea contratar a una persona temporalmente que haya tenido una amplia experiencia en el diseño en alguna empresa competidora de renombre. El jefe de finanzas prefiere, por el contrario, un individuo brillante que se haya licenciado recientemente. El jefe de *márketing* presiona para que sea alguien con experiencia en el *márketing* de la línea de productos como los que ofrece la empresa. Mientras tanto, su más inmediato supervisor busca alguien con «don de gentes».

¡Pobres de aquellos que soliciten ese puesto de trabajo! Para evitar ese tipo de confusión, intente este procedimiento:

—Pida a todo aquel que se va a relacionar con el nuevo empleado que anote en privado *exactamente* qué cualidades considera importantes en un candidato ideal.

—Reúnanse y discutan las diferencias encontradas en todas las listas.

—Decidan *conjuntamente* qué requisitos son prioritarios.

—Redacten una nueva lista de requisitos con la que todos estén de acuerdo.

—Cíñase a la lista a la hora de evaluar a los candidatos.

se basan en los hechos. Otros, por el contrario, confían más en lo establecido. Algunos toman decisiones rápidamente, mientras que otros se las piensan demasiado. Hay quien busca un consenso, mientras que otros se mantienen en sus trece. Es de suma importancia, por tanto, determinar si se requiere un estilo particular para el éxito del trabajo y, si es así, saber cuál es.

—**Destrezas para relacionarse**. Puesto que las destrezas para relacionarse y la conducta están íntimamente relacionadas, darse cuenta de que un candidato posee esas destrezas es una parte importante del proceso de contratación de personal. Para determinar qué destrezas de relación son las más apropiadas para un determinado puesto, piense en las tareas que se desempeñarán en ese cargo. ¿Qué rasgos se traducirán en un buen rendimiento, especialmente a ojos de los superiores, o sus iguales, o bien aquellas personas con las que se relacionará? Por ejemplo, un controlador debe ser siempre paciente y formal, cuidadoso, precavido y detallista. Para ser un directivo de ventas se requiere ser extrovertido, competitivo y no excesivamente formal.

—**Motivación.** Las metas personales de un candidato, los intereses, el nivel de energía y la progresión en el trabajo demuestran con frecuencia su nivel de motivación. Por ese motivo debe preguntarse, ¿se ajusta este trabajo a las aspiraciones personales del candidato? ¿Realizará él o ella el trabajo con entusiasmo y energía?

—**Actitud e interés**. En muchas situaciones, una persona con el interés y la actitud adecuada es mucho mejor que otros candidatos con más formación, destrezas e incluso experiencia. Las aerolíneas *Southwest Airlines* proporcionan un ejemplo muy sorprendente acerca del éxito de una empresa que exigió actitud e interés como requisitos esenciales a la hora de contratar. Esta empresa sólo contrata personas con sentido del humor, que saben trabajar en equipo y desean satisfacer al cliente. Como dijo su fundador y anterior jefe ejecutivo: «Si usted no tiene una buena actitud, nosotros no le queremos en nuestra empresa, y no importa lo experto que usted sea. Podemos cambiar los niveles de destreza mediante la formación, pero no podemos cambiar la actitud»[2].

Desarrollando una descripción laboral

Una vez que se han comprendido los requisitos de un puesto laboral, ya está usted preparado para hacer una descripción laboral. Una descripción laboral es un perfil del trabajo, sus funciones esenciales, las relaciones que conlleva, las horas y las credenciales necesarias. Esta descripción le permitirá explicar en qué consiste el trabajo tanto a los candidatos potenciales como a cualquier personal contratado que usted puede utilizar para identificar a dichos candidatos. En algunos casos, su organización debe disponer de un formato o de una descripción laboral estándar para poderla emplear como modelo.

Una descripción laboral escrita claramente, orientada hacia los resultados, puede darnos una idea inicial de las relaciones del empleado y puede ayudar a que todo el personal entienda cuál es la misión encomendada, la cultura, las necesidades y las metas de la empresa. Puede formar también las bases de una terminación legal de empleo en caso necesario. Su descripción laboral debe incluir lo siguiente:

—Nombramiento del trabajo, unidad empresarial y el nombre de la organización.
—Las responsabilidades y tareas laborales.
—La contratación e información de directivos.
—Resumen de las tareas laborales, las responsabilidades y los objetivos.
—Las compensaciones, las horas y la localización.
—Los antecedentes necesarios.
—Las características personales requeridas.

Muchos de estos apartados deben quedar aclarados con el departamento de recursos humanos.

Desarrollar la descripción laboral puede ser una oportunidad para volver a diseñar un puesto de trabajo, en lugar de cubrir el que ya tiene. Por ejemplo, la última persona que ocupó el puesto puede que tuviera un excesivo enfoque estratégico, pero si usted cree que en ese momento se necesitan más manos para ayudar al directivo, entonces debe diseñar de nuevo de acorde la descripción laboral. A medida que realice la descripción laboral, observe lo siguiente:

—Distinga entre conocimientos, destrezas y habilidades. Algunos trabajos requieren de un personal altamente cualificado, otros de destrezas especiales, como puede ser saber programar en Java. Otros requieren habilidades físicas, como puede ser la coordinación visual y manual, destrezas mentales o la habilidad de trabajar con cifras numéricas. Calcule qué es lo que necesita en cada área.

—Tómese el tiempo necesario para hacerlo debidamente. En caso de que necesite el empleado para la semana siguiente, pero el coste por desembarazarse del anterior es más elevado que el tiempo que se invierte, entonces tómese su tiempo para encontrarlo.

—Cumpla con todos los requisitos legales. Al menos en los Estados Unidos, los requisitos laborales deben estar claramente especificados en lo que se refiere a la forma de realizar el trabajo y no se debe excluir a nadie por razones de raza, sexo, discapacidad. (Los lectores estadounidenses deben leer el apartado «Aspectos legales en la contratación», que se encuentra en el Apéndice B.)

Contratación de los candidatos más prometedores

Acceder a los candidatos más cualificados es de crítica importancia para el éxito de su contratación (ver «Consejos para encontrar el personal adecuado»). Puede lograrlo anunciándolo por medio de todos los canales que le sea posible. Un montón de candidatos mediocres no vale tanto como unos cuantos aspirantes *cualificados*. Utilizar unos canales relevantes y orientados para anunciarlo le puede ayudar a asegurarse de que dispone de una buena proporción de candidatos altamente cualificados.

Los canales típicos incluyen las agencias de contratación, los anuncios en los periódicos, referencias por parte de las facultades, publicaciones comerciales, asociaciones profesionales, transmisiones por cadena o Internet. Además, puede ampliar sus conductos para la contratación de candidatos cualificados mediante programas como *interships* o *partnerships* con colegios, universidades u organizaciones comunitarias.

Las referencias personales de los empleados normales es otro método adecuado para aumentar el grupo de candidatos, y muchas empresas lo estimulan mediante «compensaciones económicas» a los empleados a los cuales se les solicitó dichas referencias. Por regla general, esta práctica es menos costosa que el resto y a menudo produce mayores satisfacciones a la hora de contratar, puesto que es muy improbable que candidatos que ya están con-

Consejos para encontrar la persona adecuada

—Piense en los empleados actuales.

—Busque fuera de su organización nuevas perspectivas, destrezas y experiencias.

—Sepa qué clase de persona está buscando para encontrar la adecuada.

—Recuerde que el rendimiento anterior de una persona es la guía más segura para un rendimiento futuro.

—Recuerde que una educación adecuada + una adecuada experiencia + una personalidad compatible = la persona adecuada.

—Tenga cuidado con el típico truco de «igual que yo». Este tipo de parámetro anima a que los directivos favorezcan a los candidatos que poseen unos antecedentes similares, o tienen la misma edad, género o raza, y que disfrutan de los mismos entretenimientos. Para evitar esa triquiñuela, céntrese en los requisitos del trabajo en la cualificación del candidato.

tratados sugieran a otros que no están cualificados o que no puedan ejercer el trabajo de la forma adecuada.

Selección de curriculum vitae

Una cantidad apropiada de solicitantes le garantiza que tendrá dónde elegir cuando tenga que contratar. Significa también que tendrá que cribar más antes de encontrar al mejor candidato. Y ese cribar empieza con la selección de los curriculum.

La carta de presentación y el curriculum vitae son los dos primeros pasos de presentación de un candidato. Para que merezca su posterior atención, es necesario que posea las cualidades que usted está buscando. Cuando tenga muchos curriculum que revisar puede dar los dos pasos que conlleva el siguiente proceso, con el fin de hacer su tarea más sencilla: el primer paso consiste en eliminar los candidatos que no poseen los requisitos básicos del trabajo; el segundo, busque aquellos curriculum que incluyan:

—Muestras de logros y resultados; por ejemplo, una orientación del perfil, la estabilidad o la progresión en su carrera profesional.
—La meta profesional en línea con el trabajo que se ofrece (esté alerta en este aspecto, puesto que muchos candidatos tratan de ajustar su curriculum y sus metas profesionales con las exigidas por el puesto que solicitan).
—Una apariencia impecable

Al dar ese paso, considere también las diferencias más sutiles entre los candidatos más cualificados, como, por ejemplo, la edad, la calidad de la experiencia, los antecedentes técnicos en oposición a los de gestión, la calidad de las empresas para las que han trabajado, etcétera. Luego desarrolle una lista con los candidatos más aptos.

Cuando revise los curriculum, esté atento a esos aspectos que pueden indicar carencias como las siguientes:

—Una descripción excesivamente larga de los antecedentes educativos del solicitante (posiblemente no tenga mucha experiencia laboral).

—Lapsus de tiempo sin trabajar (¿qué hizo el solicitante durante esos períodos de tiempo?).

—Períodos laborales muy cortos, especialmente si el candidato lleva muchos años en el sector.

—Una progresión laboral poco lógica.

—Demasiada información personal (posiblemente sin experiencia laboral).

—Descripciones de trabajos y puestos laborales que no van acompañadas de los resultados en los mismos.

Entrevistando

Una entrevista de trabajo tiene un propósito básico: proporcionar al entrevistador y al candidato la oportunidad de obtener la información que se necesita para buscar la mejor decisión para ambos. Puesto que el tiempo que se emplea con un candidato es siempre limitado, un enfoque bien organizado le ayudará a obtener el mayor beneficio de la entrevista.

Cuando tenga que seleccionar a alguien para un puesto de importancia, debe pasar al menos por dos de las siguientes fases. En algunos casos, deberá superar las tres.

1. **Entrevista telefónica.** Puede celebrarla usted, una agencia laboral, el departamento de recursos humanos o otra persona de su departamento. Su propósito consiste en confirmar que el candidato satisface todos las cualificaciones reseñadas en el material de contratación, y puede ser tan breve como necesaria para alcanzar la meta. La selección de entrevistas es una buena oportunidad para obtener la primera impresión de un candidato. ¿Le llamó a la hora indicada? ¿Se comunica de forma adecuada?

2. **Primera entrevista personal.** Intente reducir el número de candidatos de entre cuatro a siete, antes de solicitar una primera entrevista. Esta primera entrevista suele durar de media a una hora. Para los puestos menos exigentes es suficiente este tiempo para conocer todo lo que us-

ted necesita. En otros casos requerirá de una segunda entrevista personal.

3. **Segunda entrevista.** Sea muy selectivo en esta tercera fase. En ese momento puede recurrir a la participación de otras personas involucradas en el proceso, como pueden ser las referencias personales, los colaboradores potenciales, e incluso otros directivos. Esta entrevista tiene como fin el conocer algo más de esa persona «real».

Entrevistas estructuradas y sin estructurar

En una entrevista estructurada usted plantea a todos los candidatos las mismas preguntas con el fin de comparar las respuestas. Las entrevistas estructuradas se utilizan con el fin de ser justos y objetivos, pero no se obtiene demasiada información acerca de los candidatos. Las entrevistas sin estructurar son conversaciones individuales en las que no se formulan siempre las mismas preguntas a los solicitantes, sino que en su lugar, siguen unas pautas prometedoras en su forma de cuestionar a medida que aparecen. Con ellas puede obtener más información acerca del candidato, pero le resultará más difícil comparar sus respuestas. Y, además, puede perder información relevante y necesaria para tomar una decisión.

Resulta aconsejable buscar un camino intermedio entre ambos enfoques. Por ejemplo, sea flexible en su línea de preguntas, pero asegúrese de que todos los candidatos responden a una serie específica de preguntas. Si prepara esta selección de cuestiones específicas de antemano, se asegura, igual que todas las personas que intervengan en la decisión, de que se han cubierto todos los puntos clave y de que todos los candidatos han respondido a ellas. El elemento sin estructurar de la entrevista abre las puertas de otras áreas productoras de cuestiones que ni usted ni sus colegas pueden anticipar.

Esté preparado

¿Mantendría una reunión con un vendedor para discutir la compra de un paquete de *software,* cuyo precio oscila entre

500.000 o un millón de dólares, sin haberse preparado para ello? Probablemente, no. Usted habrá pensado mucho acerca de lo que espera que haga el *software* y las características que necesita. Probablemente habrá recopilado una lista con los temas que quiere discutir. Igualmente sus decisiones a la hora de contratar pueden costarle más o menos lo mismo. Por eso, ¿celebraría una entrevista laboral sin haberla preparado, o tomaría sus notas previas antes de llevarla a cabo?

Usted recopilará más información si se toma el tiempo y la molestia de prepararla. Para preparar la entrevista, primero revise la descripción laboral y haga una lista de las tareas y responsabilidades clave del trabajo, la formación y la experiencia necesarias, así como de las cualidades personales exigidas para realizar el trabajo debidamente. Para cada una de esas áreas usted necesita explorar con el candidato, preparar algunas preguntas de antemano. (Nota: En el Apéndice A encontrará un formulario de preparación de una entrevista, que es una manera manual de organizar las preguntas. Usted puede descargar una versión de este formulario, así como de otras herramientas interactivas en el sitio *web* de Harvard Business Essentials: www.elearning.hbsp.org/businesstools.)

Hay tres fases en una entrevista: inicial, central y final. Veamos cada una con detalle.

Fase inicial

Por regla general, sólo ocupa el diez por ciento del tiempo empleado en la entrevista. Su meta durante esa fase es conseguir que el candidato se sienta lo suficientemente cómodo como para que se manifieste abiertamente. Para crear ese sentimiento de comodidad, llegue a tiempo y muéstrese cordial. Preséntese y dígale al candidato algo sobre sí mismo. Explique la estructura de la entrevista con preguntas como las siguientes:

—«Voy a preguntarle sobre su experiencia.»
—«Estoy interesado en saber algo de usted como persona.»

—«Estamos interesados en saber si existe una buena afinidad entre sus intereses y habilidades y las necesidades de la organización.»

—«Le proporcionaré alguna información acerca de la organización.»

—«No tendré ni el más mínimo inconveniente en responder a sus preguntas al final de la entrevista.»

Utilice esta fase de la entrevista para tratar de establecer una relación de comunicación con el candidato. Reconozca algunas de las dificultades e inconvenientes de ser entrevistado, como pueden ser conocer a muchas nuevas personas o estar cansado al final de la jornada. Un poco de humor relaja la tensión generalmente. Busque información en el curriculum que le ayude a establecer esa comunicación distendida, o céntrese en algún aspecto de su experiencia. Reconozca que ustedes tienen algo en común, como puede ser él haber vivido en la misma ciudad, un conocido mutuo, o los mismos intereses.

Fase principal

Planifique utilizar el ochenta por ciento del tiempo adjudicado en esta fase e inviértalo en recopilar información que se necesita para evaluar el candidato y «vender» su organización. Durante la parte principal de la entrevista, usted necesita evaluar las cualificaciones del candidato, sus destrezas, su conocimiento y experiencia, y compararlas con la descripción del trabajo. Siga una línea directa de preguntas basadas en el curriculum. Identifique las similitudes y los modelos de conducta que sean compatibles con el perfil ideal. Pida ejemplos de trabajos y referencias, con el fin de revisarlo una vez finalizada la entrevista. Los ejemplos, si no son confidenciales o propiedad de alguien, pueden incluir un catálogo de ventas, el producto, una encuesta con los clientes o un curso de formación diseñado por el candidato. Estos ejemplos pueden decirle mucho acerca de las capacidades del candidato.

A veces resulta difícil que un candidato sea específico acerca de los logros mencionados en el curriculum, pero no permita que esa dificultad le impida obtener la información requerida. Solicite detalles de forma directa y pruebas tangibles de que se ha logrado el éxito. La tabla 2-1 proporciona algunos ejemplos de afirmaciones típicas que se encuentran en los curriculum, así como la forma de responder con el fin de obtener más detalles.

Usted también evalúa las cualidades personales del candidato durante esa fase, como pueden ser la capacidad de liderazgo, la habilidad para resolver problemas, la comunicación, las destrezas para trabajar en equipo y la motivación. Utilice preguntas con un contexto real para determinar la forma en que estos candidatos manejan diversas situaciones. Por ejemplo:

—**Para un candidato a directivo**: «Suponga que el departamento de procesos de préstamos tardó dos días más que sus competidores en tomar una decisión y notificarla a los clientes. ¿Cómo enfocaría este tipo de problemas?»

—**Para un candidato a jefe de ventas**: «Digamos que un jefe de ventas de una determinada zona era muy estimado por sus clientes y por el personal de la empresa, tenía un

TABLA 2-1

Respuestas a las afirmaciones típicas de un curriculum

Afirmaciones curriculares	Respuestas posibles
Gestioné con éxito el desarrollo de una nueva línea de enseres de cocina para el consumidor.	¿Cómo se midió el éxito: mediante las ventas públicas, la duración en el mercado o otras medidas? Especifique ¿cuál fue su papel en el desarrollo?
Trabajé de forma eficiente con el departamento de *márketing* y ventas con el fin de aumentar las unidades de venta anuales en un 25% en los últimos doce meses.	¿Cuál fue la naturaleza de su contribución? ¿Cómo aumentaron las unidades de ventas: mediante una venta eficiente o recortando los precios?
Inicié el nuevo diseño de un departamento de procesos clave.	¿Qué procesos? ¿Qué quiere decir con «iniciar»? ¿Por qué decidió hacer esto? ¿Por qué era tan importante la iniciativa»?

gran potencial, pero no conseguía lo mismo después de dos años de trabajo. ¿Cómo manejaría una situación como esta?

Responder a cuestiones reales como esas le dará una idea acerca de cómo enfoca el candidato dichos problemas.

Pregunte también a los candidatos cómo manejaron situaciones que pueden encontrar en su futuro trabajo y que son parecidas a las que afrontaron sus empleados: «Cuénteme de alguna vez que haya tenido que despedir a alguien, tratar con un cliente clave cuyo pedido acaba de perder, cómo ha llevado el proceso de mejora de un equipo, etcétera». Esté alerta, ya que hay personas que han elaborado respuestas ya preparadas para algunas de estas preguntas basadas en un contexto real.

Mantener el control de la entrevista es muy importante. La clave para mantener el control es preguntar cuanto más sea posible y escuchar. Usted debe permanecer a la escucha el ochenta por ciento del tiempo empleado en la entrevista, puesto que no se aprende cuando se está hablando.

Asegúrese de tomar notas durante la entrevista. Le ayudará a recordar hechos significativos acerca del candidato. Sin embargo, no debe ser discreto en lo referente a ellas y comunique claramente que está tomando notas. Recuerde que dichas observaciones formarán parte del archivo de empleados. Evite anotar cualquier cosa que haga pensar que usted no ha tratado a todos los empleados con igualdad de oportunidades.

Más acerca de las preguntas

Hay preguntas acertadas, preguntas sin sentido alguno y existen otras que están totalmente fuera de lugar. Las preguntas acertadas son las que tienen un propósito, están sujetas a su criterio de decisión, estimulan la comunicación, están relacionadas con el trabajo y no amenazan. Las preguntas acertadas se reflejan favorablemente en usted y demuestran su interés y su preparación. Ejemplos de preguntas acertadas son:

—Preguntas de auto evaluación que requieren que el candidato se detenga a pensar en sus destrezas y habilidades con las personas. Esto permite que el candidato, en lugar de usted, interprete los hechos. (Por ejemplo: «¿Por qué cree que se le seleccionó para conducir el equipo de trabajo?».)

—Cuestiones que soliciten pruebas que demuestren sus cualidades. Este tipo de cuestiones le ayudan a que usted sepa por qué y cómo se logró algo, y revelan el nivel del candidato a la hora de involucrarse en logros anteriores. (Por ejemplo: «Dígame su contribución al equipo de trabajo».)

—Preguntas de carácter amplio que provocan que el candidato piense en un tema amplio, elija una respuesta y organice sus ideas. (Por ejemplo: «Cuénteme su experiencia como directivo del proyecto con el grupo de fibra óptica».)

—Cuestiones comparativas que revelan las habilidades analíticas y de razonamiento del candidato. (Por ejemplo: «¿En qué fue diferente trabajar con el grupo de fibra óptica respecto al grupo de polietileno?».)

Ejemplos de preguntas desacertadas son:

—Aquellas que hacen que el candidato responda de la forma que usted desea. (Por ejemplo: «¿Cree usted que tiene la motivación necesaria para este trabajo?». Ningún candidato respondería con una negativa a esta pregunta.)

—Las preguntas irrelevantes que hacen que uno pierda el tiempo. (Por ejemplo: «He observado que usted ha sido estudiante de la Universidad de Minnesota. Probablemente mi hija se matricule en ella, ¿Cuál es el mejor programa que se imparte allí?».)

Preguntas que debe evitar

Las leyes y las normas de los Estados Unidos son muy claras acerca de qué preguntas se consideran ilegales. Si usted no conoce estas leyes y normas, debe consultar a un especialista de recursos humanos o a un consejero sobre ilegalidades. Entre las preguntas prohibidas en los Estados Unidos se incluyen las siguientes:

—¿Qué edad tiene?

—¿Está casado?

—¿Cuál es su ciudadanía?

—¿Cuál es su orientación sexual?

—¿Cuánto pesa?

—¿Está usted discapacitado?

—¿Cuándo se graduó en la escuela superior?

—¿Tiene hijos?

—¿De qué país viene?

—¿Dónde nació?

—¿Ha estado detenido en alguna ocasión?

—¿Le impide su religión trabajar durante los fines de semana?

Para un debate más completo sobre lo que es una entrevista legal e ilegal, vea el apartado «Aspectos legales en la contratación» del Apéndice B.

Fase final

Dedique el diez por ciento del tiempo adjudicado a la entrevista a atar algunos cabos. La última fase es su oportunidad para:

—Agradecer al candidato por haber venido.

—Explicarle al candidato cuándo y cómo se le llamará para entrevistas posteriores.

—Pregúntele al candidato si tiene alguna pregunta, especialmente aquellas que pueden afectarle más en su decisión a la hora de participar en el próximo paso del proceso (sí usted ya ha consumido el tiempo dedicado a cada candidato, sugiera que le vuelva a llamar para plantearle otras preguntas).

—Pregunte si hay algo que no haya quedado definido o que no se haya cubierto.

—Promocione a su empresa, enfocando aquellos rasgos de la misma que probablemente atraigan más al candidato.

—Estreche su mano e intercambie una mirada.

—Acompañe al candidato a la puerta o a su próximo destino.

Algunos candidatos querrán hacer preguntas acerca del salario y de los beneficios en esta fase de la entrevista. En algunas organizaciones, el departamento de recursos humanos es el que se encarga de resolver estas cuestiones. Otras permiten que sea el entrevistador quien elija el salario.

Una vez que el candidato se haya marchado, anote inmediatamente cualquier nota adicional u observación que esté fresca en su memoria.

Evaluación de los candidatos

Una vez que haya entrevistado a todos los candidatos, tanto usted como las demás personas que están involucradas en la decisión del contrato deben hacer una evaluación objetiva de cada uno. Una matriz de toma de decisiones como la que se muestra en el Apéndice A puede ser un instrumento adecuado para comparar un candidato con otro. (Nota: Usted puede descargar una matriz de toma de decisiones, así como otras herramientas interactivas, en el sitio *web* de Harvard Business Essentials: www.elearning.hbsp.org/businesstools.) Complete este formulario después de entrevistar a cada candidato para los distintos puestos en un determinado trabajo, otorgando calificación en cada una de las áreas clave. Anotando la puntuación total y revisando las notas tomadas durante la entrevista reduce las probabilidades de tomar una decisión poco objetiva.

Errores de evaluación más comunes

Aunque usted aplique un enfoque estructurado y metódico para evaluar a sus candidatos, el proceso de evaluación es, de alguna manera, subjetivo. Usted puede neutralizar esa subjetividad evitando:

—Dejarse impresionar por la madurez y la experiencia y, por tanto, no valorar en su justa medida la juventud y la inmadurez.

—Confundir una conducta reservada y tranquila, con la carencia de motivación.

—Confundir la habilidad de la persona durante «el juego de la entrevista», o su habilidad para expresarse con facilidad, con la falta de inteligencia y de competencia.

—Permitir que los prejuicios personales influencien en su evaluación (por ejemplo, usted puede verse tentado de juzgar a una persona erróneamente por el mero hecho de que le recuerda a alguien que no le agrada).

—Buscar a un amigo o pensar en sí mismo como candidato.

—Asumir que las personas con una licenciatura en determinadas instituciones o que empleados de determinadas organizaciones están automáticamente mejor cualificados que el resto.

—Centrarse en sólo uno o dos aspectos clave, sin tener en cuenta la ausencia de otros.

—Fracasar a la hora de evaluar la motivación como aspecto clave para seguir adelante.

Consulta de referencias

Consultar las referencias sirve para verificar lo dicho por el candidato durante el proceso de la entrevista, así como para cubrir ciertas lagunas. Proporcionan, además, perspectivas externas de valor sobre el candidato y su ajuste potencial con el puesto de trabajo que va a desempeñar. Compruebe las referencias cuando esté casi al final de proceso de contratación y cuando se sienta preparado para tomar una decisión. No obstante, asegúrese de que obtiene primeramente el permiso del candidato, con el fin de evitar que eso afecte al empleo actual de alguien. Por ejemplo, puede que la empresa del solicitante no sepa que él o ella se está entrevistando con el fin de encontrar otro puesto de trabajo.

A la hora de comprobar referencias debe plantearse dos objetivos. El primero es verificar lo que el solicitante le ha dicho acerca de su experiencia laboral; es decir, dónde, cuánto tiempo, último trabajo realizado y datos de carácter personal. El segundo es conocer los éxitos y fracasos del candidato, sus hábitos de trabajo, sus puntos débiles y fuertes, etcétera.

El proceso de comprobación de referencias es de suma importancia, ya que le ayuda a asegurarse de que el candidato ha realizados su trabajo de forma honesta, así como su experiencia laboral y logros Los comentarios dados por el referente, también pueden proporcionarle otro punto de vista acerca de la personalidad del candidato. Desgraciadamente, especialmente en los Estados Unidos, muchas empresas son cautas a la hora de decir mucho acerca de un empleado actual o anterior por miedo a ser demandadas por libelo o difamación si el empleado no obtiene el trabajo. Por ese motivo, a veces puede resultar dificultoso obtener comentarios claros y directos por parte de las referencias.

A continuación le ofrecemos unos consejos para comprobar las referencias:

—Utilice el teléfono para comprobar las referencias. Puesto que no hay nada escrito, esas personas que temen ser demandados por decir algo negativo pueden darle una respuesta más veraz. No compruebe las referencias por correspondencia, ya que probablemente no obtendrá demasiada información.

—Tómese un poco de tiempo para entablar conversación con la persona que facilita las referencias, ya que se sentirá más cómodo a la hora de compartir información con usted.

—Describa brevemente el trabajo que ha solicitado el candidato y pregúntele si cree que es la persona adecuada para dicho puesto.

—Pregúntele acerca del carácter, la voluntad y los puntos débiles y fuertes del candidato.

—Formule preguntas directas y continúe con una investigación más detallada.

—Evite preguntas ambiguas como puede ser: «¿Desempeñó Jack un buen trabajo de dirección en su departamento?».

En su lugar, plantee preguntas más específicas como: «¿Fue Jack el mejor en...? o ¿Qué es lo que más le gustaba a sus subordinados de él? Qué trabajos no serían los más apropiados para él? ¿Qué clase de ambiente, dentro de la organización, se ajustaría más a él?».

—Deje que una referencia le lleve a otra. Si una referencia le ofrece alguna información, pregúntele: «¿Conoce a alguien que me pueda dar referencias sobre la experiencia de Jack en este área?». Cuantas más personas puedan facilitarle información, mejor será el retrato que usted podrá hacerse de Jack.

Muchas personas creen que la comprobación de referencias es un trabajo desagradable y, por esa razón, le presta una atención muy limitada. Comprobar las referencias es «tan apetecible como comerse los ojos de un pescado», dice Pierre Mornell. Sin embargo, lo que está en juego es tan importante que usted debe ser persistente y tratar de indagar en esa información, incluso cuando las personas no están muy dispuestas a compartirlas. En su libro, *Hiring Smart¡,* Mornel ofrece este consejo, rápido y legal, para comprobar las referencias:

> *Llame a las personas que le facilitarán referencias cuando crea que es su hora del almuerzo, si lo que usted quiere escuchar es la voz de un ayudante o del contestador automático. Si es un contestador automático, deje un mensaje sencillo. Si es un ayudante, asegúrese de que comprende con exactitud la última frase del mensaje. Diga: John (o Jane) Jones es un candidato para dicho puesto de mi empresa. Se nos ha dado su nombre como referencia. Por favor, llámeme si el candidato mostró un talento especial[3].*

Los resultados, dice Mornell, fueron inmediatos y reveladores. «Si el candidato mostró un especial talento o era excelente, le garantizo que ocho de diez le contestarán rápidamente con el deseo de ayudar». Por el contrario, si son pocas o ninguna las referencias que le devuelven la llamada, su silencio habla ya de por sí sin necesidad de que tengan que hacer comentarios peyorativos o calumniosos.

Tomando una decisión y ofertando

Los curriculum, las entrevistas y la comprobación de referencias son fuentes de información que nos ayudan en el proceso de toma de decisiones. En algún momento de este proceso, usted debe preguntarse: «¿Disponemos de suficiente información para tomar una decisión acertada?». Si la respuesta es positiva, entonces es hora de dar un paso hacia adelante con la contratación. Clasifique sus tres últimos candidatos y hágase esta pregunta acerca de cada uno. «¿Queremos que esta persona trabaje para nosotros?» Recuerde que la meta del proceso de contratación no consiste en elegir al «mejor cualificado» de los solicitantes, sino a la persona que mejor pueda ayudar a la empresa a conseguir sus objetivos.

Una vez que haya respondido a estas dos preguntas de forma afirmativa, presente una oferta al candidato que tiene más probabilidades de ayudar a la empresa en sus objetivos. Si no dispone de suficiente información como para tomar una decisión acertada, entonces determine exactamente cuál es la información que usted o sus colegas requieren, la forma de obtenerla y qué incertidumbres desearía disipar. Con el fin de desvanecer estas incertidumbres puede que necesite llamar al candidato para otra entrevista, o quizá tenga que comprobar más a fondo sus referencias.

La oferta laboral

Asegúrese de que la persona que hace la oferta laboral conoce la política de la empresa. En algunas organizaciones suele ser el supervisor inmediato o el directivo, mientras que en otras es el departamento de recursos humanos.

Las ofertas laborales suelen hacerse en persona o por vía telefónica. Después de haberlo hecho verbalmente, usted debe enviar al candidato una confirmación por escrito. En ambos casos debe hacerlo con entusiasmo y con un toque personal, quizá mencionando algo positivo que usted recuerda de la entrevista. Y no deje de recopilar información del candidato acerca de sus intereses, el tiempo que le llevará tomar una decisión, o si está considerando trabajar para otras organizaciones.

La carta de oferta

Una carta de oferta es un documento oficial, por eso debe asegurarse de recibir consejos por las vías apropiadas antes de enviarlas. Bajo ningún aspecto *implique* que la oferta es un contrato de trabajo. Incluya en esta carta aspectos importantes que definan:

—La fecha de inicio.
—Nombre del trabajo.
—Las responsabilidades que se esperan.
—La compensación.
—Resumen de los beneficios.
—Fecha límite para responder a la oferta.

No se olvide de mejorar el proceso

Este capítulo ha descrito el proceso de contratación mediante una serie de pasos muy identificables. En este sentido, la contratación es muy similar a cualquier otro proceso empresarial: facturación, orden de cumplimiento, fabricación, servicio del cliente, etcétera.

Al igual que otros procesos, la contratación debe centrarse en una mejora continua. Cada experiencia de contratación debe ir seguida de un posterior proceso en el cual los participantes evalúan la eficacia de cada paso del proceso, los puntos débiles, sus causas, así como la identificación de posibles mejoras. Las personas involucradas en la contratación deben preguntarse lo siguiente:

—¿Resulta eficiente nuestro enfoque para definir los requisitos de un trabajo? ¿Están involucradas las personas más adecuadas de la empresa en él? ¿Nos preocupa más cómo se *ha diseñado* el trabajo que cómo *debe diseñarse*?
—¿Nuestra combinación de métodos actuales para contratar está produciendo una combinación atractiva de candidatos?

Si no es así, ¿qué debemos hacer para atraer candidatos mejores y más cualificados?

—¿Es efectivo y eficiente nuestro método de selección de candidatos? ¿Cuáles son las mejores prácticas en este área?

—¿Proporciona nuestro método de entrevista la información que necesitamos para tomar una decisión correcta de contratación? ¿Existe una calidad consistente entre los entrevistadores y las entrevistas? ¿Necesitan estos entrevistadores más formación?

—¿Es nuestro proceso de evaluación objetivo, riguroso y consistente? ¿Cómo podemos mejorarlo?

—Cuando hacemos una oferta de trabajo, ¿es una oferta clara y convincente? Cuando se nos rechaza una oferta de trabajo, nos preguntamos por qué ha sido desestimada.

Cuando se ha hecho un esfuerzo para mejorar el proceso de contratación, la calidad de las personas seleccionadas también mejora.

Resumiendo

Este capítulo ha descrito el proceso de contratación como un procedimiento que conlleva varias fases clave:

—**Definición de los requisitos del trabajo.** Usted debe saber con claridad qué es lo que desea contratar, las destrezas que se requieren, la experiencia, la actitud y las características personales que requieren, tanto usted como las otras personas que están involucradas en el proceso de contratación.

—**Contratación.** Este paso involucra la creación de una red estratégica con el fin de tener un buen surtido de candidatos cualificados. La selección de los curriculum es una parte importante en esta fase.

—**La entrevista.** El proceso de entrevistas a los candidatos tiene como fin proporcionar al entrevistador y al candidato la oportunidad de obtener la información que necesitan para tomar la decisión más adecuada. Los mejores entrevistadores disponen de un núcleo de cuestiones para que respondan todos los candidatos, con el fin de poder comparar y evaluar las respuestas.

—**Evaluar los candidatos.** Una vez que todos los candidatos han sido entrevistados, las personas involucradas en el proceso de contratación deben evaluarlas de forma objetiva. Una matriz de toma de decisiones puede ayudarle a organizar las notas tomadas durante la entrevista.

—**Toma de decisión y oferta de empleo.** El último paso del proceso de contratación es tomar la decisión y redactar una oferta de empleo. Debe dirigirla siempre a la persona que usted crea que puede contribuir más al éxito de su empresa.

3

Reteniendo al mejor

¿Por qué es importante la retención?

Temas básicos tratados en este capítulo

- *¿Por qué importa la retención a las empresas y sus directivos?*

- *¿Por qué algunos se quedan y otros se van?*

- *Diferenciación entre individuos y segmentos de empleados.*

- *Consejos de retención para directivos.*

LA CONTRATACIÓN Y LA RETENCIÓN son las dos caras de una misma moneda. Ambas se complementan, y si ambas se realizan debidamente, producen lo que cada empresa necesita desesperadamente: un activo humano de primera clase. En este capítulo vamos a dejar a un lado nuestro enfoque en el proceso de contratación para centrarnos en las estrategias para retener a las personas valiosas que ya trabajan en nuestra empresa.

Si usted hizo todo lo que se ha descrito en el capítulo anterior y cubre todos los puestos de trabajo con personas de talento y trabajadoras, dispondrá de una considerable ventaja con respecto a sus competidores, ya que pocas empresas logran esta meta. Sin embargo, su éxito en la contratación puede significar un nuevo desafío: retener a esos empleados en nómina. Después de todo, si su activo humano es muy superior, otras empresas se darán cuenta e intentarán atraerlos ofreciéndoles un mejor salario, mayor poder dentro de la empresa o una situación laboral más atractiva; es decir, que probablemente utilizarán las mismas armas que usted empleó para contratarlos. Se encontrará entonces en una situación que le obligará a estar a la defensiva, le obligará a revisar sus propias prácticas de empleo, los beneficios y el esquema de compensaciones que determina si se han deteriorado los lazos de lealtad que existen entre su empresa y el personal altamente cualificado que ha contratado.

La retención es un desafío al que se deben enfrentar muchas de las empresas de más renombre en el mundo. Recapacite sobre la experiencia que tuvieron muchas empresas en los Estados Unidos desde el año 1992 hasta el 2000. Las empresas estadounidenses disfrutaron de un tiempo de extrema prosperidad durante este período, y cualquier persona, que no estuviera discapacitada, que deseara un trabajo se veía rápidamente incluida en nómina. En muchas categorías laborales —especialmente en esas áreas donde se requiere una gran destreza, como puede ser las técnicas de la información, el desarrollo de *software*, la ingeniería electrónica, la contabilidad y las finanzas— la demanda superó la oferta, llegándose incluso a entrar en un período que se llamó la «guerra por los talentos». Muchas empresas reconocieron que la carencia de un personal de talento era una seria coacción para el futuro crecimiento y se inventaron toda clase de artimañas con el fin de retener a los empleados de más valor. La empresa Ernst & Young llegó incluso a establecer una Oficina de Retención con responsabilidades informativas directas a los jefes ejecutivos. Otras instauraron programas de equilibrio laboral para aliviar el estrés generado por los demás. Se permitió que los empleados vistieran de forma informal, se instalaron guarderías para el cuidado de los niños e incluso proliferaron los juegos recreativos como los futbolines. Muchas empresas permitieron incluso que los empleados trajeran sus perros al trabajo, y muchos libros y revistas dedicaron páginas enteras a «cómo lograr que sus empleados sean felices y rindan más».

La guerra por los talentos llegó a su fin con la recesión que golpeó el país en el año 2000. Pero la recesión no dura para siempre, y la mayoría de las personas reconocieron que la guerra por los talentos volvería a rebrotar una vez se hubiese superado ese período de recesión económica. Incluso hubo algunos sectores de la economía en que dicha guerra nunca cesó.

Este capítulo se centra en la retención de los empleados. Explica por qué es tan importante para su empresa y por qué supone un desafío. Ofrece perspectivas acerca de las razones por las que las personas permanecen en el trabajo que están y qué factores les influyen para dejarlo, y le ofrece sugerencias de cómo usted, como directivo, puede retener a las personas de más valor para su empresa.

Aspectos de la retención

La retención es lo contrario de la renovación de la plantilla (considerando esa renovación como la suma de los despidos voluntarios e involuntarios). El colectivo industrial y las medidas específicas de la empresa que rastrean los porcentajes de despidos revelan que la mayoría de las empresas entrevistadas por el Centro de Investigación muestran un porcentaje del quince al cincuenta por ciento, aunque había una minoría que tenía un porcentaje de un único dígito.

La retención no es sólo cuestión de «sentirse bien». La retención de los empleados de valor es incuestionable por tres razones importantes: primera, la creciente importancia de un capital intelectual; segunda, un vínculo casual entre el ejercicio del empleado y la satisfacción del cliente; y tercera, el alto coste que supone el despido de un empleado. Examinemos cada uno de estos aspectos por separado.

La importancia de un capital intelectual

Durante la Era Industrial, unos activos físicos sólidos —como la maquinaria, las plantas e incluso la tierra— determinaban la fuerza con la que se podía competir. En la presente «Era del Conocimiento», el capital intelectual es lo que define el límite competitivo de una empresa. El capital intelectual es el único conocimiento y las únicas destrezas que posee la plantilla de una empresa. Las empresas de éxito que existen en la actualidad vencen por las ideas innovadoras, por los productos y servicios de primera calidad que surgen del conocimiento y de las destrezas de los empleados.

Cuando los empleados se despiden, la empresa pierde su conocimiento y su (a veces costosa) experiencia. Cuando estos empleados se van con la competencia la perdida es aún mayor, puesto que no sólo se priva su empresa de una parte importante de conocimiento, sino que además la obtienen sus competidores, que además no han gastado ni un solo dólar en su formación.

Retención y satisfacción del cliente

Todo el mundo sabe que la satisfacción del cliente es uno de los factores más importantes —si no el que más— para que una empresa sobreviva y crezca. Pero hay otra razón por la cual la retención es tan importante: *Los empleados que están satisfechos con su trabajo y su empresa muestran una mayor tendencia a querer satisfacer al cliente.* Aunque esto puede parecer muy obvio, un creciente cuerpo de investigación apoya esta afirmación.

La retención y la cadena de beneficios por prestación de servicios

A principio de los años noventa, los profesores de *Harvard Business School,* James Heskett, Earl Sasser y otros asociados, desarrollaron un modelo que reconocía el papel de la satisfacción del empleado, la lealtad y la retención en términos de rentabilidad.

Siete proposiciones fundamentales establecen los vínculos de la cadena de beneficios por prestación de servicios.

1. La lealtad del cliente proporciona beneficios y crecimiento. Un aumento del 5% en lealtad por parte del cliente puede aumentar los beneficios entre un 25 a un 85%.
2. La satisfacción del cliente conduce a su lealtad. La empresa Xerox descubrió que los clientes «muy satisfechos» tenían seis veces más probabilidades de volver a comprar equipos de su empresa que los que se sentían meramente «satisfechos».
3. El valor lleva a la satisfacción del cliente. Los esfuerzos de una compañía de seguros por proporcionar el mayor valor incluyen un equipo que proporciona servicios especiales en sus sitios *web* en caso de catástrofe. La empresa dispone de uno de los mayores márgenes de su industria.

4. La productividad del empleado lleva al valor. Los equipos de producción de la empresa Nucor Corporation son los más productivos dentro de la industria del acero. No es una coincidencia que dicha empresa haya creado mayor valor por empleado para sus accionistas en los últimos veinte años, que cualquier otra dentro de la industria del acero.

5. La lealtad del empleado conduce a la productividad del mismo. El coste que supone a un concesionario de automóviles reemplazar a un representante de ventas con ocho años de experiencia es de 432.000 dólares en perdidas de venta.

6. La satisfacción del empleado conduce a la lealtad del mismo. En un estudio realizado por una empresa, el 30% de los empleados que estaban descontentos e insatisfechos expresaban su deseo de abandonar dicha empresa, en contraste con el 10% de los empleados satisfechos. Además, se observó que el bajo porcentaje de despido entre los empleados estaba estrechamente vinculado a la satisfacción de los clientes.

7. La calidad interna lleva a la satisfacción del empleado. Los trabajadores que se dedican al servicio del cliente se sienten más felices cuando se les da la autoridad para ofrecer sus servicios directamente al cliente, así como cuando se les ofrecen responsabilidades que añaden profundidad a su labor.

Fuente: James L. Heskett, Thomas O. Jones, Gary Loveland, W. Earl Sasser Jr y Leonard A. Schalesinger, «Poniendo a funcionar la cadena de servicios al cliente» *Harvard Business Review*, marzo-abril, 1994, 164-172.

El coste del despido

El alto coste que supone el despido es otra de las razones más importantes que incumbe a la retención. El despido de un empleado supone tres tipos de coste, cada uno con un balance final negativo:

—Gastos directos, entre los que se incluyen las perdidas irrecuperables que suponen la contratación, la entrevista y la formación. (En un mercado de trabajo riguroso, la sustitución exige aumentar el salario que tenía la persona que se despide, sin mencionar los costes potenciales de haber firmado contratos.)

—Los costes indirectos, como pueden ser la sobrecarga de trabajo, la moral y la satisfacción de los clientes. ¿Se sentirán el resto de empleados aliviados? ¿Se irán los clientes con el empleado que nos ha dejado?

—Los costes de oportunidad, entre los que se incluyen la perdida de conocimiento y de trabajo que no se realiza mientras los directivos se centran en cubrir ese hueco y poner al día a la persona que lo sustituya.

¿Qué añade todo esto? Las estimaciones varían ostensiblemente, en parte porque el coste de la perdida y sustitución del empleado dependen del individuo y de la industria involucrada en el asunto. Pero raras veces es bajo. En lo que se refiere a empleados en general, el Ministerio de Trabajo de los Estados Unidos estima que el coste por despido supone una tercera parte del salario del nuevo candidato. Si se trata de directivos y profesionales, el coste aumenta de forma exponencial. En general, las estimaciones suponen el mismo o incluso el doble del salario anual del empleado. Sin embargo, estas cifras ocultan mucha variabilidad, gran parte relacionada con la eficacia del departamento donde trabajaba el empleado. El coste por perder un empleado muy eficiente es, obviamente, mucho más elevado que el de uno medio, aunque los salarios y los beneficios de uno y otro sean muy similares.

El despido no es tan malo

Hay, sin embargo, la otra cara de la moneda en lo que supone el coste del despido. El despido de un empleado incompetente puede que *no* provoque ningún coste, ya que la marcha de dicho empleado puede eliminar ciertos costes ocultos. Considere por un momento el coste que supone tener un empleado mediocre o incompetente en un puesto clave para la empresa. ¿Cuál es el coste que suponen las pobres decisiones que toma dicho empleado? La asesoría Bradford Smart ha estimado que el coste de un directivo medio inepto supone para la empresa la cifra de 1,2 millones de dólares al año. La etiqueta de precio aumenta si se habla de incompetencia en la alta administración. Y ¿cuáles son los costes asociados por una falta de moral o por desertar? ¿Acaso pueden saberse?

El despido periódico crea también vacantes que usted puede utilizar para promocionar a aquellos empleados que lo merezcan. Esas vacantes representan una oportunidad para atraer un nuevo personal que disponga de destrezas inéditas y diferentes experiencias para la organización.

Por eso, no debe cometer el error de pensar que debe reducir el despido a toda costa. En algunos casos, el despido causa un impacto positivo en la empresa.

Por qué se quedan las personas

Las personas se mantienen en una empresa por diversas razones, entre las que se incluye la seguridad en el trabajo, una cultura profesional que reconoce la importancia de una vida laboral equilibrada, el reconocimiento de un trabajo bien hecho, un horario flexible y un sentido de pertenencia. Estas razones pueden variar ostensiblemente dependiendo del país. Sin embargo, en esas culturas donde se concibe que las personas puedan cambiar de trabajo con libertad, la mayor motivación para quedarse en una empresa reside en:

—**Orgullo de la organización**. Las personas desean trabajar para empresas bien dirigidas, lideradas por directivos de alto nivel y con recursos.

—**El respeto al supervisor**. Las relaciones entre el empleado y el supervisor son sumamente importantes. Es más probable que las personas se queden si tienen un supervisor al que respetan y que les apoya. Ese es factor sobre el que usted, como directivo, tiene más control, así como el mayor número de oportunidades para incrementar la retención.

—**Unas compensaciones justas**. Las personas también desean trabajar para empresas que ofrecen unas compensaciones justas. Eso incluye no sólo unos salarios competitivos, sino también compensaciones intangibles como son la oportunidad de aprender, crecer y conseguir unas metas. Su control de los salarios puede que sea limitado, pero puede compensar a las personas que desea retener con asignaciones interesantes.

—**La afiliación**. La oportunidad de trabajar con colegas respetables y compatibles es otro elemento que para algunas personas resulta esencial.

—**Un trabajo significativo**. Finalmente, las personas desean trabajar para aquellas empresas que les permiten realizar esa clase de trabajo que más seduce a sus intereses. La satisfacción y la estimulación en el trabajo nos hace a todos nosotros más productivos.

Los descubrimientos de McKinsey&Company «Encuesta del año 2000 sobre la Guerra por los Talentos» acerca de los directivos de nivel alto y medio apoyan por regla general estos descubrimientos. Los autores Ed Michaels, Helen Handfield-Jones y Beth Axelrod sacan conclusiones de estos y otros descubrimientos y aseguran que pueden atraer y retener a las personas de talento si prestan atención a los que ellos denominan «la proposición de valor del empleado» o PVE. La proposición de valor del empleado es el puesto de trabajo equivalente al valor de la proposición que cada empresa ofrece a sus clientes: una medida de valor percibido por un determinado coste. Dicha proposición sugiere que si las empresas desean tener más éxito en lo que se refiere a atraer y retener talentos, deben evaluar y fortalecer el valor de las proposiciones que hacen a sus empleados:

> *Con el fin de crear una proposición de valor del empleado convincente, una empresa debe proporcionar unos elementos centrales que buscan los directivos: un trabajo excitante, una empresa de renombre, unas compensaciones atractivas y la oportunidad de desa-*

rrollarse. Unos beneficios extra, permiso para vestir de forma informal, así como unos planes de salud más generosos, no establecerán la diferencia entre una proposición débil de valor del empleado y una fuerte. Si usted desea fortalecer sustancialmente la proposición de valor de su empleado, esté preparado para cambiar algunas cosas, como los aspectos fundamentales de su estrategia empresarial, la estructura de la organización, la cultura e incluso el calibre de sus líderes[1].

Aunque los datos en los que se basa Michaels se centran en los directivos y ejecutivos, es probable que otros empleados respondan de forma similar.

Por qué se van las personas

Las personas también dejan a las empresas por muchas y diversas razones, pero principalmente porque una o más de las condiciones que se han mencionado anteriormente no se han tenido en cuenta desde el principio o se han eliminado. Por ejemplo:

— **Cambio de liderato en la empresa.** O bien, la calidad de las decisiones de la directiva decae, o los nuevos líderes —que todavía no se han ganado la confianza de los empleados o con los que todavía no se sienten del todo bien— toman el mando.

— **Los conflictos que existen con los supervisores inmediatos.** Las personas pueden dejar la organización porque su relación con los jefes resulta estresante o problemática, y no ven ninguna opción en su empresa. (Véase «Los directivos y los supervisores son la clave», si desea saber más acerca de este extemo.)

— **Se van los buenos amigos.** Puede que uno o dos colegas que gustan al empleado y por los que él siente verdadero respeto dejan la organización, llevándose un vínculo de afiliación significativo.

— **Por un cambio desfavorable de responsabilidades.** Cuando, por alguna razón, las responsabilidades laborales cambian y ya el trabajo no seduce ni proporciona sentido o estímulo.

—**Los problemas con el equilibrio de la vida laboral están presentes**. Los empleados cuyas responsabilidades laborales les separan de sus amistades o de su familia por continuos períodos de tiempo pierden el interés por su trabajo.

Los directivos y los supervisores son la clave

Usted puede disponer de un salario y de unos beneficios escandalosos, una política de empleado amistosa y otras cosas que induzcan a la lealtad y la retención, pero a veces una manzana podrida puede acabar con la cosecha. En particular, un mal directivo puede neutralizar cada esquema de retención que usted plantee.

Los investigadores de la empresa Gallup, Marcus Buckingham y Curt Coffman, lo expresan en estos términos:

> *Los directivos hacen triunfar a las empresas. No es que... los enfoques de los empleados no sean importantes, es sencillamente que el directivo que está por encima de usted es más importante. Ella define y domina su medio laboral.*
>
> *... Si la relación con su directivo se ha resquebrajado, entonces no tiene sentido que uno disponga de un sillón que le dé masajes o que la empresa le permita sacar a pasear al perro. Esas razones no le persuadirán para quedarse. Es mejor trabajar para un gran directivo en una empresa chapada a la antigua, que para un directivo terrible que ofrece una cultura de realce y enfocada en la empresa.*

Beth Axelrod, Heln Handfield-Jones, así como Ed Michaels, de McKinsey&Company, llegan a la misma conclusión acerca de los malos directivos, a los cuales describe como «ejecutivos mediocres». Tener un directivo mediocre desempeñando una posición de liderato hace bajar el listón de cada uno, lo que supone un claro peligro para cualquier empresa que desee crear una cultura centrada en la ejecución. Los ejecutivos mediocres contratan a personas mediocres y su presencia termina por afectar a la motivación de los demás, lo que provoca que la empresa no sea un lugar agradable para las personas de talento, cuestionando los juicios tomados por los directivos superiores. (En el capítulo octavo encontrará más información acerca de los directivos mediocres y la forma de dirigirlos.)

Mientras muchos suponen que la cultura de la empresa es lo que realmente importa en la retención, la estructura de las unidades operativas es lo que realmente importa a las personas que trabajan en ellas. Si el jefe es un incompetente, las personas mejor cualificadas se marcharán.

Una retención de mercado inteligente

La retención del capital humano es una función importante de la gestión, pero no debe convertirse nunca en un fin de sí misma. Su meta no consiste en retener a todo el mundo o hacer lo imposible para reducir el porcentaje de despido de los empleados, sino que debe estar enfocada a la retención de esas personas que verdaderamente añaden valor y que son difíciles y costosas de reemplazar; es decir, se debe practicar una retención de mercado inteligente. Como se ha mencionado anteriormente, el despido de aquellos empleados que demuestran un rendimiento pobre o mediocre puede resultar algo positivo, ya que las vacantes que crean nos dan la oportunidad de contratar personal con un enorme potencial para aportar grandes contribuciones.

El primer paso hacia una retención de mercado inteligente es identificar a los individuos y a los segmentos de empleados más críticos para el éxito de su organización. Por esa razón, dentro de su unidad, compile una lista de individuos que:

—Proporcionen un liderato formal o informal a los otros;
—Creen de forma continua excelentes resultados;
—Contribuyan con ideas prácticas nuevas y de valor;

—Requieran poca o ninguna supervisión para el logro de las tareas;

—Faciliten el trabajo a los demás;

—Actúen como un importante «nucleo» de transferencia dentro de su empresa;

—Dispongan de un conocimiento y unas destrezas únicas que sean costosas y que tarden mucho tiempo en sustituirse;

—Puedan hacer mucho daño a la empresa si desertan y se van con la competencia.

Piense también detenidamente en los *segmentos* de empleados que son más esenciales. Piense en los segmentos de empleados que hay en su operación que son esenciales para la misma, pero que son sencillos de sustituir; creen una enorme molestia cuando se van; o en aquellos que son más costosos en lo referente a la formación y la contratación y controlen los vínculos de la empresa con los clientes.

Una vez que haya identificado a los empleados de forma individual, así como los segmentos de los empleados que tienen el valor más alto, asegúrese de que reciben la atención necesaria y una gran cantidad de recursos de retención.

Compensación

Los entendidos en la materia consideran la compensación como algo de escasa importancia en la estrategia de la retención. La compensación importa en el sentido en que usted no puede contratar o retener a los empleados de valor si ellos consideran esas compensaciones injustas o poco competitivas. Las personas que se entregan a su labor o profesión por algo más que por el dinero, estiman las compensaciones como un signo indicativo de aprecio de la organización por la contribución y las habilidades mostradas por ellos. Si no se sienten suficientemente valoradas, se marchan.

Tampoco se puede decir que la compensación sea verdaderamente motivadora. Hace años, Frederick Herzberg, el padre de la motivación, descubrió que los incentivos que con más frecuencia se ofrecen a los empleados con el fin de motivarlos, entre los que se incluye el aumento salarial, tan sólo producen una mejora temporal en el rendimiento[2]. El valor tan limitado que tiene el salario como herramienta de retención queda bien corroborado en diversos estudios realizados. Existen, por el contrario, otras estrategias que producen un mayor impacto en la retención.

Peter Capelli, un experto en los recursos humanos y profesor en la escuela Wharton, nos ofrece una serie de consejos para realizar una compensación inteligente de mercado:

—Ofrezca premios «estimulantes» a aquellos empleados que dispongan de una experiencia crucial y difícil de encontrar. Esto les hace permanecer en tensión en los períodos críticos, como pueden ser los últimos pasos en la fase de diseño de un producto clave. Y ofrezca premios de suspensión cuando las destrezas estén más al alcance o sean menos importantes para su empresa.

—Ofrezca cheques de descuento en las distintas fases, por ejemplo, obsequiar al nuevo jefe ejecutivo con bonos de descuento para los próximos cinco años[3].

Puede que usted no tenga mucho valor de voto a la hora de ofrecer una mejor paga o regalar bonos, pero puede utilizar la evaluación del rendimiento para determinar quién debe recibir las mejores compensaciones.

Nuevo diseño laboral

Establecer un nuevo diseño laboral es otra estrategia que puede emplearse para la retención. Si usted puede identificar los elementos que crean satisfacción e insatisfacción dentro de un trabajo en particular, puede separar las tareas menos satisfactorias y confiarlas a otras personas que sabrán apreciar ese trabajo. Otra solución puede ser buscar recursos externos para las tareas menos deseadas, algo que cualquier empresa utiliza, ya sea de una forma o de otra. Los grandes comerciantes de *Wall Street*, por ejemplo, no les piden a sus empleados que limpien los lavabos o que pasen el aspirador a las alfombras antes de irse a casa. Buscan estas tareas en fuentes externas, y su empresa puede hacer lo mismo.

Por ese motivo, si usted ha sufrido el despido de una persona que ocupaba un trabajo importante y que resulta costoso de volver a cubrir, entonces debe someter ese trabajo al microscopio y pregúntese:

—¿Qué aspectos crean insatisfacción en este puesto de trabajo? (Pregunte a varios empleados directamente.)

—Si separamos esas tareas desagradables, ¿se necesitará algo más para considerarlo como un trabajo «completo»? ¿Y qué será ese algo más?

—Asumiendo que alguien hará esas tareas ingratas, ¿qué alternativas tiene para dirigirlas?

—¿Qué es más costoso para la organización, volver a diseñar el trabajo (con sus consecuencias), o pagar el despido en un trabajo que resulta clave para la organización?

Estrategias generales de retención

Entonces, ¿qué pueden hacer los directivos para retener a la mayor cantidad posible de buenos empleados? A continuación encontrará una breve lista que cubre la mayor parte de las bases.

1. **Consiga que empiecen con buen pie.** Esta fase comienza por contratar a personas adecuadas para el trabajo que van a desempeñar y asegurarse de que comprenden dónde se van a meter. Un buen inicio también está en ofrecer una nueva orientación del empleado con el fin de que las personas se sientan bien recibidas y que forman parte de un colectivo.

2. **Cree un gran ambiente con jefes respetados por las personas.** Los directivos asumen con frecuencia que la política de la empresa y la cultura corporativa determinan el ambiente laboral. Y lo hacen hasta cierto punto. Pero dicha política puede evitarse. En cualquier caso, el ambiente

de un departamento o de una unidad es más importante para las personas que la cultura de la corporación en su totalidad.

Los malos jefes son los que no saben crear un ambiente agradable. ¿Cuántos directivos de unidad o supervisores se muestran totalmente ajenos a sus informes? ¿A cuántos les da un berrinche y amonestan a sus subordinados en público, culpan a otros por sus errores o nunca tienen la deferencia de decir «gracias, está usted realizando un buen trabajo». Si los directivos o los supervisores son unos prepotentes, los empleados con mejores destrezas desearán marcharse.

Al final, es mejor sustituir a los directivos o supervisores deficientes que reemplazar a los buenos empleados.

3. **Comparta la información.** Ofrezca información de forma gratuita, sobre la empresa, el rendimiento financiero, las estrategias y los planes. Diga a sus empleados que confía en ellos, que son socios importantes de la empresa y que usted respeta su habilidad para comprender y contribuir en la empresa en su totalidad.

4. **Ofrezca a las personas la mayor autonomía posible.** A muchas personas les gusta trabajar con la mínima supervisión necesaria, por ese motivo debe dejarlos con la mayor libertad posible. Eso les hará a ellos más felices y su trabajo, como directivo, será más sencillo.

5. **Señale un reto a las personas.** La mayoría de las personas —especialmente los que usted desea retener— disfrutan del reto porque eso les hace sentir que ha puesto en ellos grandes expectativas que espera se cumplan. Por esa razón, debe poner más retos a las personas y ofrézcales todo el apoyo que necesitan para tener éxito.

6. **Sea flexible.** Unos acuerdos laborales flexibles tienen mucho éxito a la hora de retener a los empleados, pero debe saber que no todos los directivos disponen de la autoridad necesaria para establecer unos nuevos acuerdos laborales. Sin embargo, casi todo el mundo dispone de una mínima autoridad para facilitar un poco de flexibilidad a sus empleados y puede per-

Consejos para detectar desertores potenciales

¿Tiene empleados que están pensando en dejar la empresa? B. Lynn Ware, fundador de la asesoría de retención ITS, Inc, aconseja a sus clientes que observen los primeros signos de insatisfacción o deserción. Son los siguientes:

—Un cambio de conducta, como llegar tarde o irse temprano.
—Un descenso del rendimiento.
—Repentinas quejas de una persona que no solía quejarse.
—Referencias nostálgicas a otras empresas (por ejemplo, sé de alguien a quien le han dado 30.000 dólares en bonos de descuento en la empresa XYZ).
—Una conducta retraída (por ejemplo, un empleado que siempre ha participado en las reuniones o se ha ofrecido como voluntario en diversos proyectos y que, repentinamente, se mantiene al margen o hace lo estrictamente necesario para hacerse notar).
—Hablar sobre lo «quemado» que está del trabajo.

Si usted advierte algunas de estas señales de alarma, afróntelas de inmediato. Acuerde una reunión con el empleado lo antes posible, e intente plantear preguntas que le ayuden a identificar la raíz del problema. Indique que usted le valora como empleado o empleada, y pregúntele cómo pueden unir sus fuerzas para crear una mejor experiencia laboral.

Fuente: «Retención del Empleado: ¿Qué Pueden Hacer los Directivos?», *Harvard Management Update,* abril, 2000, 2.

mitir en ciertas ocasiones que un empleado se ausente para cuidar a su hijo o ir a visitarse al médico. Los empleados que están saturados de trabajo valoran esa clase de flexibilidad.

7. **Diseñe el trabajo con el fin de fomentar la retención.** No hay nada más desalentador para un empleado inteligente que solventar una labor repetitiva, o estar muy aisla-

do, o tener un trabajo poco estimulante o incluso desagradable. Por eso, si usted observa que hay un alto grado de despido en una determinada categoría laboral, debe echar un vistazo a lo que diariamente les exige en sus correspondientes puestos. Puede que ese problema de despido desaparezca si vuelve a diseñar el trabajo, ya sea añadiendo un poco de variedad a ese trabajo tan monótono, involucrando a los empleados que están más aislados en labores de equipo, estableciendo unos retos más desafiantes, etcétera. Si un trabajo conlleva realizar una o varias tareas repugnantes, intente eliminarlas o buscar colaboraciones externas para llevarlos a cabo.

8. **Identifique a los desertores de inmediato**. Lo que es un gran ambiente laboral o un buen trabajo es cuestión de opinión. Lo que supone un reto para una persona puede resultarle insuperable a otra. Usted no sabrá lo bien que lo está haciendo, a menos que lo pregunte.

9. **Oriente su gestión hacia la retención**. No olvide nunca que parte de su responsabilidad como directivo es asegurar una plantilla adecuada en cada unidad. Retener buenos y excelentes trabajadores es parte de ese trabajo. Por ese motivo, debe tener cuidado en su forma de dirigir a las personas, así como en la programación del volumen de trabajo. ¿Es usted esa clase de jefe que dirige su empresa de tal forma que alienta a que los mejores empleados se queden o, por el contrario, los echa?

El papel de una vida laboral equilibrada

Una vida laboral equilibrada fue uno de los temas centrales y prioritarios durante el cambio desfavorable de coyuntura en los Estados Unidos ocurrido entre el año 2000 y 2003. Y a pesar de la consternación que supuso los despidos por la recesión, sigue siendo un tema que rehusa minimizarse. La razón por la que no lo hace es que una vida laboral equilibrada es un elemento esencial

de satisfacción para el empleado, como la lealtad y la productividad. Eso significa que si puede proporcionar un puesto de trabajo
en el que los empleados puedan de forma eficiente equilibrar los
requisitos del empleo con su vida personal, entonces la retención
no será un tema para preocuparse. Y si usted se gana la reputación dentro del mercado laboral de que apoya ese equilibrio, no
tendrá la más mínima dificultad a la hora de contratar a los mejores empleados. Una vida laboral equilibrada no es meramente
una cuestión de «sentirse bien» o un extra que será costoso para
su empresa, sino algo que se traduce en términos de rendimiento
laboral.

Una vida laboral equilibrada es un tema de gran importancia
en la actualidad, ya que muchas personas están hartas de afrontar
unas jornadas demasiado prolongadas, unas vacaciones muy cor-
tas, demasiado tiempo en habitaciones de hoteles, así como de recibir mensajes por correo electrónico del jefe durante los fines de
semana. Son muchas empresas las que han entendido el mensaje y
que han respondido con programas que ayudan a que sus empleados equilibren esos dos aspectos tan importantes de su vida.

A primera vista creerá que cada concesión que hace para conseguir esa vida laboral equilibrada representará un coste para su
empresa, pero tal y como explican Stewart Friedman, Perry Christensen y Jessica DeGroot en un artículo de la revista *Harvard Business Review,* una vida laboral equilibrada puede enfocarse desde
una perspectiva positiva para ambas partes. Estos investigadores
ofrecen tres principios para que este juego tenga un coste nulo[4]:

1. **Asegúrese de que los empleados saben cuáles son las
   prioridades de la empresa y aliente a que sean igualmente claros sobre sus prioridades personales**. El trabajo de la empresa debe realizarse y una vida laboral equilibrada no debe ser una excusa para dejarlo de lado. De la
   misma forma, el trabajo no puede convertirse en una excusa para no prestar atención a los asuntos personales. Friedman, Christensen y DeGroot aconseja a los directivos que
   sean claros sobre cuáles son las metas de la empresa y las

expectativas de su rendimiento. Al mismo tiempo, estimulan a sus empleados para que sean claros cuando exponen sus metas familiares e individuales. Una vez que se han puesto las cartas sobre la mesa, el horario y las asignaciones pueden acordarse de tal forma que satisfagan a ambas partes.

2. **Reconocer y apoyar a los empleados como un «conjunto de personas» que desempeñan papeles importantes fuera de su vida laboral.** Los directivos sólo pueden solucionar conflictos laborales si comprenden y muestran interés por la vida fuera del trabajo de sus empleados. Mostrando un sincero interés se crea lealtad y confianza.

3. **Experimentar de forma continua con la forma de hacer el trabajo.** Los directivos inteligentes saben que los procesos laborales deben rediseñarse de forma periódica para obtener una mayor eficacia y eficiencia. Una vida laboral equilibrada proporciona oportunidades para experimentar con estos procesos.

Por ese motivo, y de acuerdo con Friedman, Christensen y DeGroot, una vida laboral equilibrada no tiene por qué ser un juego con resultado nulo. Es más, si se dirige de la forma correcta puede mejorar la moral, aumentar la productividad y ayudarle a contratar y retener los mejores empleados. (Véase «Consejos para una vida laboral equilibrada».)

Teletrabajo

Muchas empresas han descubierto que el *teletrabajo* es una herramienta efectiva para crear una vida laboral equilibrada. El teletrabajo se define como el trabajo realizado por los empleados en lugares distintos de su rutinaria oficina y facilitado por las telecomunicaciones y las posibilidades que ofrece Internet. La Asociación Internacional de Teletrabajo y Asesoramiento (ITAC) estima que hay unos veinte millones de empleados estadounidenses que de alguna forma estuvieron involucrados en el teletrabajo durante el año 2001.

Consejos sobre una vida laboral equilibrada

Tomando como ejemplo los «tres principios» de vida laboral equilibrada descritos anteriormente, a continuación encontrará algunos consejos para que ese equilibrio sea una situación beneficiosa para ambas partes:

—Señale unas metas fijas para sus empleados, pero debe prestarles una gran autonomía para conseguirlas. Dígales: «Usted es el responsable de una encuesta que se va a realizar a los clientes, así como de la presentación de un informe que abarca desde el momento presente hasta mediados de marzo. Desearía que desarrollará un plan para llevarla a cabo».

—Preste más atención a los resultados que a cómo, dónde y cuándo se realiza el trabajo.

—Intente conocer a sus empleados y colaboradores en un nivel más personal. ¿Tienen obligaciones cívicas a las que deben atender? ¿Disponen de otras destrezas que podrían beneficiar a la empresa? Como señalaron algunos investigadores ya hace décadas, simplemente *con mostrar interés* por los empleados como individuos, usted puede tener un impacto positivo sobre su moral y su motivación.

—Estimule a las personas para que encuentren nuevas y mejores formas de afrontar sus responsabilidades. Por ejemplo, los jefes de venta y el personal encargado del desarrollo del producto puede que descubran que una inversión de 5.000 dólares en un equipo de teleconferencia puede ahorrar a la empresa unos 15.000 dólares en gastos de desplazamiento, además de evitarles a ellos muchas horas de viaje y muchas noches lejos de casa.

Los que apoyan el teletrabajo señalan el considerable ahorro de costes que supone, así como los beneficios, entre los que se incluyen los bajos costes inmobiliarios, la enorme productividad de los empleados, su gran lealtad y satisfacción, así como un menor número de despidos. Y son los teletrabajadores los que añaden que, además, les ayuda a encontrar un equilibrio entre su vida laboral y sus responsabilidades. AT&T, que ha utilizado el teletrabajo muy frecuentemente desde los años noventa, llevó a cabo una entrevista entre 1.238 directivos y descubrieron que los teletrabajadores trabajaban más horas. Las respuestas indicaron que trabajaban al menos una hora más al día, que eran más productivos, más leales y encontraban mayor satisfacción en el trabajo. Dos terceras partes de estos directivos dijeron que la política empresarial del teletrabajo facilitaba las tareas de retención y atracción.

AT&T informó también que se habían ahorrado unos 25 millones de dólares anualmente en costes inmobiliarios con los teletrabajadores a jornada continua[5]. Estos descubrimientos tan sorprendentes no se han dado solamente en AT&T. Sin embargo, antes de que salga corriendo y propugne un programa de teletrabajo, su empresa o unidad deben sopesar una serie de cuestiones, entre las que se incluyen:

—¿Cuáles son los trabajos más apropiados para el teletrabajo?
—¿Cuáles son los temas legales, regulatorios, de seguro y tecnológicos? (Un agente de bolsa no puede trabajar para una oficina de un creador de mercado que no esté supervisada.)
—¿Cómo supervisará a los teletrabajadores y asegurar su contabilidad?
—¿Les preocupará a sus empleados el hecho de que si se convierten en teletrabajadores perderán las oportunidades de ascender u otro tipo de reconocimientos?

A pesar de todo lo que se dice a su favor, el teletrabajo no resulta apropiado para toda clase de empresas. En un artículo escrito para la revista *Harvard Business Review*, Mahlon Apgar afronta esta cuestión explicando por qué el teletrabajo es más apropiado cuando las empresas están:

—Comprometidas con nuevos métodos de operación.
—Son más informáticas que industriales.
—Son dinámicas, sin jerarquías y con una tecnología avanzada.
—No hay dominio de nadie
—Deseosas de investigar en nuevas herramientas y formación[6].

El teletrabajo requiere también una adaptación por parte de los directivos y los supervisores, ya que, después de todo, sus subordinados no estarán bajo su vigilancia. ¿Quién sabe si están trabajando o viendo una serie de televisión? La solución, de acuerdo con los más expertos, está en que los directivos se centren en los resultados, en lugar de en las actividades, lo que significa establecer unas metas claras para los teletrabajadores individuales, asegurarse de que saben cuáles son sus objetivos y establecer un sistema de supervisión del progreso en diferentes fases. Los directivos deben integrar también a los teletrabajadores en grandes grupos, ya que si no, pueden sentirse aislados y fuera de contacto.

El teletrabajo presenta nuevos retos para los directivos, pero los beneficios, especialmente en lo que se refiere a una vida laboral equilibrada y retención, pueden ser sustanciales.

Horarios laborables flexibles

Un horario flexible es otro mecanismo para ayudar a que sus empleados logren una vida laboral equilibrada y, por extensión, quedarse en su organización. Un horario flexible permite que sus empleados trabajen con un horario distinto al establecido; es decir, de nueve a cinco, cuarenta horas semanales, cinco días a la semana. Un horario flexible les brinda la oportunidad de acomodarse a las necesidades de sus hijos, un pariente enfermo o algo parecido.

Muchas personas agradecen una flexibilidad en el horario. Eso es cosa que la asesoría Deloitte&Touche ha aprendido con la práctica y la investigación. Para el mes de junio del año 2001, más de mil cien de los empleados que tenían en la empresa habían llegado a un acuerdo para disponer de un horario más flexible. Veinte de ellos eran socios. De acuerdo con la encuesta realizada por Deloitte a sus empleados, el noventa por ciento de los profesionales con un horario flexible estaban satisfechos con los acuerdos establecidos[7]. A continuación encontrará unos acuerdos típicos de flexibilidad de horarios que se utilizan en las empresas actualmente:

—**Reducción del horario**. Por ejemplo, cuando un empleado trabaja de diez a cinco de la tarde porque tiene que llevar a sus hijos a la escuela por la mañana.

—**Horarios temporales**. Por ejemplo, un asesor fiscal que trabaja sesenta horas desde enero hasta abril con el fin de solventar una crisis, y que luego trabaja treinta horas el resto del año.

—**Horarios comprimidos**. Por ejemplo, cuando el empleado tiene una enorme vocación por algo que practica los fines de semana y entonces decide trabajar las cuarenta horas de lunes a jueves con el fin de tener libre el viernes para sus ensayos.

Resumiendo

Este capítulo ha descrito los aspectos más relevantes en lo que se refiere a la retención de los empleados, y ha indicado opciones para que los directivos marquen la diferencia. En particular los siguientes:

—La retención es un aspecto importante porque un gran número de despidos provoca unos enormes gastos de sustitución. Además, esta asociada a los bajos niveles de satisfacción del cliente, su lealtad y la perdida de beneficios.

—Las personas se quedan en la organización cuando ven en ella una fuente de orgullo y afiliación, cuando respetan a sus supervisores, cuando se les compensa justamente y cuando consideran su trabajo como algo significativo.

—Las personas miran hacia otros lados cuando el liderazgo ha cambiado de forma desfavorable, cuando entran en conflicto con sus superiores inmediatos, cuando se va algún buen compañero o cuando sus responsabilidades han cambiado para peor.

—Los directivos deben preocuparse menos de los despidos que de retener a las personas que suponen un verdadero valor dentro de la organización y para sus clientes.

—Los programas que realzan una vida laboral equilibrada, generalmente ayudan a aumentar la satisfacción de los empleados y reducen los porcentajes de despidos.

4

Delegando con confianza

Evitar sentirse abrumado y con excesivo trabajo

Temas básicos tratados en este capítulo

- *Los beneficios de delegar.*

- *Signos de que usted debe delegar más y hacerlo de forma más eficiente.*

- *Pautas para llevar a cabo una delegación eficiente.*

- *Enfoques de delegación.*

- *Preparando la delegación.*

- *Asignación.*

- *Supervisión del rendimiento.*

- *Aprendiendo durante y después de revisar la acción.*

MUCHOS DIRECTIVOS SE SIENTEN abrumados porque tienen demasiados problemas o demasiadas asuntos que resolver. ¿Es usted uno de ellos? ¿Es de esos que se les queda el tiempo corto mientras a sus subordinados les falta trabajo? Si es así, debe examinar su enfoque para delegar trabajo.

El trabajo de dirección consiste en obtener resultados de las personas y de los recursos. Entre otras cosas, eso significa que debe delegar muchas tareas a otras personas. *La delegación* consiste en la asignación de tareas específicas o un determinado proyecto a otras personas, así como el compromiso de asignación para completar dicha tarea o proyecto. Cuando usted delega, no sólo transfiere trabajo a otra persona, sino que transmite la responsabilidad de completar ese trabajo hasta un determinado estándar.

La delegación es una de las cualidades más importantes que puede demostrar un directivo de éxito y que, con más frecuencia, es ignorado por los directivos «con exceso de trabajo». Si se delega un determinado trabajo en la persona adecuada se emplea menos tiempo en «hacerlo» y más tiempo en planificar los trabajos asignados, en organizar los recursos para delegados y en formar al personal que requiere ayuda. Este capítulo explica los interminables principios de la delegación, así como una serie de ideas prácticas para aplicarlos en la actualidad[1].

Los beneficios de delegar

Una delegación eficiente puede proporcionarle unos beneficios reales a usted, a su personal y a su organización. Empecemos por usted. Cuando delega reduce su sobrecarga de trabajo y su nivel de estrés al desprenderse de algunas tareas que otras personas cualificadas pueden llevar a cabo. Eso le dará más tiempo para centrarse en actividades que requieren de sus destrezas y de su autoridad: la planificación, el análisis empresarial, las operaciones de control, la obtención de recursos y la solución de los problemas clave relacionados con el personal.

La delegación aumenta el nivel de confianza existente entre usted y su plantilla. Para que confíen en usted, primero debe confiar en ellos y la delegación es una forma de hacerlo. El mensaje que lleva implícito la delegación es: «Confío en usted para que el trabajo se realice». También sirve para que todo el mundo aprenda a conseguir sus metas a través de un esfuerzo corporativo.

Recientemente, la delegación se ha convertido en una forma eficiente de «conocer» las capacidades de los miembros de su plantilla, antes de que se les ofrezca un ascenso. Asigne una serie de tareas a un empleado y muy pronto tendrá una estimación de cuáles son los puntos débiles y fuertes de esa persona.

De la misma forma, los buenos empleados se benefician de la delegación de tareas o proyectos. Cada asignación es una oportunidad para aprender a aceptar responsabilidades, a planificar el trabajo y a recurrir a la colaboración de otros. En efecto, la delegación proporciona experiencia a los empleados en lo que se refiere al trabajo de dirección, y el desarrollo personal es parte de nuestro trabajo.

La delegación provoca que algunos directivos se sientan incómodos, ya que temen perder el control de la plantilla y del proyecto y se preocupan por abdicar de sus responsabilidades. Algunas veces creen que resulta más eficiente si son ellos mismos los que hacen el trabajo con excusas como: «Para cuando haya terminado de explicarle a Henry cómo se hace, lo podría haber hecho yo». Y puede que así sea. Pero a largo plazo, todos los directivos deben compartir el control y enseñarles a los demás cómo hacer el trabajo. No obstante, existen otras excusas para no delegar entre las que se incluyen:

—«No confío en mi plantilla.» Los directivos que se excusan en eso deben empezar por delegar pequeñas tareas con el fin de que su confianza aumente de forma gradual.

—«Me gusta hacer las cosas a mi manera.» Esta razón no debe constituir un impedimento, ya que los directivos pueden conseguir que se hagan las cosas a su manera comunicando sus preferencias y su estándar. Eso resulta más eficaz que intentar hacerlo todo ellos mismos.

—«La plantilla se sentirá resentida si les doy más trabajo.» Puede que así sea. Sin embargo, los buenos empleados aprecian las oportunidades que les llevan a adquirir responsabilidades en un trabajo de envergadura. Y esos empleados son los que a usted interesa retener y desarrollar.

Delegación y otorgamiento de poderes

El termino «otorgar poderes» ha sido muy discutido en los últimos cinco o diez años, y de forma deliberada. ¿Es sinónimo de delegar? Si no lo es, ¿en qué se diferencia?

La delegación implica que el directivo retiene la autoridad, el control y la responsabilidad. Hacerlo de otra manera se llamaría abdicación. El directivo dice: «Esto es lo que quiero que haga». Incluso si él o ella describe el fin que se requiere sin especificar los medios, el directivo probablemente revisará la planificación del empleado y supervisará su ejecución durante su proceso. Cuando no existe autoridad, ni control o responsabilidad, entonces la delegación se convierte en abandono. El otorgar poderes, por el contrario, significa un traspaso de poder y responsabilidad a un receptor. Dicho individuo o equipo dispone de la autoridad para determinar los medios y para afrontar las responsabilidades que le lleven al logro de los resultados. El control del directivo es sustituido por la autodisciplina y la responsabilidad.

—«Las personas esperan que sea yo quien resuelva los problemas y tome las decisiones». Eso es verdad hasta cierto punto, pero personas que resuelvan los problemas y tomen decisiones son necesarias a todos los niveles. Por eso, debe dejar patente a su plantilla que su papel consiste en apoyarles para que tomen decisiones por sí mismos. También debe puntualizar que las tareas delegadas representan oportunidades para solventar trabajos nuevos e interesantes.

Síntomas alarmantes

A continuación se exponen algunos «síntomas alarmantes» de que un directivo debe mejorar sus destrezas para delegar. ¿Se le puede aplicar alguno a usted?

—Su bandeja de entrada está siempre llena.
—Usted está trabajando horas extras en tareas que «sólo usted puede realizar».
—Las asignaciones delegadas quedan con frecuencia incompletas y no se cumplen los plazos de tiempo.
—Los responsables directos dicen que carecen de autoridad o recursos para completar las tareas asignadas.
—Los responsables directos no se sienten preparados para llevar a cabo las tareas asignadas.
—Usted interviene con frecuencia en proyectos asignados a otras personas.
—La moral es baja y aumenta la cifra de despidos.
—Las personas no tienen responsabilidad sobre las tareas que usted le adjudica.

Pautas para delegar de forma eficiente

Es importante establecer el tono y el ambiente adecuados para delegar de forma eficiente. Usted puede lograrlo si sigue estas pautas:

—Sea muy preciso a la hora de expresar qué es lo que desea que se haga, cuándo y cómo va a medir los resultados. La ambigüedad por su parte puede llevarle a tener una experiencia desagradable.

—Anime a la plantilla para que le diga cuál es su interés en particular para desempeñar dicho trabajo, así como la disponibilidad que tiene para nuevos proyectos.

—Trate de crear un sentido de responsabilidad común por las metas de la unidad.

—Evite descargar sobre sus subordinados solamente las tareas que resultan odiosas o difíciles, y en su lugar, delegue tareas que susciten el interés y puedan ser entretenidas.

—Proporcione oportunidades para la carrera profesional de sus subordinados delegando funciones que sean notorias para la empresa.

—Delegue en aquellas personas con juicio y competencia. Eso, por supuesto, se consigue conociendo bien a sus subordinados y sus habilidades.

—Reconozca que la delegación supone una experiencia de aprendizaje para su plantilla, por eso debe ofrecerle la formación que requiera.

—Desarrolle la confianza en los miembros con menos destrezas delegándoles unas asignaciones bien estructuradas, y luego proporcione el apoyo necesario para aumentar su competencia.

—Siempre que sea posible, debe delegar un proyecto o una función en su totalidad y no sólo una pequeña parte, ya que de esa manera aumentará la motivación y el compromiso.

—Haga un seguimiento, supervise y proporcione *feedback*.

—Mantenga las líneas de comunicación abiertas. Dígales: «Comuníqueme si tiene algún problema que no pueda resolver».

Enfoques de delegación

La delegación puede llevarse a cabo de diversa maneras. Normalmente, resulta más conveniente delegar la responsabilidad de una tarea completa, el proyecto o la función a una sola persona. Si la divide entre diversas personas llegará un momento en que nadie es «dueño» del trabajo. Incluso si el delegado en cuestión transfiere partes de su trabajo a otras personas, el núcleo de responsabilidad estará definido.

Delegar tareas es el enfoque más sencillo y una buena manera de empezar si usted es nuevo en esos menesteres. Eso conlleva escribir un informe, dirigir una investigación u organizar una reunión.

Delegar proyectos representa un nivel más alto. Un proyecto conlleva una serie de tareas asociadas con el logro de los objetivos específicos. Delegar un proyecto aumenta el ámbito de la asignación delegada y, generalmente, requiere de un miembro de la plantilla que pueda manejar una amplia variedad de responsabilidades. Ejemplos de delegación de proyectos pueden ser el desarrollo de un nuevo manual del empleado, la supervisión de una encuesta al cliente o la formación de otros empleados en el uso de un nuevo *software* informático.

Los directivos que disponen de un buen número de responsables directos pueden elegir las asignaciones delegadas por función. Una *función* consiste en una serie de tareas y proyectos que están conectados con la actividad en curso, como puede ser las ventas, el *márketing* o la formación. En este enfoque, cada función se delega a un miembro de la plantilla, el cual proporciona al directivo informes actualizados sobre las actividades en curso.

Preparando la delegación

Cuando usted se sienta preparado para delegar, primero debe determinar qué tareas desea transferir. Cuando lo haya hecho, piense en las destrezas y habilidades que se requieren para llevarlo a cabo de forma exitosa. Finalmente, deberá ajustar la asignación con el miembro de la plantilla más adecuado.

Qué (y qué NO) delegar

¿Está usted sobrecargado de trabajo? Si es así, evalúe esa sobrecarga. Determine qué partes pueden llevar a cabo otras personas.

Sea abierto a la hora de delegarlas, incluso si son tareas que a usted le agradan y que no desea abandonar. Algunas de ellas proporcionarán una gran variedad de retos motivadores para las personas más adecuadas.

Algunos de los trabajos asignados requieren una formación específica o experiencia. Y si, por algún motivo, la tarea es demasiado importante para asignársela a terceras personas, entonces debe pensar en compartir responsabilidades. Por ejemplo, si usted está proyectando el desarrollo de un nuevo catálogo, trate de identificar a una persona que tenga unas dotes especiales para escribir el texto; junte esa persona con otra que muestre unas dotes gráficas, de diseño y destrezas de producción. A continuación le mostramos otro ejemplo:

> *Una de las responsabilidades de Colin durante la primera mitad de este año ha sido el diseño, la administración y la documentación de una encuesta anual al empleado. Era un trabajo considerable, pero no tan voluminoso como para que Colin no pudiera realizarlo, como ya había hecho otros años.*
>
> *Pero los tiempos cambian, y en ese momento él ocupaba el cargo de directivo del departamento, por lo que disponía de muy poco tiempo libre. Sí, es cierto que pudo realizar el trabajo, pero eso supuso muchos fines de semana en la oficina y hurtar tiempo a otras responsabilidades urgentes.*
>
> *Al final, Colin formó un equipo de trabajo para la encuesta. Proporcionó liderazgo y supervisión, además de dos nuevos empleados con buenos conocimientos analíticos a los que se les asignó tareas con el fin de ahorrar tiempo. Cuando se presentó el informe final de la encuesta y se hizo circular por la empresa, llevaba escrito el nombre de Colin y sus dos ayudantes.*

Por supuesto que no todas las tareas pueden o deben delegarse. Como directivo, usted debe continuar siendo responsable de las siguientes tareas:

—Planear, dirigir y motivar a su personal.
—Evaluar el rendimiento del empleado
—Negociaciones complejas con los clientes.

—Tareas que requieran sus conocimientos técnicos específicos.

—Contratar, despedir o desarrollar la carrera profesional de una persona.

Hay otras tareas que no son asignables, pero eso ya depende de su circunstancia.

Análisis de trabajo

Una vez que usted haya identificado las tareas y los proyectos adecuados para ser delegados, determine el trabajo que conlleva y las destrezas que se requieren. El análisis de trabajo conlleva responder a estas tres preguntas:

1. ¿Qué destrezas mentales son necesarias para este trabajo? (Por ejemplo, la habilidad para resolver problemas, el pensamiento lógico, la toma de decisiones, la planificación, el diseño creativo.)
2. ¿Qué actividades deben realizarse y qué equipamiento se necesita? (Por ejemplo, archivos, la utilización de un procesador de textos, organizar, formar o desarrollar.)
3. ¿Qué destrezas con las personas se necesitan para completar la asignación? (Por ejemplo, hablar con los suministradores, la negociación de recursos, la consulta con expertos.)

La persona adecuada para el trabajo

Una vez que haya identificado la asignación y las destrezas necesarias, pregúntese: «¿Cuál es de mis subordinados la persona adecuada para este trabajo?». Mientras se plantea esa pregunta, asegúrese de tener en cuenta los siguientes aspectos:

—Cualquier deseo expresado con anterioridad por alguno de su plantilla referente al crecimiento y desarrollo que pueda ser vinculado a esta asignación. Pregúntese quién ha mostrado iniciativa y quién ha pedido un nuevo reto.

—La disponibilidad de los miembros de la plantilla. No descargue más trabajo en aquellas personas que ya están sobrecargadas, aunque sean concienzudos y de confianza.

—El nivel de ayuda que necesitará de usted el miembro de la plantilla encargado de completar la asignación.

—¿Cuánto tiempo lleva ese miembro de la plantilla en el trabajo? Evite abrumar a nuevos empleados con asignaciones adicionales hasta que no se sientan cómodos con los trabajos que ocupan en ese momento.

—La cantidad de asignaciones que usted ha delegado en esa persona con anterioridad. Intente delegar tareas a todos los miembros de la plantilla, con el fin de evitar sentimientos de favoritismo.

—La posibilidad de dividir la tarea entre dos o más personas para utilizar sus destrezas de la mejor manera.

Usted se encontrará en una mejor posición para seleccionar a la persona adecuada si hace un seguimiento continuo de las cualidades especiales que usted puede necesitar para determinados proyectos. Por ejemplo, alguien que sepa simplificar los conceptos abstractos puede ser un buen formador, mientras que una buena capacidad de organización es más importante para aquellas personas que supervisan las operaciones.

Asignando

Una vez que haya encontrado la persona adecuada para el trabajo, necesita comunicarle la proposición y proporcionarle suficiente autoridad como para hacer el trabajo. Esto se debe materializar siempre en una reunión personal en la que usted describirá la asignación y se asegurará de que el empleado ha aceptado dicha tarea. Cuando se lleva a cabo este tipo de interacción es de crucial importancia una comunicación abierta y confianza. Para lograr ambas cosas, haga lo siguiente:

—Describa claramente la tarea, el proyecto o la función.

—Defina su propósito y cómo encaja dentro del contexto general de la organización.

—Revise el ámbito de responsabilidades del empleado.

—Identifique a las otras personas que se verán involucradas en la tarea y describa el papel que van a desempeñar.

—Discuta los plazos de tiempo para cuando debe ser completada.

—Establezca, mediante un acuerdo, el estándar de rendimiento, las medidas de éxito y los niveles de responsabilidad.

—Establezca unas métricas rigurosas en lo que se refiere a calidad, tiempo y coste.

—Sea claro en lo referente a la responsabilidad que tiene el empleado de conseguir el estándar propuesto.

—Defina cuáles son los recursos y el apoyo que puede prestarle.

—Identifique cualquier recurso material o físico que sea necesario para completar la asignación y confirme su disponibilidad.

—Si es necesario, ponga a su disposición a otros miembros de la plantilla con el fin de lograr la meta asignada.

—Pregunte al empleado qué apoyo puede necesitar de usted durante toda la asignación.

—Si se necesita de una formación especial, explique cómo se le va a ofrecer.

—Signifique una fecha para revisar los progresos.

Cuando concede autoridad a un miembro de la plantilla, es importante desde el principio establecer unas pautas y unas expectativas claras. La cantidad de autoridad que usted le otorga a un individuo depende de sus habilidades y de la confianza que tiene en él. Quizá desee evaluar el rendimiento anterior de un miembro de la plantilla para tomar decisiones. Y puede que también desee determinar la mínima cantidad de autoridad necesaria para completar la asignación con éxito.

Después de que haya perfilado el nivel de autoridad que va a delegar, asegúrese de comunicar su decisión a todas las personas que están involucradas en la asignación o que se vean afectadas por ella.

Una pregunta que se hace con frecuencia

«¿Cómo puedo evitar que la plantilla crea que le estoy dando el trabajo que no deseo hacer?» Algunos directivos cometen el error de presionar a esas personas que, o bien han demostrado que saben hacer las cosas, o aceptan cualquier trabajo extra —no como los demás— sin protestar. Este tipo de personas pueden sentirse aduladas por la confianza que el jefe deposita en ellas, al menos al principio, pero con el tiempo pueden considerarlo como una forma de castigo, especialmente si no se ven compensadas por ello. «¿Por qué me pide siempre a mí que resuelva estos asuntos? No soy la única persona del departamento.» El resentimiento puede llevar a que estas personas finjan que están enfermas o a la deserción.

Se puede evitar este problema si equilibra la asignación de tareas tediosas con otras gestiones o proyectos que despierten el interés de la plantilla, que sean entretenidas y que lleven a un reconocimiento por haberlas realizado. Reparta las tareas o proyectos que se consideran desagradables entre varios miembros de la plantilla, e igualmente distribuya la responsabilidad de esos trabajos que se consideran tediosos. Busque aportaciones de la plantilla con el fin de conocer los tipos de asignaciones que consideran más interesantes y retadoras.

Control, supervisión y feedback

El mayor reto para el directivo que delega responsabilidades es asegurarse de que el subordinado no fracasa en su empresa. La mejor manera de lograrlo es manteniendo un nivel adecuado de control proporcionando fechas para completar los objetivos y una supervisión de progreso regular. Cuando usted dice: «Espero que esto se termine para el próximo viernes», lo que hace es mantener el control del trabajo, una de sus obligaciones como directivo. Cuando además añade: «Me gustaría reunirme con usted el miércoles por la tarde sólo para ver el progreso que se ha realizado y discutir los problemas», entonces lo que está haciendo es supervisar la asignación que ha sido delegada. La supervisión proporciona la oportunidad de formar y dar *feedback*, lo cual es otra responsabilidad clave de todo directivo.

Dependiendo del número y la complejidad de las asignaciones delegadas, usted deberá utilizar un diario de asignaciones para hacer un seguimiento de los proyectos, tareas o funciones en su departamento. Algunos directivos utilizan calendarios de gran tamaño para ese seguimiento y así dar un sentido visual del progreso. No obstante, hay tareas que exigen unos informes por escrito que se realizan periódicamente para poner al día las asignaciones delegadas.

Cuando supervise, esté atento a los síntomas iniciales de posibles problemas. Cuando su subordinado choca contra una barrera impenetrable o empieza e rezagarse, es necesario intervenir. Usted, por supuesto, no querrá solucionar todos los problemas que ha delegado en otros —y que ellos han aceptado—, ya que si lo hace habrá perdido su propósito, pero debe utilizar la formación y el estímulo, así como añadir los recursos necesarios para poder ayudarles. Proporcione este apoyo sin que le consideren un intruso, especialmente si se trata de esos subordinados que se han comprometido en aprender la forma de resolver los asuntos por sí mismos, y sin que sea usted el que dicte «la forma adecuada» de hacerlo. Recuerde que llevar a cabo la tarea es más importante que *cómo* hacerla.

Revisión posterior

Utilice las asignaciones completadas como oportunidades de aprendizaje para usted y sus subordinados. Tanto usted como ellos deben evaluar qué es lo que se hizo bien, qué se hizo mal y cómo se podían haber hecho mejor. Además:

Consejos para delegar de forma eficiente

—Reconozca las habilidades de su plantilla.

—Céntrese en los resultados y olvídese de decir cómo se debe llevar a cabo una tarea.

—Utilice la delegación para desarrollar las destrezas de su plantilla o para ponerlos en una posición favorable ante la directiva.

—Trate de delegar siempre al nivel más bajo posible.

—Explique las asignaciones de forma clara y proporcione los recursos necesarios para que sea completada.

—Proporcione *feedback* a su plantilla y apóyela cuando cometan errores.

—Pida la opinión del empleado acerca de cómo dicha delegación le afectó a él o ella.

—Reconozca los logros obtenidos por el empleado y proporcione un refuerzo positivo por las tareas bien hechas.

—Utilice la experiencia para apoyar el crecimiento del empleado mediante una formación continua o adicional.

Asegúrese de que la buena labor de un empleado es reconocida no sólo por usted, sino por sus compañeros, su directivo y los clientes.

Resumiendo

—Si usted está sobrecargado de trabajo y sus subordinados no, entonces debe delegar con más frecuencia. Si las tareas que transfiere no se hacen de la forma adecuada o se terminan con retraso, entonces debe delegar de una forma más eficiente.

—Una delegación eficiente tiene varias cosas en común: sea claro en lo que quiere que hagan, delegue por igual tareas tediosas y estimulantes y supervise cuidadosamente.

—Normalmente resulta más beneficioso delegar toda la tarea en una sola persona, ya que el sentimiento de propiedad recae en ella.

—No delegue tareas que son únicamente su responsabilidad, puesto que eso no es delegar, sino abdicar.

—Cuando delegue organice una reunión personal con la persona en cuestión, y proporcione siempre la suficiente autoridad y los recursos para que el trabajo se complete.

—Supervise y prepárese para intervenir si el delegado se sale de lo acordado.

—Utilice la revisión posterior para aprender de esa experiencia de delegación.

5

Gestión del tiempo

Aprovechamiento del día

Temas básicos tratados en este capítulo

- *Análisis de cómo emplea su tiempo.*

- *Utilizar metas clave para identificar las tareas prioritarias.*

- *Técnicas para la planificación de las tares prioritarias.*

- *Estrategias para combatir a las personas que pierden el tiempo.*

TRES LARGAS REUNIONES, una docena de llamadas telefónicas por lo menos, algunas de ellas una completa perdida de tiempo. Almuerzo con el jefe anulado en el último momento («dejémoslo para el próximo martes», nos dice). Dos informes que escribir, estudiar la próxima presentación a la directiva de jefes, mediar en los conflictos que se han creado entre dos empleados rivales, y hora de empezar el proceso presupuestario del próximo año.

¿Le recuerda todo esto a un día cualquiera de su calendario? Si es así, es que su jornada laboral es como la de cualquier otro directivo. Es decir, repleta de reuniones, de actividades fragmentadas, de interrupciones y de espontáneos roces que debe solventar. Manejar todas estas situaciones no debe ser un problema, salvo por la cruda realidad: el día sólo tienen veinticuatro horas. Encontrar tiempo para hacer todo este trabajo es uno de los mayores retos a los que deben enfrentarse los directivos.

Este capítulo le ayudará a distribuir y aprovechar mejor su tiempo. Aprenderá a identificar los trabajos que son más importantes —y cuales lo son menos—, y así descubrirá cómo debe enfocar su tiempo en las tareas más críticas y evitar las perdidas de tiempo.

La gestión del tiempo es el proceso por el cual usted controla su vida utilizando las 168 horas de las que usted —como cualquier otro— dispone cada semana. Gestionar ese tiempo le obligará a ser explícito acerca de lo que valora en su vida profesional y personal y le ayudará a dirigir sus esfuerzos en consecuencia. Gestionar de forma adecuada el tiempo le ayudará a equilibrar la presión del tiempo y el logro de sus metas. Ese equilibrio le ayudará a evitar que se queme en el trabajo, que sufra de estrés y, al mismo tiempo, le convertirá en una persona más eficiente.

Saber cómo distribuir el tiempo

¿Dónde se va el tiempo? Al igual que ocurre con su presupuesto familiar, usted no puede planear y controlar los activos del tiempo, a menos que conozca sus hábitos normales. ¿Cuánto tiempo emplea en papeleo? ¿En reuniones? ¿En llamadas telefónicas? ¿En viajes? Visualice la forma que tiene de emplear su tiempo y sabrá si lo está empleando de forma eficiente o lo pierde en actividades que no le conducen al logro de sus metas.

Con el fin de saber cuáles son sus modos de emplear el tiempo, intente registrar sus actividades durante al menos un día o dos, aunque es preferible que sea para toda la semana. Sea estricto a la hora de registrar el tiempo que emplea en cada cosa. Cuando haya terminado este proceso, clasifique sus actividades en categorías:

—Llamadas telefónicas.
—Citas planificadas.
—Visitas inesperadas.
—Reuniones.
—Trabajo administrativo.
—Análisis y redacción de informes.
—Viajes.
—Intervalos de descanso.
—Almuerzos.
—Tareas personales realizadas en el trabajo.

Una vez que haya clasificado las actividades en categorías, examine el registro del tiempo para identificar el patrón del mismo a utilizar. Quizá emplea demasiado rato los lunes por la mañana en llamadas telefónicas, o suele tener muchas visitas inesperadas después del almuerzo. Quizá se aglomeran todas las reuniones a fi-

¿Cómo emplean los directivos su jornada?

En su artículo clásico sobre el trabajo de los directivos, Henry Minzberg puso de relieve el ritmo frenético al que se encuentran sometidos los directivos en la vida actual. «Un estudio tras otro han demostrado que los directivos trabajan a un ritmo desenfrenado, que sus actividades se caracterizan por su brevedad, variedad y discontinuidad, orientadas a la acción y que apenas disponen de tiempo para actividades reflexivas. «Apenas tienen tiempo para sentarse tranquilamente y contemplar el futuro. Por el contrario, a cada momento se ven interrumpidos por una llamada, una reunión o resolviendo problemas que han surgido de no se sabe dónde.

Como otros directivos, el tiempo del que dispone un jefe ejecutivo está muy fragmentado. Mintzberg descubrió que los jefes ejecutivos empleaban su tiempo en varios grupos de interés:

Directores	7%
Colegas	16%
Clientes, suministradores y socios	20%
Independientes y otros	8%
Subordinados	48%

Fuente: Henry Mintzberg, «The Manager's job: Folklore and Fact», «*Harvard Business Review*», marzo-abril, 1990, 164, 169.

nales de semana. Si es así, entonces debe preguntarse: «¿Se ajusta el empleo del tiempo a mis responsabilidades más fundamentales?» Pasarse el día en el teléfono puede estar bien si usted se encuentra en el departamento de ventas, pero no si trabaja en el de contabilidad.

Luego mire los beneficios. Usted no debe emplear el cincuenta por ciento de su tiempo en actividades cuyos beneficios son mínimos en término de responsabilidades. Quizá pueda delegar algunas de estas actividades. Recapacite si cada gestión que usted realiza sirve de apoyo para sus metas o prioridades o si, por el contrario, es una perdida de tiempo. Luego, intente desarrollar formas para evitar estas perdidas de tiempo.

Deje que las metas guíen su camino

Las metas son críticas para gestionar su tiempo de forma eficiente, ya que señalan la forma en que debe emplearlo. Céntrese en las metas y sabrá qué es lo más importante que debe llevar a cabo ese día o esa semana. Las metas le guiarán en su uso del tiempo ayudándole a identificar las tareas específicas que usted debe perseguir y cuáles no. Nosotros recomendamos seguir estos tres pasos para utilizar las metas en la gestión de su tiempo:

Primer paso. Divida cada objetivo en una serie manejable de actividades. Revise cada meta y haga una lista de las tareas que debe realizar para lograrla. Ponga cada tarea en su correcto orden de secuencia.

Segundo paso. Estime la cantidad de tiempo que requiere cada tarea, algo que no siempre está muy claro. Sin embargo, si ha completado una tarea similar anteriormente, puede utilizarla como base para estimar el tiempo. Si una actividad es nueva, consulte con sus colegas, directivos u otras personas que puedan ayudarle a hacer esa estimación. Añada luego un diez o un veinte por ciento más por si existe algún problema que no se haya previsto. Deberá también establecer un plazo de tiempo para cada tarea o actividad, y en el caso de que las actividades sean muy complejas, deberá establecer puntos de referencia para hacer un seguimiento del progreso.

Tercer paso. Establezca prioridades. Una vez que su lista de tareas se haya completado, clasifíquelas en prioridades A, B o C. Las prioridades que establezca reflejarán la importancia de la meta que cada tarea apoya:

Las prioridades A incluyen las tareas primarias y de gran valor.

Las prioridades B incluyen aquellas tareas secundarias y de valor medio.

Las prioridades C incluyen las tareas de poco valor e importancia.

Mientras examina esas tareas, se dará cuenta de cuáles de ellas necesitan completarse en una sola secuencia, cuál debe terminar antes de comenzar la siguiente. Por ejemplo, un informe de importancia desarrollado por la administración superior debe tener la siguiente secuencia:

Recopilación de datos → Esquema del Informe → Redacción del informe → Circulación en busca de comentarios → Presentación del informe

Otras actividades no dependen de la finalización de otra tarea en particular y pueden realizarse en cualquier momento. Anote estas relaciones y considérelas cuando establezca una planificación del tiempo.

Planificación del tiempo

Una vez que haya identificado y le haya dado prioridad a sus diversas tareas, necesitará afrontarlas de forma sistemática. Establecer un *horario* es la mejor manera de organizar su tiempo sistemáticamente. Un horario es un compromiso escrito de que las tareas se van a terminar dentro de un marco de tiempo específico. Un horario le permite visualizar los recursos temporales, así como la forma en que los ha cumplido. Le permite ver cuáles han sido los períodos en los que le ha sobrado o faltado tiempo. Y también le permite observar si las tareas prioritarias han sido postergadas por tareas de menor importancia.

Existen muchas herramientas para programar su tiempo:

—Hacer una lista de las cosas que tiene que hacer.
—Calendarios de citas.
—Agendas con una distribución semanal o diaria.

—*Software* y *Hardware* de programación del tiempo (por ejemplo, las agendas informáticas o las agendas digitales).

Muchas empresas disponen de herramientas de planificación del tiempo que le permiten mantener un horario y, si tienen base en el servidor, ver incluso el horario de sus colegas. Utilice estas herramientas si dispone de ellas, pero tenga en cuenta que la distribución del tiempo es un asunto personal. Si las herramientas de que dispone en el trabajo no se ajustan a su estilo personal, busque otras que lo hagan.

Estableciendo su horario

Para establecer su horario, escoja las tareas prioritarias e insértelas en las ranuras apropiadas durante los siguientes días, meses o años.

Tenga en cuenta que el día tiene períodos de mayor y menor energía. Por ejemplo, las tardes suelen ser horas de baja energía para muchas personas. Los trabajos y las actividades más importantes y que necesitan de su mayor grado de inteligencia y creatividad deben programarse para los momentos en que se siente más despierto y vital. Las tareas rutinarias deben llevarse a cabo cuando se encuentre con menos energía.

Planifique sólo una parte del día, dejando tiempo para solventar las crisis o resolver asuntos inesperados. Combine las tareas, cuando sea posible. A medida que avanza la semana, desplace las tareas que han quedado incompletas y que son prioritarias a los días restantes de la semana. Cuando introduzca alguna modificación, anote a qué se ha debido. Si empieza a observar una tendencia (por ejemplo, siempre estima por debajo el tiempo que se va a emplear en una tarea) reorganice su horario y anote lo que ha aprendido. Una vez que ha establecido su horario, trate de tenerlo accesible. Debe tener siempre a vista un calendario de mesa o de pared, así como un calendario electrónico en su ordenador. Observe su progreso durante el día con el fin de saber si se ajusta a lo planeado.

Herramienta de disponibilidad

¿No está seguro de si tiene la capacidad para aceptar un proyecto o una responsabilidad adicional? A continuación encontrará una herramienta que le ayudará.

Los fabricantes confían en su dominio para programar el tiempo con el fin de ajustar el suministro de piezas y la capacidad de producción con la demanda de los pedidos. Dentro de la disciplina que supone controlar la programación del tiempo existe una herramienta, que se llama *herramienta de disponibilidad*. Esta herramienta, que normalmente se ve reflejada en una hoja de cálculo, revela el volumen de capacidad de producción disponible en un determinado período de tiempo para aceptar pedidos adicionales. Esta herramienta también puede adaptarse al horario de trabajo de una persona.

Vea este ejemplo. Astrid, un escritor *freelance*, trabaja normalmente con cinco clientes que le proporcionan muchos libros y artículos. Ella ha instalado una herramienta de disponibilidad en el programa Excel, indicando su capacidad de trabajo (en días) para cada uno de los próximos seis meses. También ha estimado el número de días que requiere para satisfacer a cada cliente. La herramienta calcula el trabajo total que debe hacer cada mes (demanda total) y le resta ese número al número de días laborables de cada mes (capacidad total). El resultado es el número de días que Astrid dispone cada mes para aceptar nuevos trabajos. En este ejemplo, Astrid ha planeado trabajar veintiséis días en julio y se ha comprometido a emplear veinticuatro de ellos en sus clientes, dejando dos para aquellos que requieran de sus servicios.

Proyecto	jul.	agos.	sept.	oct.	nov.	dic.
Cliente A	1	6				
Cliente B	10					
Cliente C	4	3				
Cliente D	7	4	12			
Cliente E	12	10	7	10		
Demanda total	24	23	17	22	0	0
Capacidad total	26	25	19	25	24	20
ATP	2	2	2	3	24	20

Consejos para distribuir su tiempo con eficacia

—Abra su correo cuando esté arrancando su ordenador personal o esperando una cita concertada.

—Consolide las actividades que son similares, como por ejemplo, devolver las llamadas telefónicas, las citas, el papeleo o las reuniones en un mismo bloque de tiempo. Por ejemplo, realice todas las llamadas telefónicas en un determinado momento del día, e identifique las tareas en las que debe trabajar en cualquier momento libre de su jornada.

Trabajar con una lista de tareas

Una lista de las cosas que tienen que hacer es la herramienta más sencilla y más utilizada. En ella se anotan todas las tareas que necesitan hacerse en un día determinado. Muchas personas utilizan esta lista en combinación con un horario semanal o mensual, y muchas agendas y ordenadores disponen de este tipo de herramienta. Una lista eficiente debe incluir:

—Las reuniones que debe atender.
—Las decisiones que debe tomar.
—Las llamadas que debe hacer o las que espera recibir.
—Los memorándums, cartas o mensajes por correo electrónico que debe escribir.
—Los asuntos que quedaron sin terminar el día anterior.

Una de las virtudes de confeccionar un listado de las cosas que tiene que hacer es que le permite dividir las tareas de su horario en actividades específicas. Por ejemplo, si su horario le dice que debe «devolver las llamadas» el martes, debe detallar en su lista a qué personas necesita llamar, como sucede en el ejemplo siguiente:

Para hacer hoy

Devolver llamadas. De 9 a 10 de la mañana.

—Herb: Reunión para elogiar su rendimiento.
—Juanita: Revisar su salario.
—David K. Última remesa.

Trabajar en el presupuesto. De 10 a 12.
Reunión con el equipo. De 1 a 3 de la tarde.
Finalizar la decisión sobre el viaje a Londres.

Sea realista acerca del número de cosas que puede hacer al día. Como regla le aconsejo que anote sólo la mitad de las cosas que cree que puede hacer. Vaya tachándolas a medida que las complete.

Tres enemigos de la gestión del tiempo, y la forma de combatirlos

La habilidad de los directivos para distribuir su tiempo de una forma eficiente está sujeta a una serie de factores. Algunos, como puede ser el caso de una crisis que no se esperaba, están fuera de control. Sin embargo, muchos de los problemas de gestión del tiempo tienen su origen en la conducta y los hábitos del individuo y ambos pueden corregirse. Esta sección se centra en los tres enemigos de la gestión del tiempo que son responsabilidad de uno mismo y la forma de corregirlos.

Abarcar demasiado

Algunas personas —incluyendo las más dedicadas— cometen el error de sobrecargar su horario. Quizá usted sea uno de ellos. Asumen nuevas responsabilidades y *luego* intentan averiguar la forma de cómo realizar el trabajo. Observe este ejemplo:

Harvey es un trabajador tenaz y se siente muy motivado en su trabajo. También es de esas personas que están dispuestas a hacer lo que sea necesario para que su equipo alcance la meta propuesta.

Cuando el líder del equipo dice: «Se necesita de alguien para desa-rrollar una propuesta para la siguiente fase de nuestro proyecto», la mayoría de las personas se esconden en sus asientos o miran sus cuadernos de notas. «¿Puede hacerlo alguien?», pregunta de nuevo el líder. Viendo que nadie se ofrece como voluntario, Harvey da un paso adelante y asume la tarea. Y cuando es él quien hace la tarea, la tarea está bien hecha. El problema, sin embargo, es que Harvey nunca termina las cosas a tiempo.

Las personas como Harvey son excelentes trabajadores, pero tienen un problema: no saben decir «no». Asumen más responsabilidades de las que pueden abarcar, tareas que, en definitiva, deben compartirse con otros. En consecuencia, sus horarios se ven excesivamente cargados y terminan trabajando por la noche y durante los fines de semana; y, aún así, a veces tienen dificultades para cumplir el plazo.

¿Es usted como Harvey? Si es así, entonces debe saber que intentar abarcar demasiado puede tener un impacto muy negativo en muchas facetas de su vida. Puede evitar esa sobrecarga si usted:

—Conoce sus responsabilidades y se centra en las metas y tareas prioritarias.
—Aprende a delegar.
—Resiste la tentación de ofrecerse como voluntario para un trabajo, cuando otros no cumplen su cometido o no alcanzan el estándar deseado.
—No asuma que todo tiene que hacerse; algunas cosas no son tan importantes.
—Aprenda a decir que no cuando las responsabilidades añadidas amenacen su eficiencia.

Decir que «no» no resulta tarea fácil si usted tiene una personalidad complaciente o le gusta que lo vean como a un miembro de un equipo. Sin embargo, si no aprende a decirlo terminará como Harvey y nunca hará su trabajo a tiempo.

Decir «no» resulta más fácil cuando usted puede preguntar: «¿por qué hacer eso?». El porqué de decir «no» se ve más claro cuando uno mide las consecuencias de decir «sí»; es decir, acabar con la habilidad para que los trabajos prioritarios se terminen a tiempo. El gran reto, por supuesto, está en decir «no» a su jefe cuando decir «sí» resulta mucho más fácil. Decir que «sí» a su jefe le puede hacer ganar puntos a corto plazo, pero si asumir todas las tareas afecta a su habilidad para culminar los trabajos prioritarios, terminarán pareciendo un perdedor.

A continuación encontrará una estrategia que puede emplear con su jefe cuando él le pida que añada nuevos proyectos a sus responsabilidades. Haga una lista de los proyectos que actualmente está desarrollando y pregúntele a su jefe cuál de ellos —los suyos y los que él está cargando sobre sus hombros— tiene prioridad.

Asumir los problemas de los subordinados

Una de las experiencias que más atosigan en cuestión de tiempo a los directivos es su fracaso a la hora de delegar. Ver el capítulo cuarto para adquirir ideas de cómo delegar de una forma más adecuada. Sin embargo, hay personas que se convierten en víctimas de una delegación inversa: permiten que sus subordinados deleguen sus problemas en ellos, sus directivos. Por regla general, terminan asumiendo los problemas que sus subordinados deberían resolver.

¿Emplea usted una excesiva cantidad de tiempo resolviendo los problemas de sus subordinados? Si es así, no está solo. William Oncken y Donald Wass abordaron este problema en un artículo de la revista *Harvard Business Review*, titulado «Gestión del tiempo: ¿Quién tiene la clave?»[1]. «¿Por qué los directivos están normalmente tan ocupados mientras sus subordinados no tienen trabajo que realizar?», se preguntan los autores. La respuesta es: Los directivos, a veces de forma inadvertida, les quitan a sus subordinados la responsabilidad que recae sobre sus espaldas y la cargan sobre la suya. No pasará mucho tiempo para que se vean sobrecargados de los problemas que otras personas deberían haber resuelto.

Los subordinados, por otra parte, tienden con mucha frecuencia a traspasar sus problemas al jefe, ya que, al hacerlo, se aligeran del peso que tienen encima. Y muchos directivos, dejados llevar por ese entusiasmo de querer ayudar a los demás, se convierten en un blanco fácil. Con esto no quiero decir que los directivos no deben ayudar a sus subordinados, sino que deben motivarles a que sean ellos los que resuelvan los problemas. Debe actuar como Oncken y Wass cuando se imaginan ser un directivo hipotético y les dice a sus subordinados: «Cuando finalice la reunión que hayamos celebrado, la solución del problema recaerá sobre su espalda; es decir, tal y como vino»[2]. El subordinado, según los autores, debe buscar consejo en el directivo, pero sólo para informarle del progreso que ha realizado para resolverlo. Es un buen consejo, y si lo sigue, quizá ande más sobrado de tiempo.

Pérdidas de tiempo controlables

Se considera una pérdida de tiempo cualquier asunto que le reste tiempo a otros temas de más valor e importancia para usted. Las perdidas de tiempo son diferentes para cada uno. Para algunas personas, charlar con un colega puede ser una perdida de tiempo; para otros, la forma de intercambiar ideas que pueden producir algo nuevo y de valor. Entre las perdidas de tiempo más comunes se incluyen:

—Los compañeros de trabajo que se toman el descanso de media mañana en su oficina.
—Los visitantes que no tienen un propósito definido.
—Las llamadas telefónicas no deseadas.
—El papeleo innecesario.
—La falta de actuación inmediata.
—Las reuniones mal organizadas e innecesarias.
—Los viajes que podrían evitarse.

¿Cuáles son las suyas? Trate de identificarlas y luego desarrolle estrategias para combatirlas. Por ejemplo, si viajar le está ocupando una gran cantidad de tiempo cada mes, haga una evaluación objetiva de este valor. La próxima vez que haga un viaje de negocios para asistir a una reunión o visitar una sucursal —o cualquier otro asunto—, lleve un diario y anote las horas empleadas en actividades que no tienen el más mínimo valor: llegar al aeropuerto, esperar en la terminal, llegar a su destino, volver a casa, etcétera. Luego estime lo que eso le cuesta a su empresa y añada el coste del transporte, del alojamiento, de las comidas y compare el total con el valor que ha producido su viaje. ¿Existe un beneficio neto o una perdida neta? Luego piense en el valor que podría haber producido si se hubiera quedado en la oficina.

Algunos directivos creen que viajar es esencial, y puede que sea cierto en muchos casos, aunque no en todos. Muchos de los valores obtenidos por el viaje pueden generarse de la misma forma a través de otras alternativas como, por ejemplo, las conferencias o las teleconferencias.

Se puede aplicar la misma lógica a otras perdidas de tiempo, como pueden ser las reuniones. Si usted es como la mayoría de los directivos, entonces emplea el treinta o el cincuenta por ciento de su tiempo en reuniones. ¿Cuántas han sido necesarias? ¿En cuán-

Un consejo para evitar las pérdidas de tiempo

La ubicación de la oficina esta repleta de distracciones. Por ejemplo, está el periódico del día, los mensajes por correo electrónico que amigos y colegas le han enviado, la conversación con sus compañeros alrededor de la máquina de café. Todas estas cosas interfieren entre usted y lo que verdaderamente necesita hacerse.

Hay una forma sencilla, pero recomendable, para evitar todas estas distracciones, una herramienta que han utilizado representantes de ventas y directivos desde hace ya mucho tiempo. Consiste en colocar esta nota sobre la consola de su teléfono, su mesa o el monitor de su ordenador:

¿LO QUE ESTOY HACIENDO EN ESTE PRECISO MOMENTO ME LLEVA A CONSEGUIR MIS METAS?

Este sencillo mensaje le hará centrarse en los asuntos que importan verdaderamente.

tas fue verdaderamente necesario su presencia? ¿Se le podían haber delegado a algún subordinado? ¿En cuántas reuniones emplea su tiempo de forma eficiente?

Sugiera estrategias para reducir o eliminar todas las perdidas de tiempo. Si hace un buen trabajo, se encontrará con una gran cantidad de tiempo disponible. Un tiempo que puede emplear para asuntos de verdadera importancia.

Resumiendo

—Mantenga un diario durante varios días para determinar en qué emplea su tiempo. Organice este diario en categorías: reuniones, llamadas telefónicas, viajes, etcétera. Luego identifique los modelos y las compensaciones.

—Utilice sus objetivos para distribuir su tiempo. Eso significa que tendrá que priorizar.

—Una vez identificadas sus prioridades, distribuya sus tareas utilizando una herramienta de horario, como puede ser una agenda o una lista de las cosas que debe atender.

—Deje espacio para los asuntos inesperados. Si no se da el caso, utilice ese tiempo para otras prioridades.

—Muchos directivos se crean a sí mismos los problemas para gestionar el tiempo. Uno es el de querer hacer más de lo posible, u ofrecerse como voluntario para tareas que no podrá desempeñar. Otro es la delegación inversa; es decir, asumir la responsabilidad por los problemas que sus subordinados deberían resolver. Sin embargo, existe otra gran variedad de formas de perdida de tiempo como, por ejemplo, la falta de actuación inmediata, los viajes que pueden evitarse, las reuniones mal organizadas, etcétera.

Segunda parte

Alcanzando el próximo nivel

6

Gestión de equipos

Formando un equipo que marque la diferencia

Temas básicos tratados en este capítulo

- *¿Cuándo y por qué utilizar equipos?*

- *Características de un equipo eficiente.*

- *¿Cómo se diseña un equipo productivo?*

- *Operando como equipo.*

- *Dirigiendo un equipo de forma eficiente.*

- *Resolución de problemas del equipo.*

- *Evaluación y compensación del rendimiento del equipo.*

LAS PERSONAS son la fuente de ideas más innovadoras, pero un equipo de personas trabajando juntas es generalmente el mejor instrumento de la organización para convertir esas ideas en productos y servicios de mercado. Lo que es cierto en cuanto a las ideas, es igualmente veraz para los procesos empresariales. ¿Tiene usted un proceso de servicio al cliente deficiente? Un equipo debidamente constituido afronta más probabilidades de encontrar y poner solución al problema que un único individuo, incluyéndole a usted.

Las empresas han ampliado considerablemente el empleo de equipos para atacar una extensa variedad de objetivos: el desarrollo de nuevos productos, el proceso de reingeniería, el reparto de los servicios profesionales, la adopción de nuevas tecnologías, el resurgimiento de aquellas unidades que están en una fase de declive o la creación de infraestructuras comerciales en la red. Los equipos pueden hacer maravillas, pero también pueden significar un serio impedimento para un verdadero progreso si no se han diseñado apropiadamente en lo referente a la plantilla y a la forma de operar.

Si usted es un directivo novel, o ejerce temporalmente esas funciones y tiene poca experiencia en el trabajo de equipo, ser parte del equipo puede hacerle perder el ritmo. Si usted es el líder de un equipo, pronto se dará cuenta de que no puede actuar como si fuera el jefe. Entonces, ¿cómo debe hacerlo? Si es miembro del equipo, deberá encontrar una forma colaboradora de contribuir y apoyar a sus colegas. ¿Cómo puede hacerlo? Este capítulo le responderá a esas cuestiones y le hará empezar con buen pie. En él se describe lo esencial de un trabajo en equipo, así como la forma de utilizar los equipos para su beneficio.

Los equipos y cuándo utilizarlos

¿Qué es un equipo? Muchos jefes ejecutivos se refieren a las personas de su entorno como «mi equipo». Incluso los supervisores de más alto nivel hablan de los «equipos» que ellos dirigen. ¿Son todos ellos verdaderos equipos, o simplemente personas con unos acuerdos comunes? Un *equipo* no es una colección de personas, sino un pequeño número de semejantes que poseen destrezas complementarias y que están comprometidas con un propósito común y con una responsabilidad colectiva.

Los equipos resultan de gran utilidad cuando las organizaciones afrontan situaciones en las que:

—Realizar una tarea requiere una combinación particular de conocimiento, experiencia o la perspectiva que no pueden encontrarse en un solo individuo.

—El trabajo de los individuos depende uno del otro.

—La tarea o el proyecto se distribuirá claramente.

—La tarea en cuestión no es continua, sino que terminará.

¿Se enfrenta usted a cualquiera de estas situaciones? Si es así, un equipo es la mejor solución. Si no, los procedimientos normales de trabajo son los más rápidos y sencillos. Observe este ejemplo:

Tanto la directiva como los empleados de la empresa Gizmo Products reconocen que ha llegado la hora de actualizar su sitio web. Tiene una apariencia anticuada, a los clientes le resulta difícil navegar por él y su diseño no se acomoda a los frecuentes cambios y puestas al día requeridos por la siempre cambiante empresa.

Al principio, el jefe ejecutivo pensó en contratar a una asesoría para realizar dicho trabajo. Pero pronto se cercioró de que los empleados que desempeñaban cada función tenían un papel relevante en el diseño y la ejecución del nuevo sitio: las ventas y el márke-

ting, el servicio al cliente, la formación, el cumplimiento, cada grupo de productos e incluso las finanzas. Cada uno tenía la oportunidad de indicar los requisitos que ellos querían que se reflejaran en el sitio web.

Al ver lo estrechamente vinculados que estaban el nuevo sitio y las funciones, el jefe ejecutivo organizó una reunión con los directivos y les pidió que establecieran un equipo de trabajo autodirigido que representara cada circunscripción para que realizara el trabajo. A ese equipo se le daría autoridad para identificar y contratar la adecuada asesoría comercial electrónica, para definir las metas y las especificaciones del nuevo sitio y para llevar a cabo su ejecución.

Las ventajas de los equipos como el que se ha descrito nacen de la destreza para reunirse, de la creatividad y la experiencia de los miembros del equipo y de los procesos de comunicación que permiten resolver los problemas actuales. Por el contrario, si la tarea en curso es relativamente sencilla y no requiere de una gran variedad de destrezas, un grupo de trabajo dirigido tradicionalmente por un directivo es la respuesta más apropiada.

Características de los equipos eficientes

Si el análisis de la situación confirma que el enfoque de equipo es la mejor manera de definir su meta, entonces estará deseoso de nombrar a los miembros y ponerlos en funcionamiento. Resista la tentación de querer formar parte de él, ni tan siquiera un poco. Tómese su tiempo para pensar qué es lo que necesita el equipo para que sea eficiente.

Los estudiosos de la gestión y los asesores han estudiado a los equipos y su rendimiento con cierta profundidad en los últimos diez o doce años, lo cual ha producido un consenso bastante generalizado sobre las características de un equipo eficiente. Este capítulo se centra en lo mejor que puede encontrase dentro de ese tipo de literatura y explica las características que debe tener un equipo para tener éxito:

—Competencia, ya que cada miembro aporta algo que necesita el equipo.

—Una meta clara y convincente.

—Compromiso con una meta común.

—Todos los miembros contribuyen y todos los miembros se benefician.

—Un medio que los apoye.

—Alineación.

La competencia

Usted probablemente conocerá la expresión, «una cadena es tan fuerte como el eslabón más débil». Eso ciertamente puede aplicarse a los equipos. Un equipo eficiente está compuesto de personas que aportan competencias de importancia al esfuerzo. Cada uno de ellos es un eslabón dentro de la cadena de competencias que, unidas, tienen el talento, el conocimiento, el peso de la organización, la experiencia y el saber técnico para realizar el trabajo requerido. Si cualquiera de las competencias es débil, debe fortalecerse, algo que todos los equipos aprenden a medida que avanzan. Si hay ausencia de una competencia esencial, entonces se debe añadir.

Algunas empresas cometen el error de basar las relaciones entre los miembros del equipo en títulos formales o basándose en los puestos que ocupan dentro de la organización. Alguien le dirá: «Susan se sentirá muy celosa si no la incluyes en el equipo». Desgraciadamente, ni el potencial de Susan ni los títulos que tiene Simon son razones para integrarlos en un equipo. Si usted es el líder de un equipo, su asignación consiste en lograr una determinada meta: diseñar la nueva línea del producto en diez meses, o reducir los costes de producción en un millón de dólares al año. La posible turbación que sienta Susan no es de primordial consideración. Por el contrario, Simon puede que sea una aportación técnica y organizadora que puede contribuir al equipo, pero sus obligaciones como directivo de ventas le obligan a estar viajando la mayor parte del tiempo, lo que no será beneficioso para su equipo. Lo que usted necesita son personas que puedan y aporten grandes competencias al esfuerzo.

Una meta clara y común

¿Ha formado parte alguna vez de un equipo que no tenía una idea clara de cuál era su propósito? ¿O de un equipo donde las distintas personas tenían distintas ideas acerca de su objetivo final? Si ha sido así, entonces comprenderá porque estos equipos rara vez tienen éxito. Una persona tiene una idea acerca del propósito del equipo, otra una similar, pero ligeramente distinta. Resulta casi imposible tener éxito cuando los miembros del equipo no tienen una meta clara y común, y totalmente imposible cuando los directivos que apoyan a los equipos no son muy claros acerca de lo que quieren que alcance el equipo.

Un propósito convincente

Tener claro cuál es la meta del equipo es importante, pero insuficiente. La meta debe ser también convincente y las personas deben considerarla como algo urgente, muy importante y que merece la pena realizarse. Si se carece de un propósito convincente, algunos de los miembros del equipo no subordinaran sus tareas personales a la tarea del equipo, ya que no se identificarán con el equipo ni con el propósito.

Compromiso con una meta común

Un conocimiento compartido de la meta es de suma importancia, pero los equipos eficientes van un poco más allá. Están compuestos por miembros que están comprometidos con la meta. Existe una gran diferencia entre conocimiento y compromiso. El conocimiento garantiza que las personas conozcan la dirección en la cual deben trabajar. El compromiso es lo que los motiva a trabajar y a seguir trabajando cuando las cosas se ponen feas.

La esencia de un equipo es un compromiso compartido, lo que significa que cada miembro debe considerar la meta como un esfuerzo importante y valioso. Casi en todos los casos, el compromiso surge de un sentido de propiedad de la meta y de una responsabilidad mutua. A continuación le ofrezco algunos consejos para subrayar ese compromiso:

— **Forme equipos pequeños.** Existe una relación inversa entre el tamaño del equipo y el compromiso de sus miembros.
— **Agrupe a los miembros de un equipo.** Las personas necesitan ver e interaccionar con los restantes miembros del equipo de forma regular. Esto se consigue si los coloca próximos unos a los otros. Las teleconferencias y los mensajes por correo electrónico no son buenos sustitutos de ese acercamiento físico y de la cohesión que normalmente nace de ese contacto directo. Piense en dedicar una sala a las actividades de equipo.
— **Reconozca los esfuerzos y los logros.** Asegúrese de que el equipo y los miembros del mismo reciben compensaciones por el éxito, y no permita que sea el jefe o el líder del mismo quien recoja todos los premios.
— **Recuerde que el compromiso se desarrolla y se arraiga a medida que el equipo procede con su trabajo.** Por lo tanto, si no sucede al principio sea paciente.

No confunda un compromiso compartido con la compatibilidad social. Es menos importante que las personas se lleven bien a que estén dispuestas a trabajar juntas para hacer las cosas. Tener un propósito que todos consideran importante puede estar por encima de las incompatibilidades sociales.

Todos los miembros contribuyen y todos se benefician

¿Ha formado parte alguna vez de un equipo de remo? Si lo ha hecho, sabrá que cada miembro debe remar con la misma intensidad y al mismo ritmo. No hay lugar para los que se rezagan. El trabajo en equipo es muy similar. El rendimiento depende de la contribución de cada uno en su búsqueda del objetivo. Los miembros que simplemente aparecen en las reuniones para dar su opinión, pero que no trabajan, minan el rendimiento y desmotivan a los restantes miembros del equipo. Si la relación de grupo es tener valor, debe ganarse mediante el trabajo: Eso significa que no debe admitirse a aquellas personas a las que les gusta ir por separado.

Eso no quiere decir que todos los miembros del equipo deban emplear la misma cantidad de tiempo en las actividades del equipo. Un directivo jefe, por ejemplo, puede ser un miembro regular del equipo, aunque la mayor parte de su atención se centre en otras obligaciones. La contribución de esta persona puede ser la de asegurar los recursos o apoyar al grupo dentro de la organización.

El líder del equipo debe realizar también un trabajo real, incluyendo las tareas menos agradables. Él o ella no pueden ser miembros de un equipo y comportarse como si fueran jefes, delegando todo el trabajo en los demás. Por ese motivo, existe una cierta ambigüedad en el papel que desempeña el líder de un equipo, ya que a veces tiene que ponerse el uniforme de jefe y otras el de trabajo.

Cada miembro que aporta su contribución al equipo debe recibir sus correspondientes beneficios. Éstos pueden otorgarse de muchas maneras: la recompensa de dar unos trabajos interesantes y significativos; una experiencia de aprendizaje que pagará futuros dividendos profesionales; o una paga extra en el salario del mes. Si no existen unos beneficios claros, las personas no contribuirán en su más alto nivel, al menos no mucho tiempo. Los beneficios que obtienen de sus trabajos les absorberán toda la atención y harán de sus obligaciones de equipo una prioridad secundaria.

Un medio que los apoye

Ningún equipo opera aislado: Un equipo es una pequeña organización inserta en un medio más amplio de unidades operativas y de departamentos funcionales. Depende de ese parentesco de organización para obtener sus recursos, la información y el apoyo necesarios. El punto hasta donde la organización le apoye, sea indiferente u hostil al equipo y sus metas, está destinado a causar un impacto en la eficiencia del equipo. En particular, la persona responsable de formar un equipo debe tener en consideración los siguientes factores ambientales:

—**Apoyo de la directiva**. El apoyo por parte de la directiva es esencial, ya que garantiza una fuente de recursos y hace posible la contratación de las personas más adecuadas. El apoyo de la directiva proporciona protección frente a los directivos y departamentos que, por una razón u otra, pudieran intentar bombardear el esfuerzo del equipo.

—**Una estructura sin jerarquía**. El trabajo de equipo suele tener más éxito si la organización del mismo no se atiene a unas reglas jerárquicas.

—**Un sistema de compensaciones apropiado**. Las empresas que son nuevas en lo que al trabajo de equipo se refiere deben revisar su sistema de compensaciones antes de formar un equipo. Eso significa encontrar un equilibrio diferente en compensaciones por persona y éxito del equipo.

—**Experiencia en trabajos de equipo**. Los equipos se benefician cuando la empresa y los miembros del mismo tienen mucha experiencia en el trabajo de equipo. La experiencia proporciona perspectivas sobre lo que funciona y no funciona, sobre la forma de organizarse alrededor de una misma meta, y sobre la forma de cambiar al equipo en las distintas fases de su ciclo vital.

Alineación

La alineación se refiere a la coordinación de los planes, los esfuerzos y de las compensaciones con las metas más altas de la organización. En una organización alineada, todas las personas saben cuáles son las metas de la empresa y cuáles las de su unidad operativa. En una organización alineada, todas las personas saben cuál es la dirección correcta, y el sistema de compensaciones les anima a hacerlo de esa manera.

Los equipos necesitan también ser alineados. Un equipo es algo que no debe existir a menos que represente la mejor manera de que la organización logre sus metas. Eso quiere decir que las metas del equipo deben alinearse con las de la organización. Eso significa que los miembros del equipo deben tener metas que estén alineadas —a través del equipo— con las metas más altas de la organización. Y los esfuerzos de cada uno deben alinearse mediante el sistema de compensaciones.

Diseño de un equipo

La mejor forma de asegurarse de que un equipo tenga éxito empieza por su diseño, un tema que debe tenerse en cuenta antes de contratar a los miembros o de interrumpir sus actividades. Usted no empezaría a construir su casa sin tener en cuenta los detalles más importes: ¿Qué tamaño tendrá la casa? ¿Quién me la debe construir? ¿Se le puede instalar agua y alcantarillado? ¿Cómo la pagaremos? Un equipo es algo que debe enfocarse utilizando el mismo sistema de planificación y diseño. Si lo hace, evitará problemas posteriores. Una vez que haya determinado la necesidad de un equipo, tenga en cuenta los siguientes elementos clave de diseño:

—Especifique las metas del equipo, la autoridad y su duración.
—Identifique los distintos papeles y responsabilidades.
—Determine las compensaciones.
—Elija los miernbros del equipo.

Especificación de las metas, la autoridad y la duración

A medida que se forme el equipo, necesita de metas en las que enfocar sus esfuerzos. Dichos esfuerzos deben ser específicos, realistas, aunque supongan un reto y algunos deban lograrse en un período razonablemente corto. Las metas de los equipos deben estar también de acuerdo con la visión y los valores de la empresa.

Aunque algunos equipos no tienen otro fin que el de aconsejar a la directiva, hay otros que deben disponer de autoridad para tomar decisiones. Los líderes de equipo no pueden esperar recurrir a la directiva cada vez que se necesita tomar una decisión operativa. Los líderes de equipo y los miembros del mismo también deben saber dónde se encuentran los límites de su autoridad.

Finalmente, los equipos deben tener un marco de tiempo para lograr sus metas. Algunos grupos disponen de un horario sin límite, como puede ser la fabricación de una planta, que debe someterse a un proceso de control permanente para cada línea. Otros equipos tienen un marco específico de tiempo, como puede ser la creación de un sitio *web* comercial electrónico para finales del presente año. En cualquier caso, deben haber unos horarios específicos para el logro de las metas y para la producción de mercancías.

Papeles y responsabilidades

Un ingrediente esencial de todo equipo es la clara identificación de los papeles a desempeñar y de las responsabilidades. ¿Quién estará en el equipo y cuáles serán sus obligaciones? A continuación encontrará algunos de los papeles y responsabilidades más típicos:

—**Apoyo del equipo.** Suele ser el ejecutivo quien autoriza el equipo y lo apoya. El patrocinador del equipo sólo juega un papel indirecto dentro del mismo.

—**El líder del equipo.** El líder fomenta el desarrollo del equipo, asegura los recursos del mismo y (si es apropiado) determina las compensaciones que recibirá. El liderazgo del equipo debe recaer en una sola persona o en un consejo formado por un máximo de tres.

—**Los miembros del equipo.** Los miembros realizan la mayor parte del trabajo actual. Como resultado, deben sumar en su conjunto todas las destrezas y la experiencia necesaria para realizarlo. (Encontrará más adelante más información sobre la selección de los miembros.)

—**Facilitador.** Algunos equipos se benefician cuando hay alguien, normalmente un preparador o un asesor, que pueda ayudarles a trabajar mejor conjuntamente.

Esta asignación de papeles puede hacerse mediante rotación periódica de los distintos miembros, y algunos roles pueden compartirse.

Determinación de las compensaciones

Debe existir un justo intercambio de valores entre los miembros del equipo. Las estructuras de las compensaciones para los equipos están influenciadas —si es que no están limitadas— por el plan de compensaciones de la organización superior. En qué lugar los equipos pueden permitirse unas compensaciones es un dilema que afrontan todos los diseñadores. En qué deben poner mayor énfasis —si es en la contribución individual o en el rendimiento del equipo— es un reto. Si se pone demasiado énfasis en las compensaciones individuales, eso puede afectar de forma negativa al trabajo del equipo. Por el contrario, si las compensaciones se basan exclusivamente en el rendimiento del equipo, surge el problema de los «que van por su cuenta», lo que permite a los no contribuyentes a compartir las compensaciones generadas por los que hicieron el trabajo. Las compensaciones de equipo pueden motivar a hacer lo que es mejor para el equipo, pero no lo ideal para la organización.

Puesto que no hay nada escrito que revele la forma «adecuada» de compensar a los miembros de un equipo, muchas empresas adoptan una combinación de metas individuales y de equipo, entre las que se incluyen compensaciones al contado que reconocen la excepcional contribución hecha por un individuo determinado,

Consejos para las compensaciones de equipo

Cuando diseñe las compensaciones de equipo, tenga estos consejos en cuenta:

—Recuerde que las compensaciones no son el elemento más importante de la gestión del rendimiento del equipo.
—Exprese los incentivos en términos de metas de equipo.
—La cantidad de paga incentiva debe ser significativa.
—Ajuste el incentivo al valor de la tarea.

Fuente: Loren Gary. «Cómo Compensar a los Equipos». *Harvard Management Update.* Noviembre 1997,3

o las ganancias compartidas que ofrecen a los participantes la oportunidad de compartir el valor creado mediante los esfuerzos de equipo.

Selección de los miembros

Esta puede ser la parte más importante y difícil del diseño del equipo. Fracasar a la hora de elegir las personas adecuadas es la forma más segura de poner en peligro el éxito. Cuando seleccione a los miembros de un equipo, busque personas que puedan contribuir en esa combinación de destrezas.

Mientras que la combinación ideal de personas puede variar según sea la misión del equipo, todos los equipos requieren de una combinación de experiencia técnica y funcional que incluye la resolución de problemas, la toma de decisiones, las destrezas interpersonales y las destrezas de equipo. Con respecto a las destrezas de equipo, busque personas que sepan cómo:

—Hablar en grupo.
—Decir que «no» a las peticiones cuando su tiempo esta completo.
—Distribuir y recibir un *feedback* constructivo, positivo y negativo.
—Hacer las peticiones necesarias a sus superiores, como puede ser la constatación de lo que el equipo necesita en términos de apoyo por parte de la organización.
—Negociar.
—Responsabilizarse de sus propias acciones.

¿Cuántos miembros debe tener un equipo? El número adecuado depende de las metas del mismo y del trabajo que deben realizar para lograrlas. Pero un número mayor no significa mejor. Por regla general, los pequeños equipos, constituidos por cinco a nueve miembros, tienden a ser más eficientes cuando las tareas a desempeñar son complejas y requieren cualidades específicas. Los equipos grandes, de hasta veinticinco personas, pueden resultar eficientes cuando las tareas son bastante simples. El problema clave con los equipos grandes —además de la dilución del compro-

Creación de un contrato de equipo

Resulta conveniente redactar el propósito del equipo, la duración, los papeles y otros elementos de las operaciones del mismo en un contrato escrito. En él debe especificarse:

—El patrocinador ejecutivo del equipo.
—Una descripción concisa de las metas del equipo (beneficios).
—Plazos de tiempo.
—Los papeles de los líderes.
—Las medidas de éxito
—Los recursos disponibles.

Todos los miembros del equipo —y algunos directivos de importancia de la empresa— deben estar familiarizados con el contrato.

miso de los miembros— es la coordinación. Si usted cree que encontrar tiempo para organizar una reunión con cinco personas es difícil, imagine con veinticinco.

No se necesita establecer el tamaño del equipo, ya que se pueden necesitar nuevas destrezas en distintas fases del proyecto, que lo hagan aumentar o disminuir en cuestión de número.

Operando como equipo

Un buen diseño puede ayudar a que el equipo comience con buen pie, pero no puede garantizarle el éxito. El éxito es una función de los miembros del equipo que trabajan *conjuntamente* para lograr una meta establecida. Trabajar juntos es el gran reto. Sin embargo, existen otros muchos aspectos que deben tenerse en cuenta. Uno de ellos es establecer prioridades. Cuando un equipo tiene varias metas, debe hacerlo. ¿Qué meta buscaremos primero? ¿Cómo se distribuirán las personas, el horario y los recursos?

Establecer un horario es otra operación funcional, ya que ayuda a que el equipo realice sus tareas dentro de unos límites de tiempo. Responde a las siguientes preguntas:

—¿Qué se tiene que hacer?
—¿Cuánto tiempo se tardará en completar una determinada actividad?
—¿En qué orden deben realizarse estas actividades?
—¿Quién es responsable de cada actividad?

Software como el Microsoft Project Manager pueden ayudarle a establecer el horario de un equipo con muchas tareas.

También existe el tema de la toma de decisiones. El equipo debe determinar *quién* toma las decisiones (el líder, el equipo o algún miembro) y *cómo* se van a tomar (por consenso o mayoría). El *quién* y el *cómo* están estrechamente relacionados. Existen cuatro enfoques posibles:

1. **Las reglas mayoritarias.** Los miembros del equipo hacen sus aportaciones en las reuniones, se discuten y se votan. Se adopta la decisión que recibe más del 50% de los votos.
2. **Consensos.** Cada miembro del equipo debe adoptar una decisión. El grupo desarrollará nuevas alternativas si no se ha llegado a un consenso.
3. **Decide un pequeño grupo**. Se selecciona un grupo de personas con unas destrezas y experiencia relevantes para que tomen las decisiones.
4. **Decide el líder.** El líder del equipo recopila las aportaciones de los distintos miembros y luego toma una decisión.

Todos estos enfoques tienen sus puntos débiles y fuertes. Por ejemplo, si los miembros del equipo están muy involucrados en el proceso de la toma de decisiones, habrá más probabilidades de que apoyen las decisiones ya establecidas. Como resultado, el consenso y las reglas mayoritarias pueden ayudar a crear un compromiso de equipo. Estos enfoques, sin embargo, llevan tiempo; un tiempo del que quizá no dispone el equipo. Si el tiempo es la cuestión, entonces piense en utilizar diferentes enfoques para los distintos tipos de decisiones.

Utilice un enfoque de «decisión del equipo» para tomar las decisiones más importantes del mismo y un enfoque más directo para el resto.

Como ya puede suponer, el patrocinador y el líder del equipo desempeñan un papel en la forma de tomar las decisiones. El líder, por ejemplo, puede mantener un control unilateral sobre las decisiones presupuestarias clave.

El papel del líder

Todos los equipos necesitan de un líder que actúe como fuente de energía y que sea el contacto primario entre el equipo y el resto de la organización, así como el portavoz del equipo. En algunos casos, el patrocinador es el que asigna el papel de líder En otros, lo selecciona el equipo. Si usted es un directivo, es probable que desempeñe el papel de líder en más de una ocasión.

El líder del equipo debe hacer lo que han hecho siempre otros líderes: mantener la meta bien visible y mantener a su equipo en la dirección adecuada; obtener los recursos necesarios; motivar a las personas e impedir que el equipo se bloquee cuando aparezca algún problema.

Resolución de problemas

Los equipos pueden bloquearse por una serie de razones. Puede que se haya debilitado el sentido de dirección o el de compromiso en algunos miembros. Puede que otros hayan puesto sus intereses individuales por encima de los del equipo y sus metas. Pueden surgir carencias de unas determinadas destrezas o que haya divergencias entre los miembros.

Afortunadamente, hay muchas cosas que un líder puede hacer para que un equipo no se «bloquee». Por ejemplo, puede reunir al grupo para recordarles cuál es su propósito, enfoque y las metas utilizando el contrato como referencia. Puede mediar cuando existan conflictos entre los miembros, e incluso despedir a aquellas personas que no contribuyen o que son conflictivas. Para más información sobre los problemas que pueden surgir en un equipo véase la «Guía de problemas de equipo» en la tabla 6-1.

TABLA 6-1

Guía de problemas de equipo

Problema	Conducta característica	Pruebe
Conflictos poco saludables	—Ataques personales y sarcasmo. —Discusiones. —Ausencia de apoyo por parte de otros. —Gestos agresivos.	—Interrumpa los ataques personales y el sarcasmo. —Afróntelos directamente. —Pida a los miembros que se centren en la conducta en lugar de atacar a las personas. —Cree unas normas para las discusiones contenciosas.
Llegando a un consenso	—Mantenga unas posturas rígidas. —Algunas discusiones sin nueva información.	—Buscar pequeñas áreas de acuerdo. —Preguntar qué es necesario para alcanzar un acuerdo. —Discutas las consecuencias de no alcanzar un consenso.
Fracaso en la comunicación del equipo	—Los miembros se interrumpen al hablar. —Algunos permanecen callados. —Se perciben los problemas, pero no se manifiestan.	—Cree una normas de debate. —Solicite una participación activa. —Piense en buscar un mediador externo.
Baja participación	—No se han completado las asignaciones. —Escasa asistencia. —Poca energía en las reuniones.	—Confirme que las expectativas del líder por la participación se comparten generalmente. —Pregunte por qué se involucran tan poco. —Evalúe el acoplamiento entre miembros y tareas.
Carencia de progreso	—Las reuniones se ven como una perdida de tiempo. —Los artículos en acción no se han terminado a tiempo. —La continua vuelta a temas ya cerrados.	—Restablecer las metas y evalúe lo que queda por hacer. —Pregúntele a los miembros las razones del retraso. Sugiera soluciones. —Desplace a los miembros hacia un nuevo paso.
Ineptitud del líder	—Los líderes no solicitan la contribución de los miembros. —Los líderes no delegan. —Sin visión. —La miopía del líder representa sólo una de sus muchas carencias.	—Reúnase con los líderes para discutir las deficiencias de su liderato. —Voluntarios que compartan el trabajo —Busque un grupo de consenso para la visión. —Traerlos problemas de liderato que no tienen solución al patrocinio del equipo.

Fuente: Adaptada de Harvard Business School Publishing «Teams Guide»

Cuando el problema es el líder

El líder del equipo puede ser el origen del problema si no cesa de inquirir. ¿Por qué sucede eso? Puesto que muchos líderes de equipo son al mismo tiempo directivos, pueden incurrir en dos tipos de errores. El primero consiste en continuar actuando como un jefe tradicional, diciéndole al equipo qué es lo que debe hacer y cómo. El segundo error es pensar que son ellos los que han dado «autoridad» al equipo y pueden adoptar un enfoque de rechazo. Eso tampoco funciona.

Basándose en sus investigaciones, el profesor de Harvard, Richard Hackman, señala que los líderes de equipo deben adoptar un equilibrio apropiado entre ser jefe y conceder autoridad al equipo. Eso significa que en la práctica, los líderes tienen que decir letra por letra cuáles son los objetivos del equipo con el fin de evitar que ellos tomen el mando. Sin embargo, al mismo tiempo debe concederles la autoridad para tomar decisiones sobre los medios que se van a emplear para conseguir dichos objetivos. Los miembros de un equipo sólo pueden actuar como equipo si se les confiere una verdadera autoridad.

Fuente: «¿Por qué Algunos Equipos Tienen Éxito (y Muchos No)?»,. *Harvard Management Update,* Enero 2000,5.

Evaluación del rendimiento del equipo

Como cualquier otra actividad, el rendimiento del equipo debe evaluarse de forma regular. La evaluación tradicional del rendimiento está orientada con frecuencia hacia los resultados o el producto real: el número de nuevos productos que se han puesto en producción; el número de llamadas de clientes que se han respondido al día, etcétera. La evaluación del equipo debe asimismo evaluar los resultados, pero debe ir un poco más allá: evaluar la forma en que el equipo ha logrado esos resultados. El proceso colaborador utilizado para lograr esos resultados es una medida de importancia para mensurar el rendimiento del equipo. Teniendo en cuenta esto, los factores de rendimiento que se mencionan a continuación como ejemplos se dividen en dos categorías igualmente importantes: los resultados y el proceso:

—Logro de las metas del equipo.
—La satisfacción del cliente.
—La cantidad de trabajo completado.
—Conocimiento del trabajo y las destrezas que se han adquirido.

Factores de proceso:

—Apoyo al proceso del equipo y compromiso con él.
—Nivel de participación y liderato.
—Comunicación oral y escrita del, o en nombre, del equipo.
—Colaboración.
—Resolución de conflictos.
—Planificación y establecimiento de metas.
—Toma de decisiones en las que ambas partes se ven beneficiadas.
—Resolución de problemas y aplicación de las destrezas de análisis.
—Adherencia a los procesos acordados y sus procedimientos.
—Aplicación de las destrezas de gestión del proyecto (por ejemplo, presupuesto y horario).
—Creación y mantenimiento de las relaciones interpersonales.

Métodos de evaluación del equipo

Existen muchos enfoques para medir el éxito del equipo y varían en su complejidad, coste y tiempo requerido. Usted debe pensar en un método más elaborado para un equipo cuya misión sea extensiva y tenga un fuerte impacto en el rendimiento de la organización. Sin embargo, para los equipos con unas misiones muy limitadas, los métodos más sencillos son los que con más frecuencia realizarán el trabajo. Los métodos incluirán establecer puntos de referencia con respecto a otros equipos de organizaciones similares, evaluar el progreso del equipo en comparación con las metas y horarios originales, la observación de un asesor externo e incluso la organización de sesiones con el fin de rendir cuentas y tratar de identificar qué es lo que se hizo bien y qué no.

Evaluación de los miembros de un equipo

La evaluación de un equipo no debe hacerse exclusivamente en su conjunto, sino que debe ampliarse a los distintos miembros del mismo. Si la participación en equipo es una parte importante del trabajo de un empleado, se debe evaluar la contribución de esa persona al mismo. (Nota: Muchos de los conceptos que se han descrito en el capítulo séptimo: «Evaluación y formación: Mejora de los resultados mediante *feedback*», pueden aplicarse a la evaluación de los miembros de un equipo.)

Tenga en cuenta que el miembro de un equipo desarrolla una serie de papeles: como contribuidor individual, como miembro del equipo y como miembro de la organización. Por esa razón, al revisar el rendimiento, resulta una ayuda combinar al menos un par de métodos:

—**Evaluación de los compañeros.** Los miembros del equipo evalúan la contribución de los demás.
—**Nivel de satisfacción del cliente.** Los clientes internos y externos evalúan el rendimiento del equipo y el de sus distintos miembros.
—**Autoevaluación.** Cada miembro evalúa su rendimiento.
—**Revisión del líder del equipo.** Usted, como líder del equipo o como supervisor, valora el rendimiento de cada miembro.

Ser un líder de un equipo eficiente

Ya hemos explorado el papel de un líder en situaciones de equipo, pero este capítulo termina con una visión más cercana de ese papel y la forma en que usted, como directivo, puede desempeñarlo de una manera más eficiente.

Los directivos tradicionales desempeñan muchos papeles diferentes: toman decisiones, delegan, dirigen y planifican los horarios. Usted estará posiblemente acostumbrado a desempeñar este tipo de papeles, pero cuando sea líder de un equipo, debe actuar más como si fuera un formador. En un equipo de funciones cruzadas, usted no será un «experto», por lo que deberá confiar en la experiencia de otros. Por ese motivo, encontrará de más utilidad desplazar conscientemente su enfoque directivo y transformarlo en el de facilitador. Además, estará operando con menos autoridad directa que la que dispone cuando es directivo, lo que significa que deberá otorgar autoridad a otros para que sean ellos los que resuelvan los problemas y creen los planes.

Careciendo de las herramientas y artimañas que usualmente dispone como directivo, ¿cómo se puede convertir en un líder de equipo eficiente? A continuación encontrará algunas sugerencias:

—Sea un iniciador. Comience las acciones y los procesos que promueven el desarrollo y el rendimiento del equipo.
—Sea un modelo para otros. Utilice su propia conducta para establecer expectativas para el equipo.
—Sea un buen formador. Actúe como consejero, mentor y tutor para ayudar a que los miembros del equipo mejoren su rendimiento.
—Sea un facilitador de la comunicación y de la colaboración entre el equipo y otros grupos.
—Sea un mediador cuando surjan conflictos entre los miembros de un equipo.

Procure hacer todas estas cosas y las probabilidades de que su equipo tenga éxito mejorarán. Y, como todo en esta vida, cuanto más lo intente, mejor serán sus capacidades como líder.

Resumiendo

—Los equipos resultan de gran utilidad cuando las organizaciones afrontan tareas que requieren de un conocimiento y de unas destrezas particulares, cuando el trabajo es muy dependiente uno del otro, cuando existen unos beneficios definidos y cuando la tarea tiene un fin.

—La competencia, el compromiso, las metas en común, la contribución de todos los miembros, una estructura posible, un medio de apoyo y la alineación, constituyen las características de un equipo eficiente.

—El mayor reto para compensar a los equipos consiste en encontrar un equilibrio apropiado entre el equipo y las compensaciones individuales.

—Tanto las compensaciones como la evaluación del rendimiento del equipo deben establecerse considerando los resultados del equipo y el rendimiento individual de sus miembros.

—La selección de los miembros es la parte más importante del diseño de un equipo. Busque personas que sean una combinación adecuada de experiencia funcional y técnica, resolución de problemas y toma de decisiones, destrezas interpersonales y destrezas de equipo.

—Los líderes de equipo carecen de la autoridad que tiene un jefe tradicional. Por ese motivo, su eficiencia depende de su habilidad para iniciar la actividad, su modelo de conducta, su facilidad de comunicación y colaboración, y para mediar entre conflictos.

7

Evaluación y formación

Mejora de los resultados mediante feedback

Temas básicos tratados en este capítulo

- *Evaluación del rendimiento.*

- *Ocho pasos para hacerlo bien.*

- *Formar para mejorar el rendimiento.*

ESTÁ HACIENDO su personal el trabajo de la forma apropiada? ¿Hay algunos que no dan la talla? Si es así, ¿sabe usted por qué? ¿Lo saben ellos? ¿Son conscientes de que su trabajo no satisface las expectativas?

Muchas empresas emplean la evaluación del rendimiento de forma regular para valorar la forma de trabajar de sus empleados. Es una parte —no obstante, una parte importante— de un sistema más amplio de gestión de rendimiento que incluye compensaciones, formación y desarrollo profesional. La primera parte de este capítulo le mostrará la forma de llevar a cabo esa evaluación del rendimiento y los ocho pasos que debe dar para hacerla bien. El resto del capítulo explica una actividad relacionada: cómo mejorar el rendimiento mediante la formación. Estas dos actividades proporcionan oportunidades, tanto al directivo como a los subordinados, para proporcionarse *feedback* mutuamente; *feedback* acerca de lo que va bien y de lo que no, sobre lo que podría beneficiar al empleado y la forma de mejorar sus relaciones laborales. Este *feedback* es un elemento esencial de la gestión[1].

Evaluación del rendimiento

La *evaluación del rendimiento* es un método formal para contrastar el trabajo de las personas con respecto a las metas asignadas. Su último propósito consiste en comunicar las metas personales, estimular para que exista un buen rendimiento, proporcionar *feedback* y corregir el rendimiento deficiente.

La evaluación del rendimiento se establece generalmente una vez al año, con su seguimiento cuando sea necesario. De la misma manera que el examen físico que usted se hace con su doctor, este chequeo anual le da al directivo y a la empresa la oportunidad de percibir los problemas de rendimiento, antes de que se conviertan en algo crónico. También ayuda a los empleados y a los directivos a centrarse en las metas y en las expectativas de rendimiento que suponen un impacto en su salario, aumentan su mérito y les sirve para ascender. Las sesiones de evaluación son tanto una confirmación como una formalización del *feedback* actual que debe formar parte de toda relación entre directivo y subordinado.

La evaluación del rendimiento no es del todo popular. A aquellos que han rendido por encima de los demás puede que les guste, ya que suelen recibir elogios por parte de sus jefes. «Señorita Abercrombie, como siempre usted ha conseguido y en algunos casos ha sobrepasado todas sus metas. ¡Ojalá tuviera diez empleados más como usted!» Sin embargo, la mayoría de los empleados ven la evaluación con cierta aprehensión, ya que esperan obtener los mismos informes que daba su profesor en la escuela. «Señorita Jones: su hijo Jimmy es muy inteligente, pero no aplica todo su potencial.» A las personas no les gusta que les digan que no dan la talla.

Los directivos que están muy ocupados tampoco son muy amigos de la evaluación del rendimiento, normalmente por dos razones. Primera, hay pocos directivos a los que les guste decir a sus empleados en la cara que no están haciendo su trabajo tan bien como debieran. Segunda, evaluar el rendimiento de cada uno de los muchos responsables directos lleva mucho tiempo, ya que conlleva la preparación, la administración, la documentación y el seguimiento. Y el tiempo es el activo del que más carece un directivo.

Sin duda, la evaluación del rendimiento resulta con frecuencia engorrosa y conlleva su tiempo, pero cuando se enfoca dentro del marco adecuado y se hace bien, merece la pena. Cuando usted considera que una de las responsabilidades fundamentales de un directivo es obtener resultados a *través de las personas,* tener a su disposición un enfoque sistemático para evaluar los activos humanos se convierte en un deber. Además de proporcionar una visión interna del rendimiento del empleado, las sesiones de evaluación le ofrecen al directivo la oportunidad de:

—Comunicar las metas a los responsables directos.
—Aumentar la productividad proporcionando el *feedback* en el momento adecuado.
—Ayudar a la organización para tomar decisiones válidas en lo referente al pago, desarrollo y promoción.
—Proteger a la organización de las posibles demandas que le pongan los empleados que han sido despedidos, degradados o que no merezcan un aumento.

Ocho pasos para una evaluación efectiva

No existe una «sola forma» de dirigir la evaluación del rendimiento. Cada empresa dispone de una serie de procedimientos y cada subordinado presenta un reto diferente para el directivo encargado de la evaluación. No obstante, una práctica generalizada y eficiente conlleva los siguientes ocho pasos:

Primer paso: ESTÉ PREPARADO. Como cualquier otra actividad, la evaluación del rendimiento se beneficia si hay una preparación por parte del directivo y del empleado. Poco se puede conseguir si tanto uno como otro se reúnen para la evaluación sin haber reflexionado en lo que ha sucedido en los meses precedentes.

Comencemos con el empleado. Es de suma importancia involucrar al empleado en cada fase del proceso de evaluación con el fin de evidenciar ambas caras de la moneda sobre la mesa. Una de las mejores maneras de hacerlo es disponiendo de una completa autoevaluación del empleado. En muchos casos, el departamento de recursos humanos proporciona una relación para ese propósito. Ese listado indica las metas del empleado, su conducta laboral y las funciones asociadas con ellas. (Nota: Esas metas deben haberse establecido con el empleado al principio del período de evaluación).

Mediante la autoevaluación, el empleado valora su rendimiento comparándolo con las metas. Si su departamento de recursos humanos no proporciona ese listado, a continuación encontrará una serie de cuestiones que debe formular al empleado para su autoevaluación:

— ¿Hasta que punto ha logrado sus metas?
— ¿Qué objetivos ha sobrepasado?
— ¿Hay metas en particular que normalmente suponen una dificultad para usted?
— ¿Qué le está impidiendo progresar hacia esos logros: la falta de formación, los recursos, la dirección de la directiva, etcétera?

La autoevaluación tiene dos beneficios clave. Primero, logra que la persona se involucre Ese involucrase crea un ambiente más relajado dentro del proceso de evaluación y hace que el empleado esté más abierto a un *feedback* posterior por parte del directivo. Segundo, le ofrece al directivo una perspectiva diferente del trabajo de su subordinado y cualquier problema relacionado con él.

Segundo paso: ORGANIZAR LA REUNIÓN DE EVALUACIÓN DEL RENDIMIENTO. Muchas personas se sienten ansiosas ante una reunión de evaluación del rendimiento, por eso debe tratar de crear un ambiente relajado desde el principio. Empiece por intentar que esa persona se sienta cómoda y no como si estuviera sentada en el banquillo. Luego revise el propósito de la evaluación y sus beneficios para ambas partes. Eso le preparará psicológicamente a usted y a su empleado para establecer un diálogo más cálido.

Luego pregúntele por su autoevaluación. Eso le ayudará a discernir cuál es el punto de vista del empleado y evitará que usted controle la mayor parte de la conversación. Escuche atentamente lo que le dice la otra persona. Demuéstrelo repitiendo lo que acaba de oír: «Si he entendido bien, usted cree que está consiguiendo todas las metas con respecto a los informes de ventas semanales, pero que está intentando contactar con todos los clientes clave que le han sido asignados. ¿Es cierto lo que digo?».

Una vez que el empleado haya puesto todas las cartas sobre la mesa, comience su evaluación.

Tercer paso: IDENTIFICAR LAS CARENCIAS DE RENDIMIEN-TO. A medida que revela su evaluación, dé prioridad a cómo los logros del empleado son comparados con las metas acordadas. Por ejemplo, si Joan le dice que su mayor logro fue la organización y presidencia de una reunión entre clientes esenciales y su departamento de investigación y desarrollo, pregúntese: «¿Era esa una de sus metas?». Si lo era, ¿se acerco su rendimiento al establecido por las métricas de esa meta? ¿Cómo le fue en lo referente a otros objetivos? Busque las carencias entre el rendimiento actual y el esperado. Su mayor problema ahora reside en que muchas formas de rendimiento son difíciles de cuantificar. Por ejemplo, si a un directivo de hotel se le ha puesto la meta de crear un medio acogedor para los invitados, ¿cómo medirá ese rendimiento?

Si su evaluación ha apreciado una «falta» de rendimiento entre la meta del empleado y su rendimiento actual, haga de este último el centro de su debate y de su *feedback*. Como punto de partida, identifique una meta de la organización más amplia para explicar cómo la apoya el objetivo del empleado. Las personas pueden y cambian cuando entienden las consecuencias de su conducta y de su trabajo. Por ejemplo, usted puede decir algo así:

> *La meta de nuestro departamento es resolver todos los problemas de garantía de nuestros clientes en una semana. Esa es nuestra mayor meta de contribución con la empresa para crear una satisfacción y una lealtad por parte del cliente, las cuales garantizan nuestros futuros empleos e incentivos. No lograremos dicha meta si cualquiera de los miembros de nuestro equipo fracasa a la hora de resolver las quejas de un cliente. ¿Se dan cuenta de cómo encaja lo que hacemos dentro de la organización?*

Asegúrese de que el empleado está de acuerdo con lo que usted acaba de afirmar. Luego lleve la conversación hacia la identificación de la causa original de ese escaso rendimiento. «Si usted sabe que no está alcanzando la meta esperada, ¿por qué cree que es? Escuche cuidadosamente la respuesta, y así le da a su empleado la primera oportunidad de identificar la causa que lo origina. Si no escucha por su parte una respuesta meditada, pruebe con otras preguntas como: «¿Cree que el problema radica en que necesita más formación?». «¿Hay muchas distracciones en su oficina?».

Cuarto paso: ENCONTRAR LAS CAUSAS QUE ORIGINAN LAS CARENCIAS DE RENDIMIENTO. La identificación de las causas que originan las carencias de rendimiento será, en muchos casos, la creación de un ambiente de objetividad en el que tanto usted como su subordinado contribuyan de forma positiva. Con su crítica, usted no deberá atacarle, ni él defenderse, sino que en su lugar trabajarán conjuntamente para definir el «problema», el cual, en la mayoría de los casos, es *externo* al subordinado (por ejemplo, carencia de la debida formación, escasez de recursos, el medio laboral). Las siguientes sugerencias le ayudarán a ofrecer un *feedback* de más utilidad:

—Anime al empleado a manifestar sus puntos de desacuerdo.
—Evite las generalizaciones del tipo «Usted no parece muy involucrado en su labor», y utilice en su favor comentarios que estén relacionados con el trabajo, como: «Me he dado cuenta de que no ha sugerido nada en nuestra última reunión para mejorar el servicio. ¿Cuál es el motivo?».
—Sea selectivo. No necesita pormenorizar cada detalle mal solventado o cada fracaso. Cíñase a lo que verdaderamente importa.
—Elogie sinceramente y ofrezca una crítica significativa.
—Oriente el *feedback* hacia la resolución del problema y la acción.

(Nota: Para disponer de una lista manual de planificación de las sesiones de *feedback*, vea el Apéndice A. Usted puede descargar copias gratuitas de la misma lista, así como otras herramientas utilizadas en el sitio *web* de Harvard Business Essentials: www.elearning.hbsp.org/businesstools.)

Quinto paso: PLAN PARA CUBRIR ESAS CARENCIAS DE REN-DIMIENTO. Una vez que haya identificado las carencias de rendimiento y haya discutido sobre las causas que las originan, asegúrese de que el empleado las conozca y admita su importancia. Una vez logrado eso, comience un diálogo para buscar una resolución.

Dé al empleado la primera oportunidad para que sea él quien desarrolle un plan para cubrir esas carencias. Diga algo como: «¿Qué propone como solución?». Pasando la pelota al empleado se consigue que sea más responsable de la solución, al mismo tiempo que más comprometido. A medida que el empleado describa su plan para cubrir esas carencias, ofrézcale ideas que sirvan para fortalecer dicho plan. Si el empleado no es capaz de crear un plan factible, entonces deberá tomar un enfoque más cercano del problema. En cualquier caso, busque un acuerdo y un compromiso del empleado con el plan. Un buen plan incluye:

—Unas metas específicas.
—Un horario.
—Unos pasos de acción.
—Unos resultados esperados.
—Una formación y una práctica, si es aplicable.

El plan de desarrollo debe formar parte del expediente del empleado.

Si usted no logra establecer las pautas para cubrir esas carencias durante su sesión de evaluación, fije una cita para una reunión posterior y explique el propósito de la misma: «Durante la semana siguiente quiero que piense en todo lo que hemos hablado hoy. Yo haré otro tanto. Luego nos volveremos a reunir y desarrollaremos un plan para que usted obtenga la ayuda que necesita para solucionar estos problemas».

Antes de que finalice la reunión, haga una breve revisión de todo lo que se ha dicho y de los acuerdos a los que han llegado.

Sexto paso: VUELVA A EXAMINAR LAS METAS DE RENDIMIENTO. Puesto que ha transcurrido un año desde que hizo la última evaluación de rendimiento, debe volver a examinar las metas que sus subordinados esperaban lograr, especialmente cuando la organización se encuentra en un estado de cambio, y cuando el subordinado tiene que hacer una trayectoria rápida para poder dominar dicho trabajo.

Involucre al empleado en ese proceso cambiante de metas con el fin de asegurarse de que, primeramente, dispone de la capacidad para asumir nuevas metas y, segundo, el empleado conoce los detalles y la importancia de estas metas.

En cualquier caso sea muy claro acerca de cuáles son las nuevas metas y sobre la forma en que se medirá su rendimiento. Dependiendo también de las destrezas del empleado, es hora de crear un plan de desarrollo (formación, etcétera) para dar al empleado la capacidad requerida para lograr las nuevas metas.

Séptimo paso: ESCRIBA UN INFORME. Es muy importante dejar constancia por escrito de la reunión, de los puntos clave y de sus resultados. Eso significa que deberá tomar notas durante la celebración de la misma y completarlas inmediatamente después, cuando la memoria todavía está fresca. Escriba en el informe:

—La fecha.
—Los puntos clave y las frases utilizadas por el empleado (no es necesario que sea al pie de la letra), incluyendo su auto evaluación.
—Los puntos clave y las frases que usted ha utilizado.
—Un resumen del plan de desarrollo.
—Un acuerdo sobre los próximos pasos a dar.
—Las metas de rendimiento para el próximo año.

Habrá ocasiones en que la empresa requerirá una copia de estos informes, por lo que deberá adjuntarlos con el archivo que dispone el departamento de recursos humanos y en su propio archivo. En ambos casos, debe pedirse al directivo y al empleado que firmen el informe de evaluación del rendimiento, disponiendo el empleado, además, de su derecho a añadir sus propios comentarios al informe.

Consejos para una evaluación eficiente

—Haga que el empleado se sienta parte del proceso.
—Proporcione un *feedback* honesto a los empleados.
—Cubra todo el espectro de las responsabilidades laborales del empleado en términos de lo que hizo bien y de lo que hizo mal.
—Hágalo de una forma equilibrada: ni el amor acepta una crítica completa.
—Identifique qué debe hacerse en términos de desarrollo del empleado.

Octavo paso: SEGUIMIENTO. Usted debe planear un seguimiento hasta la próxima reunión de evaluación. Los empleados que rinden más y los que trabajan satisfactoriamente necesitarán obviamente de un seguimiento menor. Sin embargo, si les está dando unas metas nuevas o más exigentes, entonces deseará supervisar su progreso y determinar si necesitan de formación o de apoyo.

Los empleados que han mostrado ciertas carencias de rendimiento, pero que se han comprometido a desarrollar un plan para mejorarlo, necesitarán de una supervisión más esmerada. Esa supervisión puede materializarse en forma de reuniones de seguimiento semanales o mensuales. Entonces, su meta será la de contrastar el progreso con los planes de desarrollo. Estas reuniones representan una oportunidad para que ellos reciban formación y estimulo de su parte.

Formación

La formación, como la evaluación del rendimiento, es parte de un amplio sistema de gestión de rendimiento. Emana de forma natural a partir de su evaluación del rendimiento, ya que usted, como directivo, está destinado a encontrarse con subordinados que necesitan de una ayuda extra para realizar su trabajo y alcan-

La gestión contra la formación

Aunque con frecuencia los directivos deben actuar como formadores, la gestión y la formación son actividades completamente distintas, y esa diferencia es lo que provoca que la formación resulte difícil para muchos de ellos.

La gestión se centra en:	La formación se centra en:
—Decir	—Explorar
—Dirigir	—Facilitar
—Autoridad	—Asociación
—Necesidades inmediatas	—Mejora a largo plazo
—Un resultado específico	—Muchos resultados posibles

zar sus metas. La evaluación del rendimiento le revelará también cuando otras personas están preparadas para dar un paso hacia adelante y aceptar mayores responsabilidades y metas más desafiantes; lo único que necesitan es que se les dé un empujón. Habrá ocasiones en que su empresa disponga de una formación formal para ayudar a ambos tipos de empleados, pero también le proporciona la oportunidad de formarlos personalmente.

La *formación* es una actividad de doble sentido en la que ambas partes comparten su conocimiento y experiencia con el fin de maximizar el potencial del subordinado y ayudarle a que logre las metas acordadas. Es un esfuerzo compartido en el cual la persona que se forma participa de una forma activa. Los buenos directivos encuentran oportunidades de formación no sólo cuando hacen la evaluación del rendimiento, sino en el curso diario de su vida empresarial.

¿Por qué formar?

Usted y un subordinado pueden decidir formar una relación de formación cuando ambos crean que el trabajar juntos les va a llevar a mejorar el rendimiento. La formación puede ayudar a los empleados a:

—Renovar la motivación.

—Regresar al punto de partida, si es que está evidenciando problemas de rendimiento.

—Maximizar sus puntos más fuertes, como puede ser descubrir las destrezas analíticas.

—Superar los obstáculos personales, como puede ser el perder el miedo a tratar directamente con clientes difíciles.

—Conseguir nuevas destrezas y competencias, como puede ser la forma de mejorar una presentación formal.

—Prepararse para nuevas responsabilidades, como puede ser desarrollar las destrezas de liderato.

—Dirigirse de una forma más eficiente, como puede ser la mejora de la gestión del tiempo.

Una buena formación genera una mayor satisfacción laboral y una mayor motivación. Puede mejorar también su relación laboral con sus subordinados facilitando su trabajo como directivo. Recuerde tan sólo que una formación eficiente requiere de un acuerdo mutuo. La otra persona *deseará* hacerlo mejor y *agradecerá* su ayuda.

Empezar con la observación

El primer paso para una formación eficiente consiste en conocer la situación, la persona y las destrezas habituales de esa persona. La mejor forma de adquirir ese conocimiento es la observación directa. Su meta debe ser la de identificar los puntos fuertes y débiles y cotejar el impacto que esa persona produce en sus compañeros de trabajo y su habilidad para lograr sus metas. Mientras observa, tenga en cuenta los siguientes puntos:

—Conozca lo que esa persona hace bien y que no. Sea tan preciso como pueda e intente descubrir la causa de los problemas. Considere este ejemplo:

> *Después de atender varias reuniones de equipo, el directivo ha notado algo en Harriet. Ella suele interrumpir a los demás. Su conducta impide que otros expresen sus puntos de vista. Un directivo menos observador diría: «Harriet no es la persona adecuada*

para trabajar en equipo». Pero esa afirmación no ha aislado el problema específico de Harriet: un dilema de fácil solución con formación.

—Evite los juicios prematuros. Una o dos observaciones pueden causar una impresión incompleta. Por eso debe continuar observando, especialmente si tiene dudas de sus percepciones.

—Compruebe sus teorías. Siempre que sea apropiado, discuta la situación con compañeros o colegas de confianza. Añada sus observaciones a las hechas por usted.

—Evite las expectativas poco realistas No aplique su propio criterio de rendimiento a los demás. Usted habrá probablemente progresado en su carrera profesional marcándose unas altas expectativas o mediante una trayectoria sorprendente. Asumir que todos tenemos idéntica motivación e idénticas habilidades es poco realista e injusto.

—Escuche atentamente, ya que puede que alguien esté solicitando su ayuda y usted no le oye. Pregúntese: «¿No le he dado la oportunidad de que se le escuchara?». Las personas no saben siempre qué clase de ayuda necesitan o cómo pedirla. Cuando usted vea una oportunidad, tómese su tiempo para escuchar a los responsables directos.

Discuta sus observaciones con el empleado

Una vez que haya determinado en qué aspecto la formación puede ser de ayuda, establezca un diálogo con el empleado. Pero cíñase a la conducta observada. Por ejemplo, empiece diciendo: «Esto es lo que he observado». Mencione también el impacto que la conducta del empleado ocasiona en las metas del grupo o en sus compañeros de trabajo. Por ejemplo, sugiera algo como: «Si yo estuviera en el lugar de uno de sus compañeros, pensaría que está intentando dominar las reuniones. Me ha dado esa impresión su forma de interrumpir a los demás».

Cuando describa la conducta y el impacto que ocasiona, sea sincero y franco, aunque también sea un apoyo. Deje los motivos al margen de la discusión, ya que hacerlo de otra manera sería hacerle sentir a la otra persona que le están atacando. Esos motivos podrían ser simplemente pura especulación de su parte. A continuación le muestro un ejemplo de motivo asumido: «Su incapacidad para entregar los informes a tiempo, me dice que a usted no le agrada este tipo de trabajo».

Escuche activamente

Como formador debe sentirse sintonizado con la otra persona. Eso se consigue escuchando activamente. Escuchar activamente anima la comunicación y hace que la otra persona se relaje. Una persona que escucha activamente presta atención de la siguiente forma:

—Manteniendo un contacto visual.
—Sonriendo en el momento adecuado.
—Evitando las distracciones.
—Tomando notas si es necesario.
—Percibiendo el lenguaje corporal.
—Escuchando primero y evaluando después.
—Nunca interrumpiendo, salvo para pedir aclaraciones.
—Mostrando que está escuchando repitiendo lo que la otra persona dijo, como por ejemplo: «si he oído bien, usted está teniendo problemas con...».

Formular las preguntas adecuadas

Formular las preguntas adecuadas le ayudará a comprender a la otra persona y determinar su perspectiva. Existen preguntas abiertas y cerradas, y cada una de ellas conlleva una respuesta diferente.

Las preguntas abiertas invitan a la participación y a compartir la idea. Utilícelas para:

—Explorar alternativas: «¿Qué pasaría si...?».
—Destapar actitudes o necesidades: «¿Qué opina de su progreso hasta la fecha?».

—Establecer prioridades y permitir la elaboración: «¿Cuáles cree que son los problemas de mayor importancia en este proyecto?».

Las preguntas cerradas sólo admiten una respuesta afirmativa o negativa. Debe utilizarlas para:

—Centrarse en la respuesta: «¿Va el proyecto sobre el horario previsto?».
—Confirmar lo que la otra persona ha dicho: «Entonces, su mayor problema es programar su tiempo?».

Cuando usted desee saber más acerca de la motivación y los sentimientos de la otra persona, debe formular preguntas abiertas. Manteniendo esa línea de cuestiones puede descubrir los puntos de vista de la otra persona, lo que le permitirá aconsejarla mejor.

Empezando la formación

Una vez que haya comprendido a la persona y su situación, puede comenzar sus sesiones de formación. Los formadores eficientes expresan sus ideas de tal forma que la persona que los recibe puede escucharlas, responder a ellas y considerar su valor. Es importante que exprese sus opiniones de una forma clara y equilibrada.

—Describa la situación de la persona de forma neutra, sin establecer juicios de valor.
—Exprese su opinión.
—Exprese qué le ha llevado a tener dicha opinión.
—Comparta sus propias experiencias si sirven de ayuda.
—Anime a que la otra persona le exprese su perspectiva.

Sus colaboraciones tendrán más éxito si utiliza tanto la formulación de preguntas como la propugnación en su forma de comunicarse. Tener confianza en la formulación de preguntas puede lograr que los participantes aporten una información importante. Por el contrario, si pone todo su énfasis en la propugnación, creará un ambiente rígido que puede hacer mella en esa relación que se ha establecido mediante la formación.

Dar y recibir *feedback*

Dar y recibir *feedback* es una parte crítica de la formación y de la supervisión en general. Ese dar y tomar continua a todo lo largo del proceso de formación a medida que identifiquen los problemas que deben tratar, desarrollen los planes de acción conjuntamente o evalúen los resultados. A continuación encontrará algunos consejos para dar ese *feedback*:

—Céntrese en la conducta, no en el carácter, la actitud o la personalidad. Eso evitará que la otra persona se sienta atacada.

—Describa la conducta de la otra persona, su impacto en los compañeros y en los proyectos, pero evite emitir juicios que pongan a la otra persona a la defensiva. Por ejemplo, en lugar de decir: «Usted es grosero y dominante», diga: «Usted interrumpió a Fred en varias ocasiones durante las tres últimas sesiones». Observe cómo fue la conducta, y no la persona, lo que se atacó con la última afirmación.

—Evite generalizar. En lugar de decir: «Usted realizó un buen trabajo», diga algo más específico: «Las transparencias que utilizó en su última presentación fueron muy efectivas a la hora de transmitir el mensaje».

—Sea sincero. Ofrezca el *feedback* con la clara intención de ayudar a que la otra persona mejore.

—Sea realista. Céntrese en factores que la otra persona pueda controlar.

—Ofrezca el *feedback* al principio y con frecuencia durante el proceso de formación. El *feedback* ofrecido con frecuencia al principio, suele ser más eficiente que el ofrecido con poca frecuencia.

El *feedback* es un camino de doble sentido. Eso significa que usted debe estar abierto para ofrecer ese *feedback* con el fin de mostrar lo eficiente que *usted* es como directivo y formador. Los formadores que pueden pedir y procesar *feedback* sobre sí mismos aprenden más acerca de su eficiencia en su forma de gestionar y generan una enorme confianza. Con el fin de mejorar su habilidad para recibir *feedback*, solicite información específica. Por ejemplo: «¿Qué le dije que le hiciera pensar que no me interesaba su propuesta?» o «¿Cómo le ayudaron mis sugerencias?».

Siempre que pida una puntualización, hágalo de tal forma que no ponga a la otra persona a la defensiva. En lugar de decir: «¿Quiere decir que he sido contrario a su idea?», diga: «¿Podría darme un ejemplo?». También debe:

—Estar dispuesto a recibir un *feedback* positivo o negativo.
—Animar a que la otra persona evite palabras cargadas de emoción. Por ejemplo: «Usted dice que siempre soy inflexible. ¿Puede darme un ejemplo de algo que le haya hecho pensar así?».

Y asegúrese de agradecer a esa persona el *feedback* que le ha dado, ya sea positivo o negativo. Si lo hace así, mejorará la confianza y se convertirá en un modelo de conducta productiva para la persona a la que está formando.

Desarrollo de un plan de acción

Algunas situaciones de formación se benefician de un plan de acción. Una situación en la que el subordinado debe aumentar su estándar en un determinado período de tiempo o se arriesga a ser despedido sería un claro ejemplo. Otro sería cuando usted tiene un empleado excelente al cual quiere preparar para un trabajo que exige un nivel más alto en unos pocos meses. En cada caso, un plan asegura una atención sistemática de la mejora del rendimiento.

Un plan de acción es algo que debe redactar la persona que va a recibir esa formación y debe describir los cambios específicos en conducta o las nuevas destrezas que esa persona debe desarrollar. Como cualquier plan eficiente, debe incluir un horario y unas medidas de éxito. Su papel al crear el plan debe incluir:

—Asegurarse de que las metas sean realistas.

—Ayudar al subordinado a priorizar las tareas necesarias para conseguir la meta propuesta.

—Destacar los posibles obstáculos y sugerir soluciones potenciales.

—Determinar qué formación adicional de apoyo se requiere.

Trabajen conjuntamente en estos acuerdos. Si se involucra demostrará su interés en el éxito de su subordinado y su compromiso con el plan de acción.

Un seguimiento continuo

Una formación eficiente incluye un seguimiento que compruebe el progreso. El seguimiento ayuda a que las personas se mejoren continuamente. Su seguimiento debe incluir el preguntar qué es lo que va bien y qué no. Las sesiones de seguimiento representan también una oportunidad para elogiar el progreso, así como para continuar dando esa formación y ese *feedback*. Si el plan de acción necesita modificarse, las sesiones de seguimiento son el mejor lugar para hacerlo.

Si usted es un nuevo ejecutivo o esta es la primera vez que se dedica a formar a alguien, sus primeros esfuerzos pueden parecerle poco eficientes y no demasiado cómodos. Recuerde sencillamente que con la práctica irá mejorando.

Resumiendo

—La evaluación del rendimiento es un método formal para evaluar cómo lo están haciendo las personas con respecto a las metas que se les han asignado. Usted y su empresa necesitarán de estas evaluaciones cuando deban tomar una decisión sobre el salario o cuando tengan que ascender a alguien.

—Los ocho pasos para una evaluación eficiente son la preparación, la reunión de evaluación, la identificación de las carencias, la planificación para cubrir esas carencias, una nueva evaluación de las metas, la documentación de las sesiones y el seguimiento.

—La formación es una actividad de doble sentido en la que ambas partes comparten conocimientos y experiencia con el fin de maximizar el potencial de un subordinado y ayudar a que esa persona consiga las metas propuestas.

—La formación comienza con la observación, luego con la discusión acerca de los problemas que se han observado con el empleado, conlleva un *feedback* reciproco y un plan de acción, y termina con un seguimiento por parte del directivo.

8

Manejo de los empleados problemáticos

Motivar o dejar que se vayan

Temas básicos tratados en este capítulo

- *Utilizar la motivación y el feedback para cambiar la conducta y el rendimiento del empleado.*

- *La mejor forma de tratar a los empleados «mediocres».*

- *¿Qué hacer y qué evitar cuando se despiden a los empleados?*

EMPLEADOS PROBLEMÁTICOS. Su rendimiento no es del todo satisfactorio. Le ocupan todo su tiempo y crean además insatisfacción en usted y sus colegas.

Algunos problemas con los empleados pueden resolverse mediante una formación que corrija ese déficit. Otros podrían realizar el trabajo, pero, por una razón o por otra, no se sienten motivados para ello. Un directivo perspicaz podría ayudar a este tipo de personas. Sin embargo, en ocasiones no existe solución para algunos empleados problemáticos, ya que sencillamente no pueden alcanzar el estándar requerido, a pesar de que se intervenga, y deben o ser trasladados a otros trabajos más apropiados o ser despedidos.

La formación es un tema que se trató en el capítulo anterior; en este nos concentraremos en los problemas de motivación, en la forma de tratar a los empleados «mediocres», y cómo gestionar el despido cuando sea necesario.

Principios de motivación

La motivación es la elección preferida por todo el mundo como forma de cambiar la conducta o el rendimiento de un empleado problemático. Los principios de una motivación eficiente fueron descritos en los años sesenta por Frederick Herzberg. Él descubrió que los incentivos «extrínsecos», como pueden ser unos mejores salarios o unas oficinas más confortables, no producían que las personas trabajasen más o mejor. Incluso cuando lo hacían, los efectos positivos duraban muy poco tiempo. ¿Por qué? Porque a la mayoría de nosotros nos motivan las compensaciones «intrínsecas», es decir, que el trabajo sea interesante, que suponga un reto, así como la oportunidad de asumir responsabilidades de más envergadura. Estos factores intrínsecos responden a las necesidades arraigadas que tenemos de crecer y conseguir. Por eso, la clave para motivar a los empleados no está en el elogio, ni en la amenaza de ser castigado, ni el dinero. El secreto consiste en encontrar formas de activar sus generadores internos. Y eso, para la mayoría de las personas, significa realizar un trabajo más interesante. Frederick Herzberg nos ofreció estos consejos para hacer esa labor más interesante[1]:

—No ejerza tanto control, pero mantenga la responsabilidad por los resultados.
—Ofrezca a la persona una unidad natural y completa de trabajo (módulo, división, área, etcétera), en lugar de un trabajo demasiado específico.
—Realice informes periódicos que estén a disposición de los trabajadores y no exclusivamente de los supervisores.
—Introduzca tareas nuevas y más dificultosas.
—Asigne tareas específicas y especializadas a las personas con el fin de que se conviertan en expertos.

Los consejos de Herzberg se mantienen válidos en la actualidad y puede utilizarlos para aumentar la motivación de sus subordinados. No obstante, los empleados con un rendimiento escaso merecen una atención especial, ya que motivarlos resulta más difícil.

¿Tiene usted empleados que no se sienten motivados para realizar su labor? A continuación encontrará algunos síntomas que suelen mostrar: Muestran poco compromiso con su trabajo y parecen aburridos. Los derechos del empleado parecen interesarles más que las metas de la unidad. Las sesiones del consejo siempre terminan de la misma manera: ellos prometen cambiar, pero luego no lo hacen. El psicólogo social, Nigel Nicholson, ha explicado que los directivos cometen algunos errores al intentar motivar a empleados con las siguientes características.

> —Intentan «decir y vender». Los directivos que «dicen y venden» intentan convencer al empleado que rinde escasamente, desde su punto de vista. «Verá, Frank, si todos trabajamos juntos, el trabajo de cada uno será más sencillo y conseguiremos terminarlo.»
>
> —Asumen que dichos empleados tienen mal carácter: perezosos, egoístas y no les gusta trabajar en equipo.
>
> —El problema con ese tipo de enfoque de decir y vender es que, según Nicholson, hace que el directivo asuma el papel de un evangelista intentando convertir a un ateo. A las personas rara vez les gusta que les sermoneen, por eso, el mismo directivo conseguiría mucho más si actuara como un psicólogo o buscara la causa de la falta de motivación de esa persona. El problema con el segundo tipo de empleados —llamémoslos personas con un carácter débil— es que no se consigue enmendar la situación, y en muchos casos es probable que sea equivocada[2]. Ninguno de estos enfoques llega hasta el fondo del problema de rendimiento en los empleados, ni lo corrige.

El enfoque *feedback*

Otro enfoque para tratar los problemas de rendimiento o conducta es la comunicación, específicamente dar y recibir *feedback*. El *feedback* le brinda a cada parte una oportunidad para exponer su punto de vista, así como para escuchar al otro. A continuación le doy diez consejos para utilizar ese enfoque de *feedback*:

1. Asegúrese de que las expectativas laborales y los objetivos de rendimiento son claros. La única forma de verificar que existe un problema de rendimiento es establecer el nivel esperado de rendimiento y compararlo con el rendimiento actual del empleado.

2. Disponga de todos los detalles antes de reunirse con el empleado. Revise la descripción del trabajo, los memorándums y las conversaciones ya escritas que se han mantenido con el empleado con relación a esa específica conducta. ¡No intente hacerlo sobre la marcha!

3. Notifique a la persona con antelación y especifique el tema a tratar. Por ejemplo, si una persona llega tarde al trabajo con frecuencia debe decir: «Quisiera hablar con usted mañana acerca del horario laboral». Haga saber a esa persona si las soluciones están abiertas a discusión o si usted tiene que notificarle algo específicamente. Por ejemplo: «Por favor, venga dispuesto a discutir sobre su hora de llegada».

4. Cuando llegue el día de la reunión comience con unas maneras relajadas, ya que, si lo hace, conseguirá crear el ambiente relajado para que la sesión sea productiva.

5. Describa la conducta problemática y el impacto que causa en usted y sus colegas. Por ejemplo: «Usted llegó media hora tarde varios días a la semana durante los meses anteriores. Eso provoca que sus compañeros tengan dificultades para terminar su labor. Y además, es un mal ejemplo para cualquiera».

6. Refiérase al contexto del problema: «No es la primera vez que hemos hablado de esto. Ya discutimos ese tema, según mis informes, hace seis semanas y de nuevo el pasado diciembre. Sin embargo, el problema persiste».

7. Señale el efecto en concreto que produce su conducta en usted y sus compañeros. Por ejemplo: «Reconozco que usted ha intentado recuperar ese tiempo quedándose hasta más tarde o trabajando durante el almuerzo, pero no creo que esa sea la solución. Puesto que trabajamos en un equipo, el no poder disponer de una persona puede arruinar el trabajo que están realizando tres o cuatro».

8. Escuche atentamente las respuestas del empleado. No se distraiga pensando en lo que va a añadir después. Muéstrese abierto a lo que le diga la otra persona.

9. Haga una sugerencia o una petición y luego compruebe si la ha comprendido. Por ejemplo: «Le sugiero que organice

sus asuntos familiares y así podrá ser puntual. Eso hará que nuestro trabajo sea más sencillo y todos los miembros del equipo nos sentiremos más satisfechos». Compruebe si ha comprendido su sugerencia. Por ejemplo: «¿Comprende por qué insisto en que sea puntual?».

10. Compruebe que se ha comprometido en buscar una solución. Por ejemplo: «¿Está usted de acuerdo entonces de que debe estar aquí a las nueve en punto?». Lleve un informe de todo lo que se dijo y de los acuerdos que se establecieron. Compruebe si el empleado está cumpliendo con el acuerdo.

Cuando proporcione *feedback* céntrese en mejorar el rendimiento y no lo utilice sólo la recriminación. Asegúrese de que el *feedback* se centra en el futuro; elija temas que puedan trabajarse de nuevo en el futuro. Por ejemplo, si la conducta o la acción ocurrió en tan sólo una ocasión, déjela pasar. No limite el *feedback* cuando hay un rendimiento escaso. Es igualmente importante dar afirmación, reforzar el *feedback* que permita a las personas saber que lo hicieron bien. Por ejemplo: «Detesto que tengamos que hablar de nuevo sobre su retraso a la hora de llegar al trabajo, ya que el trabajo que realiza cuando está aquí es ejemplar. El problema está en que necesita empezar a ser ejemplar a las nueve de la mañana».

Manejo de los empleados «mediocres»

Cada organización tiene una distribución de empleados, y no todos ellos tienen que ser ascendidos. En la parte superior están los empleados «A», cuya contribución a la organización es excepcional. Los empleados «B» realizan un buen trabajo, pero los trabajadores «C» cumplen con sus obligaciones, pero sólo de forma aceptable. En un estudio sobre los talentos de la gestión realizado en dos grandes empresas, Beth Axelrod, Helen Handfield-Jones y Ed Michael de McKinsey& Company descubrieron que la contribución de estos empleados al crecimiento de los beneficios era muy diferente. Como media, los directivos A aumentaban los beneficios en un 80% en una empresa y un 130% en la otra. Los directivos C de las mismas empresas no lograron conseguir aumento alguno. De ahí surge la cuestión de sobre qué destrezas y recursos de desarrollo deben centrarse. Obviamente, unas inversiones bien dirigidas en el desarrollo de los empleados A y B tiene sentido. Pero, ¿qué pasa con los empleados C? ¿Debe usted invertir en ellos o sencillamente quitarles de en medio?

Algunas empresas se limitan a bajar de puesto a los directivos C, mientras otras intentan que mejoren un poco. Sin embargo, la mayoría de las empresas no hacen nada al respecto y el coste de esta indiferencia es bastante elevado, tanto en términos de deserción por parte de los buenos empleados como por la carencia de beneficios. Como escribieron los autores:

> *Piense que cada empleado C desempeña un papel y, por tanto, bloquea el avance y desarrollo de las personas con más talento dentro de la organización. Al mismo tiempo, los empleados C no suelen ser buenos modelos, ni formadores o mentores. El ochenta por ciento de las personas que cumplimentaron la encuesta dijeron que trabajar para personas con bajo rendimiento les impedía aprender, hacer grandes contribuciones a la organización y finalmente dejar la empresa. Imagine entonces el impacto colectivo de las personas con talento y moral si veinte de sus directivos rinden escasamente y cada uno de ellos tiene diez personas a su cargo[3].*

¿Qué debe hacer entonces? Estos autores sugieren un enfoque de tres pasos:

1. Identificar a los empleados C.
2. Llegar a un acuerdo sobre un plan de acción explícito para cada uno de ellos. Algunos pueden mejorar su rendimiento ostensiblemente si se les ofrece el apoyo y la dirección apropiados.
3. Consulte con los directivos responsables sobre la mejora o la sustitución de los empleados C.

No tiene sentido mantener a muchos empleados C, no al menos en sus puestos actuales. Aquellos que no han mejorado después de recibir esa formación deben ser trasladados a trabajos menos exigentes en los que puedan ser empleados A. Sí fracasan también en estos puestos, entonces deben ser despedidos.

Sin embargo, la inversión en los empleados C puede valer la pena. La única forma de saberlo con seguridad es haciendo una estimación de cómo mejoraría el rendimiento de la organización si usted trasladara a esos empleados a un nivel más alto. ¿Cuál sería el coste de esta operación con respecto a los beneficios? ¿Son menores los costes que los beneficios? Si los costes exceden a los beneficios, entonces queda el recurso de encomendar a esa persona un trabajo que pueda realizar mejor o pedirle que deje la empresa.

Cuando todo fracasa: gestión del despido

Desestimiento: En algunos aspectos, esta sección se refiere a los temas legales involucrados cuando se comunica la decisión de despedir a un empleado. No intento que sirva como consejo legal, ya que creo que usted debe consultar con un especialista para los temas específicos de su situación.

En algunos casos, ni la formación, ni las sesiones de *feedback* o la arenga pueden hacer que el rendimiento de un empleado alcance un nivel aceptable. El despido es con frecuencia el único curso viable de acción en estos casos; una de las gestiones más difíciles y dolorosas de la vida de un directivo[4]. Los despidos pueden ser emocionalmente difíciles y, si no se gestionan de la forma adecuada, pueden dañar permanentemente la reputación de una persona, afectar negativamente la imagen de la empresa o correr el riego de ser demandada. Puede destruir también la confianza y la moral de toda la organización. Los amigos y las personas que apoyaron al empleado podrían sentirse enfadados y, al contrario, los que se sentían frustrados por su escaso rendimiento se sentirán más contentos.

Despedir a un empleado es terminar con el empleo de una persona. Salvo en casos de suspensión temporal, el despido de un empleado debe ser la consecuencia de los problemas que ha causado su conducta o su rendimiento. Por ejemplo, un rendimiento o una conducta que resulta sumamente problemática, o cuando un empleado viola la ley o la política de la empresa (como puede ser robar o acosar sexualmente a otro empleado).

Las leyes y las normas empresariales que especifican el asunto de los despidos son muy complejas. Existen varias formas de categorías de empleados —como son los exentos en contra de los no exentos, o los sindicalistas en contra de los no sindicalistas— que añaden más complejidad. Una idea general de estas implicaciones podrá servirle de guía cuando tenga que despedir a un empleado. Sin embargo, es vital que siga las normas de su empresa al pie de la letra, así como buscar apoyo legal del asesor corporativo, ya sea externo o interno. Una gestión de despido mal llevada puede tener como resultado que la empresa sea demandada por despido ilegal, por ese motivo es conveniente que sea su departamento conocedor de la legislación quien le guíe en cada paso que dé.

La mayoría de los directivos se sienten confusos e indecisos sobre cómo despedir a un trabajador o cómo llevar a la práctica ese despido: es perfectamente natural. Por ejemplo, se preguntan:

—¿Cuándo es legal despedir a alguien?

—¿Cómo y cuándo debo notificárselo al empleado afectado?

—¿Cómo debo de gestionar la acción en términos legales y normas de la empresa?

—¿Cómo puedo seguir manteniendo la moral y la confianza entre los empleados restantes del equipo que pueden cuestionar mi decisión de despido, o que pueden ser amigos del empleado en cuestión?

—¿Cuál es la mejor manera de reorganizar los distintos papeles laborales una vez que dicha persona se ha marchado?

Razones para el despido

¿Qué constituye una razón legal y sólida para despedir a un empleado? En algunos casos, usted se basa en razones legales de la empresa para despedir a un trabajador, pero en otros casos la situación es un tanto turbia y entonces necesita proceder con mucho cuidado. En los Estados Unidos, las siguientes razones son motivos para justificar un despido inmediato:

—Poseer un arma en el trabajo sin la aprobación explícita.
—Una violación fragante de las reglas más serias de la empresa, como puede ser desvelar secretos comerciales a la competencia.
—La deshonestidad sobre temas laborales importantes, como puede ser el engaño en los gastos de un viaje.
—Poner en peligro la salud y la seguridad de los compañeros de trabajo.
—Acosar sexualmente a un compañero/a de trabajo, o amenazarlos de tal forma que les impidan realizar su labor.
—Verse envuelto en asuntos criminales. El consumo de drogas o bebidas alcohólicas en el trabajo.
—Apostar en el trabajo.

Las leyes cambian según el estado o la nación. Por esa razón, debe consultar con un asesor legal para asegurarse de que conoce las regulaciones específicas de su situación. En las empresas estadounidenses, los siguientes motivos son causa de despido si persisten o continúan sin ser corregidos, a pesar de habérsele llamado la atención al empleado:

—Un escaso rendimiento laboral.
—Negarse a seguir las instrucciones.
—Tener persistentemente una actitud negativa o destructiva.
—Ser un insubordinado.
—Fingir enfermedad o disponer de otros privilegios.
—Llegar tarde o ausentarse con frecuencia.

Cualquiera que sea la razón para el despido, es vital que documente la conducta del empleado y los pasos que se han dado para intentar corregirlo. Poder ofrecer toda clase de detalles sobre la conducta de una persona mediante revisiones escritas del rendimiento del empleado, archivos personales, memorándums o notas privadas puede ser de un valor incalculable en caso de que el empleado crea que su despido es injustificable.

Cuándo no se puede despedir a un empleado

Una empresa *no puede* despedir a un empleado legalmente ante ciertos tipos de conducta. Varían según la nación, pero como ejemplo pueden servir las siguientes formas de conducta:

—Rellenar la reclamación de indemnización de un empleado.

—«Dar la alarma» ante una conducta ilegal por parte de la empresa.

—Informar o quejarse sobre las violaciones de la empresa en asuntos de seguridad o salud.

—Ejercitar el derecho de pertenecer, o no, a un sindicato.

—Emplear parte de su tiempo laboral en la realización de un deber cívico, como puede ser formar parte de un jurado o votar.

—Tomarse un día libre al que tenía derecho por ley.

Una vez más, deberá buscar consejo en su asesor legal con respecto a estas normas. Éstas son complicadas, por eso no debe tratar de interpretarlas usted solo.

Una reseña sobre discriminación

Hay varios países que han establecido leyes contra el despido por razones de raza, género, orientación sexual, estado civil, discapacidad física o mental, edad, o estado (es decir, sí está embarazada o tiene pensado estarlo). En algunos casos, mantenerse en el lado correcto de estas leyes puede resultar engañoso, lo que explica por qué la discriminación es la razón más citada en las reclamaciones. Por ese motivo, debe prestar una atención escrupulosa a cómo se define en su situación la discriminación de un empleado antes de decidir si debe despedir a alguien. Consultar con un abogado experimentado en leyes laborales es probablemente la mejor manera de asegurarse de que usted no está discriminando involuntariamente a un empleado para despedirle.

Gestión del despido

En algún momento de su carrera tendrá que despedir a un empleado. Para hacerlo de forma adecuada y profesionalmente, asegúrese de que ha hecho sus deberes en lo que se refiere a temas legales, dispone de documentos escritos sobre el rendimiento o la conducta del empleado, así como de los pasos que dio para ayudarle. Usted quiere sentirse seguro de que despedir a la persona es lo mejor que puede hacer, ya sea por él o ella, por el equipo o por la empresa.

Una vez que ha hecho sus deberes, organice una reunión para comunicarle la noticia. Algunos expertos recomiendan que nunca se haga un viernes por la tarde. Un despido justo antes del fin de semana puede provocar que el empleado lo pase mal durante todo el fin de semana y se plantee poner una demanda o volver el lunes a la oficina con intenciones poco gratas. Piense mejor en el lunes por la tarde, ya que de esa manera el empleado tendrá toda la semana para encontrar otro empleo. Pero sea cual sea el día que usted elija, querrá asegurarse de que ese será el último día que venga al trabajo. La mayoría de los expertos recomiendan el no permitir que esa persona continúe en el local por más tiempo, ya que si lo hace normalmente se crea una situación incómoda y le da la oportunidad de que el enfado le lleve a apropiarse de algún archivo, sabotear los ordenadores o enviar desagradables mensajes por correo electrónico a otros compañeros.

Cite al empleado en un lugar que este fuera de la vista de todo el mundo, como, por ejemplo, una oficina sin ventanas o cualquier otro espacio privado. Piense también en evitar esas áreas donde hay trabajadores curiosos. Procurar que la reunión sea lo más privada posible muestra respeto por la persona afectada, ya que a nadie le gusta que sus compañeros de trabajo escuchen o vean lo que para él o ella es una experiencia humillante.

Para materializar un despido de la forma más eficiente posible, procure que alguien del departamento de recursos humanos esté presente en la reunión. Esa persona puede:

—Servir de voz imperturbable en caso de que el empleado se emocione excesivamente durante la reunión.

—Actuar como parachoques en caso de que estalle físicamente o emocionalmente.

—Responder a las preguntas inevitables sobre pensiones, seguro o indemnización por cese.

—Servir como testigo de la conversación en caso de que se ocasionen disputas en el futuro.

Procure que la reunión sea lo más breve posible: diez minutos, no más. No permita que se alargue. Cuanto más conciso sea a la hora de comunicarle la noticia, menos probabilidades tienen usted de decir algo que exponga a la empresa a responsabilidades. No sea apasionado, sea directo y céntrese en el tema en cuestión. Trate de comunicar un propósito serio y una resolución. Evite provocar problemas legales, resista la tentación de pedir disculpas o de intentar reconsiderar la situación si el empleado protesta. Dicha persona debe percibir que su decisión es rotunda y que no se admite ningún tipo de negociación.

¿Qué debe decir entonces? Explique en términos generales que el trabajo no ha resultado. Si usted prefiere entrar en más detalles, hágalo de una forma neutral y objetiva que no haga sentir al empleado que se le está atacando. Un ejemplo puede ser el siguiente: «Hemos hablado con usted unas seis veces el año anterior sobre su escaso rendimiento a la hora de alcanzar las metas. Esas metas siguen sin lograrse». O algo como: «Usted ha recibido formación y asesoramiento para ayudarle a que solucionara su actitud ante sus compañeros, pero su conducta no ha cambiado en nada».

La exposición de unas razones objetivas en un tono neutral hará que disminuyan las probabilidades de que esa persona le demande a usted o a su empresa.

Consiga un equilibrio entre ser conciso y directo, al mismo tiempo que muestra empatía. Es decir, comprenda que perder el trabajo probablemente cause un profundo impacto en la vida de esa persona; por ejemplo: «Sé que es difícil para usted». Después de darle la noticia, conceda cierto tiempo para que esa persona

Qué no debe decir
durante la entrevista de despido

El tipo de lenguaje que usted utilice durante el despido de un empleado juega un papel importante a la hora de que el empleado quiera demandar a la empresa o no. Utilice los siguientes consejos sobre lo que no debe decir durante una entrevista de despido:

—No se ponga al lado del trabajador o fomente un sentimiento de «nosotros contra ellos», porque llevaría a una situación incómoda. Por ejemplo, no diga: «Personalmente, creo que la decisión de despedirle no es la más acertada».

—No le diga a un empleado que va a ser despedido que es un paro temporal si no lo es. Este tipo de «mentiras piadosas» pueden volverse en contra suya en forma de demanda si usted contrata a otra persona para cubrir esa vacante.

—No diga nada parecido a: «Estamos buscando una plantilla más dinámica y agresiva» o «usted no encaja en el equipo» o «necesitamos un personal sin tantos compromisos familiares y que puedan visitar a nuestros clientes fuera de las horas de trabajo» o «necesitamos proyectar una imagen más enérgica». Esta clase de afirmaciones pueden llevar al empleado a pensar que se le está despidiendo por razones discriminatorias, como ser demasiado mayor, extranjero, casado, etcétera.

—No utilice el sentido del humor o intente no dar importancia a la situación, ya que lo único que conseguirá es que la reunión se vuelva más dolorosa. O lo que es peor, puede provocar que la otra persona sienta que se están riendo de ella o que la están humillando, lo que es motivo para presentar una demanda por despido injustificado.

—No amenace al empleado que desee enfrentarse al despido. Por ejemplo, diciéndole que retendrá su cheque de despido hasta que prometa que no le demandará. Estas formas de persuasión son consideradas coacción ilegal y pueden llevarle ante un tribunal.

desahogue su rabia, su confusión o su amargura durante unos minutos. La empatía y una oportunidad para procesar las emociones son una ayuda para que las personas afronten la difícil noticia.

Comunique la decisión de tal forma que no dañe la dignidad de la persona. Eso incluye el llegar a un acuerdo para que el empleado recoja sus efectos personales de la oficina fuera del horario de trabajo o durante el fin de semana (bajo la supervisión de otra persona). Los empleados que se sienten humillados ante sus colegas o los que consideran que se les ha faltado al respeto o se les ha atacado personalmente durante la entrevista de despido tienen más probabilidades de sentirse molestos y desear alguna forma de retribución.

Finalmente, describa cualquier tipo de indemnización por despido, asistencia externa o paga por vacaciones, si está disponible.

Después del despido

Una vez que usted haya mantenido la difícil conversación que conlleva el despido de un empleado problemático, probablemente creerá que la tarea ya ha terminado. Sin embargo, todavía le queda mucho que hacer. En un inmediato o largo período subsiguiente al despido, usted necesita:

—Asegurarse de que la empresa y el empleado cumplen todos los contratos de empleo, como pueden ser los acuerdos no competentes o no revelados, una promesa de proporcionar unas cartas de recomendación o unos acuerdos de negociación colectiva.

—Evitar decir cualquier cosa acerca del empleado que ha sido despedido (ya sea formal o informalmente, dando referencias de su trabajo) que puedan mellar o dañar la reputación profesional del mismo.

—Redacte un informe con los términos de despido del empleado.

Usted o el departamento de recursos humanos de su empresa pueden llevar a cabo este último punto mediante lo que se llama una carta de separación que se entrega al empleado en su última reunión. La carta debe especificar la fecha en la que el empleado dejó de trabajar. Dependiendo de las circunstancias de la situación, la carta también debe describir:

—La indemnización del despido, incluyendo la clase de indemnización y cuándo se recibirá.

—El sueldo final, incluyendo los incentivos y los beneficios acumulados, como puede ser unas vacaciones.

—La cobertura del seguro de enfermedad o su conversión (por ejemplo, COBRA en los Estados Unidos).

—Ayuda en otras empresas.

—Tratamiento de opción de compra de las acciones adquiridas.

—Cualquier término estipulado en un acuerdo de negociación colectiva.

—Cualquier acuerdo que usted haya establecido con el empleado, acerca de darle una carta de recomendación o referencias.

—Cualquier exención que el empleado haya hecho como, por ejemplo, la promesa de no demandar a la empresa a cambio de unos beneficios especiales, como puede ser un dinero adicional.

En los Estados Unidos, el empleado que se encuentra dentro de lo que se conoce como la clase protegida —como son una minoría, los discapacitados, las mujeres o los trabajadores de cierta edad— y él o ella han firmado una exención, las leyes en lo concerniente a la aceptación de la carta de separación se complican.

En ese caso, usted y su empresa deberán consultar un asesor legal para que les ayude a redactar dicha carta de separación.

No haga comentarios negativos

Una vez que el empleado despedido haya abandonado la empresa, tenga cuidado de no hacer ni de decir nada —ni incluso de forma casual— que cualquiera pueda percibir como un intento de dañar la reputación del empleado o la oportunidad de encontrar otro trabajo. Dicho comentario puede volverse en contra suya en forma de demanda por difamación o de resentimiento por parte de sus compañeros de trabajo. La mejor opción es no decir nada negativo acerca del empleado en cuestión.

¿Qué ocurre con las referencias?

En algún momento, puede que reciba la llamada de directivos potenciales del empleado que ha sido despedido buscando referencias del mismo. Si el empleado anterior le pide referencias y usted no tiene nada o muy poco bueno que decir acerca de esa persona, cíñase a lo más esencial. Lo más probable es que su empresa tenga unas normas claras que especifican cuál es la información que puede suministrar. Compruébelas con el departamento de recursos humanos y el departamento legal con el fin de familiarizarse con las normas de su empresa en lo concerniente a las referencias.

Continuando con su labor

Después del despido, necesitará encararse con los intereses de los miembros del equipo, distribuir de nuevo el trabajo del anterior empleado y asegurarse de que sus destrezas siguen manteniéndose en el grupo.

Tendrá que notificar al resto de los trabajadores, lo antes posible, que alguien ha sido despedido. Simular que no ha pasado nada sólo creara cotilleos y preocupación entre los miembros restantes, ya que posiblemente creerán que también van a ser despedidos. El mejor enfoque es celebrar una reunión de equipo en la que explicará concisamente qué es lo que ha pasado. Por ejemplo, dirá algo como: «Toby ha sido despedido después de muchos meses de esfuerzos inútiles para que mejorara su rendimiento laboral». No entre en detalles o justifique su decisión y asegúrese de no criticar al empleado despedido. Luego anime a su equipo diciendo que su despido no tiene nada que ver con su rendimiento o conducta. Ponga en su conocimiento que es un período difícil para todo el departamento y que entiende que algunas personas puedan sentirse incómodas por ello. Luego explique cuáles son sus planes para sustituirle y si el enfoque del grupo ha cambiado por causa de dicho despido.

Pero no permita que la comunicación finalice en ese punto. Después de la reunión inicial con el grupo, organice una con cada persona para escuchar sus intereses y preocupaciones y para ayudarle a aceptar el sentimiento que les ha producido el cambio.

Cuestiones frecuentes

¿Qué documentación se requiere para despedir a un empleado?

Consulte a un asesor legal para confirmar qué documentación debe proveer. En términos generales, la documentación debe ser lo más breve posible, pero puede que incluya detalles de los beneficios continuados, indemnización por despido, las fechas efectivas de su despido y sueldo, y posiblemente un acuerdo no competente y de no revelación. La documentación no debe incluir explicaciones sobre las razones del despido.

Si tengo que despedir a alguien, ¿puedo buscar a alguien para que le dé la noticia o puedo hacerlo por correo electrónico?

Una respuesta corta sería: Comunique este tipo de mensajes en persona, puesto que es parte de su trabajo. De la misma manera que dar malas noticias lo debe hacer usted mismo, en persona. Y eso es así porque las personas establecen unas relaciones más profundas con sus directivos que con las empresas. Al dar las malas noticias en persona, usted honra esa relación y la dignidad de la otra persona, al mismo tiempo que le ayuda a poner punto final a esa relación.

¿Debo explicar las razones del despido?

El despido nunca debe llegarle por sorpresa al empleado afectado. Si lo hace, es que el directivo involucrado no ha comunicado con suficiente claridad las expectativas del trabajador. Si el empleado desea saber el porqué de su despido, diga algo como: «Esta es la meta que acordamos hace seis meses. Ya discutimos las distintas formas que podía intentar para alcanzarla, pero usted no ha rendido como acordamos». Dándole una respuesta breve, pero honesta, ayuda a que esa persona ponga fin a todo tipo de negociación.

¿Debo acompañar a esa persona hasta la puerta inmediatamente después de su despido, o debo dejarle tiempo para despedirse de sus trabajadores?

Resulta apropiado escoltar a la persona hasta las puertas del edificio tan pronto como se le despida de la empresa, especialmente si esa persona ha sido despedida por una falta grave, como puede ser el acoso sexual, el robo o el consumo de drogas. Él o ella podrán volver más tarde para la entrevista de despido. La opinión está dividida cuando se trata de despedir a alguien por el simple hecho de que no realiza su trabajo debidamente. En esos caso, escoltar a la persona hasta las puertas del edificio puede resultar draconiano, aunque tampoco se le debe permitir demorarlo durante varios días.

¿Qué debo hacer con los mensajes por correo electrónico y las llamadas de los empleados que han sido despedidos?

Si usted va a cancelar las direcciones de correo electrónico inmediatamente después de despedir al empleado, establezca un acuerdo sobre los mensajes entrantes durante un determinado período de tiempo. Por supuesto, tratándose de empleados despedidos, usted no deseará que los proveedores y los clientes mantengan contacto si él se siente contrariado o vengativo. Por otro lado, puede resultar decepcionante para las circunscripciones externas si no consiguen ponerse en contacto con la persona con la que están acostumbrados a tratar y que su empresa no le dé ninguna explicación sobre lo sucedido. Honestamente, usted tiene que ser muy cuidadoso a la hora de tomar decisiones concernientes a los canales de comunicación que desea dejar abiertos, por cuánto tiempo y sobre qué respectos. Trate de encontrar un equilibrio entre los intereses que tiene la empresa para no interrumpir abruptamente la comunicación y los riesgos que conlleva el transmitirle los mensajes a un empleado despedido durante un tiempo.

Resumiendo

—La clave para motivar a la mayoría de las personas es ofrecerles compensaciones intrínsecas: un trabajo interesante, un reto y la oportunidad de conseguir y aumentar sus responsabilidades.

—Además de proporcionar compensaciones intrínsecas, un directivo debe proporcionar un buen *feedback* acerca de los problemas de un empleado, así como la forma de solucionarlos.

—Se debe ayudar a los empleados «C» para que consigan unos niveles más altos, o trasladarlos a puestos donde ellos puedan destacar.

—Si está pensando en despedir a alguien, familiarícese con las leyes de empleo de su localidad. Cometer un error durante un despido puede resultar en un pleito.

—Si despide a un empleado, hágalo de forma breve, resolutiva y profesional. Organice una reunión en un lugar y de tal forma que no se le falte al respeto al empleado.

—Realice un seguimiento del despido con documentación. Permita que esa persona se despida de sus compañeros de trabajo, pero no deje que lo prolongue demasiado. Comunique el asunto al resto de los empleados.

Gestión de las crisis

No espere hasta que lleguen

Temas básicos tratados en este capítulo

- *Evitar las crisis mediante la planificación.*

- *Preparándose para las crisis que no se pueden evitar.*

- *¿Cómo reconocer las crisis y la forma de contenerlas.*

- *Solución de crisis de la forma más eficiente.*

- *Aprendiendo de las crisis anteriores.*

- *Cuestiones frecuentes sobre la gestión de crisis.*

ESCOJA CUALQUIER periódico importante y busque la sección de negocios. Probablemente encontrará una o dos historias de empresas con problemas. Una bancarrota inminente. La perdida de los datos por una avería en el ordenador. Un pleito por responsabilidad civil de productos. Los peligros posibles son ilimitados. Observe el siguiente ejemplo:

> *El auditor tiene el semblante adusto cuando entra en la oficina de Beth. Luego le muestra el balance general de los fondos para pensiones y dice: «Aquí hay algo equivocado».*
>
> *Ella se dio cuenta de que estaba en lo cierto. «¿Puede ser malversación?», pregunta.*
>
> *«Es la explicación más probable —responde el auditor—. De hecho, creo que es la única explicación.»*
>
> *¡Malversación! La prensa se nos echará encima. El sindicato exigirá una investigación. La policía se verá involucrada. No hay alguna forma de tratar este asunto en privado. Como jefe ejecutivo, Beth tendrá que hacerlo público, pero ¿cómo lo hará? ¿Ganará tiempo diciendo que no tienen ningún comentario que hacer? ¿Qué dirá cuando se le pregunte quién ha cogido el dinero? ¿Cómo el inculpado lo ha tomado con tanta facilidad? ¿Cómo va a recuperar el dinero la empresa? De una manera u otra, lo que es un delito privado se va a convertir en un asunto público.*

El problema de este jefe ejecutivo no es el único. Las crisis afectan a todas las empresas más tarde o más temprano. Algunas se pueden prevenir y otras se pueden anticipar. Sin embargo, hay algunas que nos cogen por sorpresa. No importa cuál sea su origen, lo que hacemos y las decisiones que tomemos pueden empeorar la situación; o todo lo contrario, mejorarla.

Este capítulo ofrece una serie de ideas prácticas para prevenir las crisis, para anticiparlas y para saberlas gestionar cuando se padecen. Incluye también las respuestas a las preguntas que más frecuentemente se formulan en lo referente a la gestión de las crisis[1].

¿Qué es una crisis?

Dicho en pocas palabras, una crisis es un cambio —ya sea repentino o progresivo— que ocasiona un problema urgente que debe resolver la directiva. Las crisis tienen muchas causas. Sería imposible hacer una lista de todas ellas, pero conocer las categorías más importantes le ayudará a identificar las crisis que usted o su organización deberán evitar (si es posible), o preparase para afrontarlas y gestionarlas de la forma más eficiente.

Las catástrofes naturales de enormes magnitudes —como pueden ser los terremotos, los tornados, las tormentas de nieve, las inundaciones o los incendios— pueden golpear inesperadamente destruyendo edificios, infraestructuras, e interrumpiendo las comunicaciones. Los desastres del medio ambiente, aunque no estén causados necesariamente por la empresa, están relacionados directamente. La empresa es responsable —o considerada como tal— de resolverlos. Considere los siguientes ejemplos:

—La manipulación del producto por un agente externo puede dañar a los consumidores, así como la imagen del producto y de la empresa.
—Los problemas serios con un producto o los defectos, como pueden ser unos neumáticos defectuosos o la contaminación de los alimentos, puede resultar en responsabilidades financieras de enorme envergadura, así como dañar la reputación de la empresa

—La contaminación medio ambiental que, sin saberlo, ha causado su empresa en los años anteriores, puede volverse en contra suya.

—Las averías tecnológicas pueden ocasionar enormes daños si los sistemas de apoyo no funcionan.

—Los piratas informáticos pueden apropiarse de su sitio comercial electrónico durante las épocas del año de más trabajo.

Sea cual sea la causa, las crisis suponen una amenaza continua para el éxito de las empresas y su supervivencia. Por eso, cada empresa —y cada directivo— debe estar preparado para gestionarlas. Esa preparación debe empezar mucho antes de que comience la crisis.

En este capítulo se presenta un enfoque de seis pasos para gestionar una crisis. Esos seis pasos son una adaptación de los dados por Norman Augustine, anterior jefe ejecutivo de Lockheed Martin, en su artículo escrito en *Harvard Business Review*[2]. Esas fases son:

Fase 1. Evitar la crisis.
Fase 2. Preparar la gestión de la crisis.
Fase 3. Reconocer la crisis.
Fase 4. Contener la crisis.
Fase 5. Resolución de la crisis.
Fase 6. Aprender de la crisis.

Evitando la crisis

Las crisis que han sido gestionadas de forma poco eficiente atraen mucha atención negativa de los medios de comunicación. Sin embargo, nadie se entera de las crisis que han sido prevenidas por las personas que piensan por adelantado y toman precauciones ante ellas. Una excepción bien conocida es el error Y2K. El día de Año Nuevo del año 2000, cada ordenador del mundo cambió su calendario al del nuevo año sin la más mínima complicación. Lo único que escucharon las personas fue el ruido que provocó su prevención. Durante años, las empresas trabajaron para resolver los problemas que causaría el Y2K antes de que ocurriera. Y los esfuerzos se vieron recompensados.

Los directivos de muchos niveles previenen crisis diariamente:

—Un jefe de ventas se da cuenta de que el nombre de un cliente no ha sido escrito correctamente en ninguna de las páginas de una propuesta de venta importante. El directivo se encargó de destruir todas las copias, introducir los ajustes necesarios y de imprimir las nuevas propuestas en una fotocopiadora que estaba abierta por la noche, salvando a la empresa de la perdida potencial de un cliente importante.

—Un directivo financiero, previniendo una reducción del flujo de efectivo, da los pasos adecuados para recopilar las cuentas por cobrar, pone un límite discreto a todos los gastos de la empresa y se asegura de que una línea de crédito está disponible cuando llegue el momento del recorte.

—Cuando se han recibido informes de que un empleado clave se ha estado entrevistando con otras empresas, su jefe aplica los pasos adecuados para identificar un sustituto potencial.

Cada uno de estos directivos evitó de forma activa una crisis. Hacerlo era parte de su trabajo. Usted debe hacer otro tanto:

Quizá la mejor manera de evitar una crisis sea dirigir una auditoría sistemática de todos los aspectos que puedan ir mal dentro de su esfera de responsabilidad. Una auditoría de crisis conlleva los siguientes pasos:

—Haga del plan de crisis parte de su planificación normal. Tanto si dirige una empresa entera como si es un solo departamento, deberá planificar estratégicamente el futuro, y la planificación debe incluir un plan de crisis. Por eso, debe incorporar una auditoria de crisis dentro de su proceso de planificación.

—Recopile ideas ampliamente. Las perspectivas de las personas acerca de las crisis potenciales difieren considerablemente. Hablando con las personas de su departamento, división, empresa, círculo de clientes y proveedores, puede hacerse con una información sorprendente. Por ejemplo, un representante de ventas puede decirle: «Es probable que perdamos nuestra mayor cuenta el próximo año».

—Identifique los aspectos internos más débiles. El recorte de la plantilla puede ser un aspecto interno débil si la dimisión de una persona provoca que un proyecto importante se venga abajo. Un personal de seguridad con una formación escasa sería otro ejemplo. El bajo estándar de su trabajo podría causar que productos defectuosos o peligrosos llegarán a manos de los clientes.

—Identifique las amenazas externas. Una amenaza externa puede ser que surja una nueva forma de tecnología que deje a su producto obsoleto. Un cambio inminente de las regulaciones puede ser otro.

Cuando usted dirija su auditoría de crisis, preste especial atención a estas áreas: los aspectos de salud y medio ambientales; las averías técnicas potenciales; la volatilidad del mercado y la economía: las relaciones con los clientes y los proveedores. Hágase las siguientes preguntas sobre estas áreas: ¿Qué es lo peor que puede suceder? ¿Cuáles son las crisis que más probablemente puedan afectarnos?

Una vez que haya hecho una auditoría de la situación, se encontrará en una posición que le permitirá dar los pasos correctos para prevenirla. Por ejemplo, si usted ha descubierto que sus sistemas informáticos y todos sus archivos pueden perderse en caso de incendio o de una catástrofe natural, puede aportar los pasos necesarios para tener un sistema de asistencia.

Preparándose para gestionar la crisis

Algunas de las crisis potenciales que han sido identificadas en su auditoría pueden evitarse mediante las acciones preventivas, pero hay otras, como pueden ser los desastres naturales o la conducta delictiva de un empleado, que siempre serán una amenaza. Si no puede evitar este tipo de riesgos, sí puede al menos desarrollar un plan para su gestión. Por ejemplo, si la posibilidad de un desastre natural se encuentra en su lista de auditoría, puede desarrollar un plan de evacuación de empleados, la notificación de que el segundo turno se quede en casa, etcétera. Si los trabajadores de los transportes públicos planean una huelga, usted puede desarrollar un plan de transporte que ayude a sus empleados a acudir al trabajo.

Sugiriendo posibilidades

Las sesiones con empleados de distintas funciones dedicadas a sugerir ideas es uno de los enfoques más productivos del plan de contingencia, ya que ninguna persona puede prever todas las cosas que cambiarían si una crisis potencial se convierte en realidad. Piense también detenidamente en los posibles efectos secundarios de su plan de crisis, si son malos o buenos. Observe estos ejemplos:

> *Cuando una cadena de talleres de reparación de automóviles quiso relanzar las ventas que habían caído, la directiva ofreció a los mecánicos incentivos en las ventas. Cuanto más trabajo proporcionaran a la empresa, mayores eran sus incentivos. Por desgracia, algunos mecánicos se dedicaron a recomendar reparaciones que eran innecesarias, lo que provocó que algunos clientes se quejaran y la empresa fue demandada. Su reputación se vio dañada.*
>
> *De forma similar, otra empresa ofreció incentivos por cada producto defectuoso que fuera detectado por los empleados. Sin embargo, esa norma animó a que algunos empleados dañaran los productos de forma deliberada con el fin de conseguir las compensaciones. Y cuando una pizzería se comprometió a repartir sus productos en media hora o serían gratuitos, la decisión de la empresa ocasionó varios accidentes de coche.*

Usted no tiene por qué cubrir todas las eventualidades, pero pensar en ellas detenidamente ayuda a prevenir problemas.

Formación de un equipo de gestión de crisis

Un equipo de personas que está organizado y preparado para gestionar una crisis siempre lo hará mejor que un grupo *ad hoc* formado al tiempo de una emergencia. Por esa razón, debe pensar en formar equipos de gestión de crisis para cada amenaza clave. Por ejemplo, un equipo que en caso de incendio o tormenta señale las muchas cosas que deben hacerse y las que no. Entre ellas se incluyen:

—Cómo se tomarán las decisiones acerca de la evacuación del edificio.
—Un plan para contactar con todas las personas que trabajan en otro horario.
—Las circunstancias por las que los empleados deben quedarse en casa.
—El trato con las agencias gubernamentales y los medios de comunicación.
—La búsqueda de un local de trabajo temporal hasta que el edificio sea reparado o sustituido.

Cada equipo de gestión de crisis creará planes típicos dentro de un plan más generalizado. La mera disposición de estos planes prepara a los miembros del equipo para el manejo de estas situaciones, aunque jamás lleguen a vivirlas.

Reconocimiento de una crisis

Algunas crisis son evidentes. Usted aparca su automóvil y ve a los bomberos echando agua por la ventana de su oficina. Otro tipo de crisis no son tan evidentes. Observe este ejemplo:

Hace no muchos años, el jefe ejecutivo de una gran organización fue alertado sobre el hecho de que el presidente de una de sus subsidiarias —una empresa cinematográfica— era sospechoso de malversación de fondos y falsificación de cheques. El jefe ejecutivo ignoró el problema y rehusó creer que esa persona pudiera cometer semejante delito. Pero el tema no quedó ahí y las pruebas concluyeron que algo faltaba. Cuando el jefe ejecutivo se decidió a despedir al presidente, éste ya había tenido tiempo para poner a algunos miembros de la junta de su lado. La junta insistía en que debía quedarse. La situación empeoró y pronto aparecieron otros nuevos informes que mancharon el nombre de la empresa, la corporación y todos los involucrados, incluido el jefe ejecutivo. Fue una situación desagradable que podía haberse evitado de haber sido reconocida como una crisis potencial y haber actuado de forma inmediata.

Se sabe de situaciones similares en otras organizaciones. Una cadena de restaurantes, por ejemplo, se vio envuelta en problemas de discriminación contra empleados minoritarios. Dichos problemas eran conocidos por todo el mundo dentro de la empresa y, sin embargo, la directiva no hizo nada hasta que la empresa se vio envuelta en un serio pleito. En tan sólo veinticuatro horas, se podía leer la noticia en todos los periódicos de la nación.

Muchos ejecutivos y directivos son reacios a enfrentarse con situaciones desagradables. Puede que no se crean las malas noticias o prefieren no tener que manejarlas. Desgraciadamente, las situaciones desagradables son síntomas de una crisis inminente.

No todos los problemas son una crisis en gestación, y los directivos gastarán sus energías si los tratan como tal. Entonces, ¿cómo puede reconocer una crisis cuando la ve? A continuación le ofrezco algunas sugerencias:

—Preste atención cuando su instinto le diga: «Hay algo erróneo en esto».
—Afronte los hechos desagradables antes de que vengan a llamar a su puerta. No los ignore, razónelos o no le dé tanta importancia. En su lugar, investigue.
—Piense en las consecuencias si los hechos desagradables resultan ser ciertos (perdidas financieras, daños físicos, la reputación de la empresa, etcétera).
—Guíese por sus valores. ¿Qué es importante? ¿Qué es lo que se debe hacer? Por ejemplo, si sabe que un subcontratista está arrojando residuos tóxicos de su empresa, daña el medio ambiente y posiblemente pone en riesgo la vida de seres humanos y usted sospecha que su empresa está haciendo la

vista gorda, ¿qué le dicen sus valores que debe hacer? Afronte la situación. No esconda la cabeza.

Conteniendo la crisis

Cuando la crisis golpea, lo primero que debe hacer es tratar de contener el daño. Eso significa tomar decisiones rápidamente y mantenerse en escena. Su presencia física es importante, puesto que le hace patente a todo el mundo que a usted le preocupa lo que está sucediendo. Y además, debe comunicar a la gente la información crítica. Observe este ejemplo:

> *Una cadena de supermercados fue acusada por una canal importante de televisión de vender alimentos en mal estado. El valor de las acciones de la empresa sucumbió cuando se supo la noticia. Pero la directiva de la entidad respondió con rapidez. Recopilaron los hechos, escucharon a los accionistas y prestaron atención a los empleados del almacén*
>
> *Una vez que tuvieron los hechos en sus manos, el equipo organizó un plan de acción. Detuvieron de inmediato la venta de carne que no fuera fresca, colocaron enormes ventanas en las zonas donde se preparaba la carne con el fin de que el público pudiera ver cómo se empaquetaba, aumentaron la formación de los empleados, organizaron visitas a sus instalaciones y ofrecieron descuentos para que las personas volvieran a sus supermercados. La empresa ganó posteriormente una buena puntuación por las autoridades sanitarias y las ventas volvieron a su cauce habitual.*

Sea decisivo

La decisión es un requisito en toda gestión eficiente de crisis. Las emergencias no permiten el lujo de tener todo el tiempo que se desea, ni la cuidadosa deliberación que caracteriza a la toma de decisiones. El directivo que se mueve rápidamente puede estabilizar la situación y ganarse la confianza de sus compañeros y subordinados. Considere este ejemplo:

Cuando una lluvia torrencial inundó una sección de un edificio de oficinas, los ordenadores, ficheros e informes, así como los lugares de trabajo, se vieron considerablemente dañados. El directivo apareció en escena, dirigiendo los trabajos de limpieza incluso cuando todavía los empleados estaban llegando. Todas las operaciones se reanudaron en pocos días. Sin embargo, los trabajadores empezaron a quejarse de problemas respiratorios y dolores de cabeza. Aunque la moqueta se había limpiado, todo el mundo pensó que estaría infestada de moho. En lugar de esperar a que limpiaran de nuevo la moqueta, e incluso la aprobación del presupuesto, este directivo mandó quitar y cambiar toda la moqueta de ese área.

Este directivo demostró dos cualidades esenciales que hay que tener en toda crisis: decisión e interés. Primero, su presencia en escena demostró que él y la empresa se preocupaban del asunto. Su decisión a la hora de cambiar la moqueta demostró que la salud de sus empleados estaba por encima de todo.

La decisión no es siempre fácil. La información de los hechos suele ser escasa. Además, no hay tiempo para recopilar o contrastar alternativas. En ausencia de estos aspectos, usted debe combinar los hechos de los que dispone con su sentido del deber.

Comunique

La comunicación en los momentos de crisis es la herramienta más poderosa de la que dispone un directivo. La comunicación debe extenderse desde el equipo de gestión de crisis a todos los accionistas.

Cuando tenga que comunicar una crisis, elija sus palabras cuidadosamente. Lo que usted diga y cómo lo diga dará forma a las percepciones y la acción a llevar a cabo, ya sea para bien o para mal. Pero cíñase a los hechos. Usted no está obligado a especular. Los hechos son el mejor antídoto contra los rumores o la mala información que normalmente rodean a toda crisis. Evite esos mensajes tan típicos, pero tan poco apropiados como:

«Sin comentarios.»
«No hemos leído la queja.»
«Se ha cometido un error.»

Resolución de la crisis

La resolución de una crisis requiere una toma de decisiones rápida y segura. Pero, ¿cómo puede tomar decisiones adecuadas cuando los acontecimientos se suceden rápidamente? ¿En momentos de confusión? ¿Cuando resulta tan difícil saber lo que es importante y lo que no? La respuesta es: identifique el problema real y hágase con los hechos relevantes.

Los hechos relevantes no son fáciles de encontrar en una situación de crisis. Existe normalmente una distorsión de la información, la mayoría inexacta, especulativa y que con frecuencia no trasciende de ser un rumor. Su tarea consiste en descubrir la verdad y afrontarla preguntando a las personas adecuadas, escuchando a las personas más sensatas y yendo a los sitios correctos. Un líder ante una crisis responde:

—Afrontando la crisis.
—Transformando el temor en acción positiva.

Consejos para controlar una crisis

—Evite culpar a los demás. El impulso de culpar a los otros es casi irresistible. Sin embargo, tratar de esconder la cabeza es contraproducente. Céntrese en solucionar la crisis y deje las recriminaciones para más tarde.
—No prometa nada que no pueda cumplir. Es recomendable no prometer demasiado y luego hacer más de lo prometido, en lugar de lo contrario.
—No se preocupe acerca de las reglas. Las reglas, las normas, las estructuras, los procedimientos y los presupuestos se crean para mantener el orden y proporcionar un proceso productivo durante el curso normal de la empresa. Estas reglas no se crearon teniendo en cuenta las crisis. Por eso, haga lo que tiene que hacer para vencer la crisis y no se preocupe de las «reglas».

—Estando alerta ante los nuevos desarrollos y las nuevas informaciones.

—Manteniéndose centrado en las prioridades: asegurándose de que las personas se encuentran a salvo y evaluando luego las necesidades más críticas.

—Evaluando y respondiendo a lo que está bajo su control e ignorando aquello que no lo está.

Aprendiendo de la crisis

Todas las crisis tienen buenas y malas noticias. Las malas son que su empresa ha sido duramente golpeada por la crisis. Las buenas noticias —y frecuentemente las únicas buenas noticias que va a escuchar— es que la experiencia le va ayudar a evitar futuras crisis. Sin embargo, debe sacar el máximo provecho de esa fugaz oportunidad.

Los ingenieros utilizan los terremotos y los daños que ocasionan para construir y desarrollar carreteras, puentes y edificios más resistentes. Usted puede hacer algo similar dirigiendo una auditoría posterior a la crisis con el fin de aprender e incluso de beneficiarse de ese terremoto que ha golpeado su organización. Los siguientes consejos pueden servirle de guía.

Organice una revisión de la crisis lo antes posible, una vez que haya transcurrido el suceso, cuando todavía los recuerdos de las personas se conservan aún latentes. Analice la crisis desde el principio hasta el final. Señale las acciones, las suposiciones y los factores externos que precipitaron la crisis. Luego pregúntese las siguientes cuestiones:

—Conociendo lo que sabíamos entonces, ¿se podía haber prevenido la crisis? ¿Cómo?

—¿En qué momento nos dimos cuenta de que estabamos en crisis?, ¿podríamos haber reconocido los síntomas con antelación?

—¿Qué síntomas alarmantes ignoramos? ¿A cuáles prestamos atención?

—En nuestra respuesta a la crisis, ¿tomamos las acciones oportunas? ¿Qué podríamos haber hecho mejor?

Recopile ideas de muchas personas, ya que necesita conocer la historia individual de cada uno. No obstante, preste atención en particular a aquellas personas con experiencia en las áreas de mayor importancia. Una vez que haya obtenido una respuesta clara a estas cuestiones, intégrelas en su plan de gestión de crisis.

Cuestiones frecuentes

Puesto que no es posible abarcar todos los detalles de la gestión de crisis en un capítulo, concluiremos con algunas respuestas a cuestiones frecuentes. Quizá una o dos sean pertinentes a su situación.

¿Qué sucede si mi jefe desea ocultar un problema?

Primero, hable con su jefe acerca de las consecuencias. Si eso no funciona, busque otro trabajo, o hágalo saber, o ambas cosas a la vez. Si su jefe oculta un problema, usted se verá involucrado por ocultarlo. Puede que incluso se convierta en el cabeza de turco.

¿Debo comunicar los posibles problemas a mi jefe o mis colegas si no estoy seguro de que son verdaderamente problemas o si existe la posibilidad de evitarlos?

Por regla general, es mejor revelar incluso los problemas potenciales. A nadie le gusta que lo vean como un cobarde, pero guardar silencio cuando presiente serios problemas puede ser un grave error.

¿Qué sucede si descubro que un empleado eficaz y leal ha violado la ley, pensando que eso iba en interés de la empresa?

Cuando se han quebrantado las leyes, las intenciones no cuentan. Se debe notificar inmediatamente al departamento legal cuál ha sido la violación, o a las autoridades competentes.

¿Cómo puedo afrontar los rumores que dañan la moral?

El mejor antídoto contra los rumores es la verdad. La directiva debe ser muy generosa y proporcionar información a todas las partes en la mayor brevedad de tiempo. Se puede hacer a través del sitio *web,* de llamadas telefónicas, mensajes grabados, memorándums, reuniones de grupo, etcétera.

¿Cómo puedo llevar a cabo mis responsabilidades cotidianas y luchar contra una crisis al mismo tiempo?

Probablemente no pueda. En los momentos de verdadera crisis, la resolución de la misma debe ser su mayor prioridad. Si es posible, delegue responsabilidades para esas operaciones cotidianas a un empleado competente.

Si tengo que hablar ante los medios, ¿debo hacer público el informe?

Por regla general, no es una práctica muy conveniente la de hacer público el informe. Si no desea ver sus afirmaciones impresas, entonces no lo haga. Sólo en raras ocasiones es recomendable proporcionar información de los antecedentes, pero, como ya he dicho, eso sólo debe hacerse en ocasiones extraordinarias.

Si estoy a cargo de un equipo que se encuentra desplazado geográficamente, ¿debo volver al edificio principal si dispongo de buenas comunicaciones y una plantilla de apoyo, o debo acudir al lugar donde se ha desarrollado la crisis?

La respuesta más adecuada depende de las circunstancias. Sin embargo, como regla general es mejor estar en el ojo del huracán.

¿Debo comunicar públicamente lo malos que pueden ser los resultados de la crisis?

Un líder eficiente no puede ser pesimista. Por la misma regla de tres, un buen líder debe ser realista. La mayoría de personas, incluyendo los empleados, prefieren conocer todas «las posibilidades razonables» que existen antes que verse sorprendidos por un resultado negativo. Adoptando una estrategia de completa franqueza, siempre existe la posibilidad de tener buenas noticias; algo que, sin duda, es bien recibido en tiempos de crisis.

¿Debo admitir públicamente el error?

Si se cometió un error, entonces la respuesta es sí. Existen, por supuesto, implicaciones legales que deben sopesarse, pero a largo plazo es más conveniente reconocer los errores; con el tiempo podrían salir a la luz.

¿Debe el portavoz estar a la cabeza de las relaciones públicas durante la crisis?

Si la crisis afecta a la corporación en general, entonces el jefe ejecutivo debe ser el portavoz. Sólo las personas más antiguas de la organización disponen de la autoridad necesaria para hablar en nombre de la organización entera. En aquellas crisis que afectan exclusivamente a un sector de la corporación, el jefe de relaciones públicas suele ser el portavoz.

Resumiendo

—Usted puede evitar algunas crisis completamente anticipando sus posibilidades y tomando las medidas preventivas oportunas.

—Puesto que algunas crisis están fuera de su control, desarrolle planes para gestionarlas cuando ocurran.

—Reconozca una crisis cuando la vea adoptando un punto de vista abierto.

—Para contener una crisis, sea decisivo y actúe con rapidez. Comunique los acontecimientos a todos los accionistas.

—La resolución de una crisis requiere prontitud y decisiones firmes que se basen en hechos.

—Una vez superada la emergencia, organice una experiencia de aprendizaje postmortem.

Desarrollando su carrera

Y la de ellos

Temas básicos tratados en este capítulo

- *Identificar sus principales intereses financieros.*

- *Encuentro de oportunidades profesionales en su organización.*

- *Utilización de ayudas profesionales y mentores.*

- *Desarrollando la carrera de sus subordinados.*

EL MUNDO está cambiando rápidamente y el mundo laboral con él. Hace muchos años, el «ordenador» era una clasificación del trabajo. Las personas con destrezas matemáticas y enormes capacidades para los detalles solventaban la labor matemática requerida para cubrir las tablas actuariales, las tablas de trayectoria y cosas de ese estilo. Estos trabajos se han eliminado y su gestión se ha relegado a las máquinas que llevan su mismo nombre.

Los trabajos de dirección también se han visto afectados por esos cambios. En la actualidad, una forma de mando y un control autoritarios han dejado paso a la colaboración entre directivos y empleados. La toma de decisiones está bajando de nivel. Muchas tareas son gestionadas por equipos y las empresas esperan que todo el mundo —incluidos los directivos— produzcan más con menos recursos. Cada uno de estos cambios ha ocasionado un cambio en los directivos, sus trabajos y sus carreras. ¿Cómo han afectado el suyo en los últimos cinco años?

Incluso en ausencia de cambios generales tan importantes como los mencionados, su carrera ha cambiado porque *usted* está cambiando. Usted está adquiriendo destreza, experiencia y juicio, y cada uno de estos aspectos debe ser considerado de más valor para sus superiores, o para otras empresas. El paso del tiempo provoca una mayor comprensión; usted probablemente tiene una mejor consideración de sus valores, sus cualidades y sus aspiraciones profesionales. La cuestión es si los cambios en su carrera deben estar sujetos a la casualidad o deben ser gestionados hacia una meta en particular. Si escoge la última opción, entonces el desarrollo profesional puede serle de ayuda.

El *desarrollo profesional* consiste en evaluar dónde se encuentra dentro de su vida laboral, dónde quiere llegar e introducir los cambios oportunos para que eso ocurra. Es un proceso que usted puede dirigir. Dirigir la carrera profesional de alguien exige que considere su desarrollo profesional como un camino o una dirección, en lugar de un punto o un trabajo.

Este capítulo le proporcionará ideas prácticas para dirigir su carrera, tanto si acaba de empezar como si se encuentra a medio camino.

No sólo hacia arriba

Es fácil considerar el desarrollo profesional como un progreso ascendente o una escalera que comienza en el nivel de entrada y culmina en los niveles más altos de la organización, tal y como se muestra en la figura 10-1. Eso es una realidad para la mayoría de

FIGURA 10-1

Subiendo la escalera

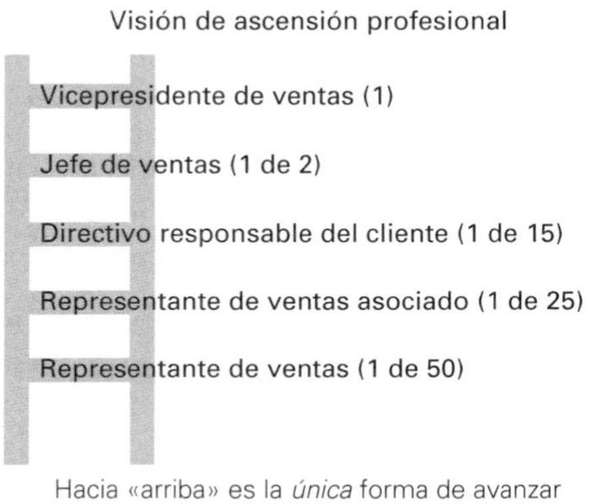

Visión de ascensión profesional

Vicepresidente de ventas (1)

Jefe de ventas (1 de 2)

Directivo responsable del cliente (1 de 15)

Representante de ventas asociado (1 de 25)

Representante de ventas (1 de 50)

Hacia «arriba» es la *única* forma de avanzar

Fuente: Harvard ManageMentor®.

las personas. Pero pensar que la única forma de desarrollarse es moverse en sentido vertical resulta muy restrictivo, delimita a las personas en sus trabajos y en sus carreras, lo que no resulta beneficioso para ellos. Observe este ejemplo:

> *Sheila es una representante de ventas asociada que se encuentra en la escala profesional mostrada en la figura 10-1. Está realizando su trabajo bien, por eso su directivo desea verla ascender un nuevo peldaño de esa escalera y aunque su atrayente personalidad la ha convertido en una vendedora de éxito, no se encuentra bien en ese puesto de trabajo. Su verdadera pasión, como ha ido aprendiendo con los años, consiste en tantear, innovar y saber qué es lo que desean los clientes.*

Sheila encontraría más satisfacción y probablemente haría una mayor contribución si dirigiera su carrera hacia el desarrollo del producto. Con semejante cambio podría nivelar lo que ya ha aprendido acerca de las necesidades del cliente en un área más adaptada a sus intereses y facultades.

El ejemplo de Sheila indica que las personas —especialmente cuando están al comienzo de su carrera profesional— deberían dejar de pensar en ascender verticalmente y hacerlo de forma más diversificada. Este tipo de desarrollo anima a que las personas se

FIGURA 10-2

Visión profesional diversificada

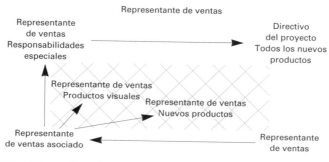

Fuente: Harvard ManageMentor®.

guíen por sus pasiones, valores y facultades personales. Este tipo de analogía libera a las personas de esa rígida manera de pensar que consiste en creer que sólo se puede avanzar hacia arriba y desempeñando una única función. Le permite seguir sus pasiones, valores y facultades.

Primero, conózcase a sí mismo

Seguir la vocación que uno siente, sus valores y sus facultades personales son las bases de un desarrollo profesional satisfactorio. Esas bases garantizan que las personas se desarrollan de una forma que los convierte en más valiosos y que se sientan más satisfechos con su vida laboral. La única forma de establecer esas bases es conociéndose a sí mismo.

¿Cuáles son sus mayores intereses empresariales? ¿Cuáles son sus mejores valores laborales? ¿Puede identificar sus destrezas más importantes? Responder a estas preguntas no siempre resulta sencillo, especialmente si se está al comienzo de su carrera profesional. Pero responderlas es el paso más importante dentro del enfoque profesional de una persona. Los siguientes consejos le ayudará a identificarla:

—Los tipos de trabajo que le gustaría hacer.
—Las actividades que le proporcionan más satisfacción.
—El medio en que prefiere trabajar.
—La clase de personas con las que quiere trabajar.
—Las habilidades que posee y desea desarrollar.

Usted dispone de tres fuentes de información para conocerse: usted, sus colegas y su familia. Y las herramientas formales de evaluación. Con el fin de utilizarse a sí mismo como fuente de información debe mirarse profundamente en su interior y tratar de identificar los temas clave. Pregúntese qué le anima más. ¿Qué tiene usted de especial? ¿Cuáles son sus destrezas únicas? Imagine que está a punto de retirarse y echa una mirada retrospectiva a su vida laboral. Luego termine las frases:

Estoy orgulloso de . . . .
Ojalá hubiera hecho más cuando . . . .

¿Qué le sugieren estas afirmaciones acerca de sus intereses, valores y destrezas?

Las personas que le conocen mejor son con frecuencia excelentes fuentes de información acerca de sus intereses, valores y habilidades. De hecho, si usted se imagina como jefe ejecutivo de su propio crecimiento profesional, puede imaginarse a estas personas como si fueran la «junta directiva».

Utilice las siguientes actividades para adquirir conocimiento sobre sí mismo. Y consulte también con sus colegas. Pregúnteles: «¿Cuál es mi reputación en la empresa? ¿Por qué se me conoce mejor?».

Luego, pregunte a sus amigos. Elija cinco o seis personas que le conozcan bien. Prepare un cuestionario con las siguientes preguntas y pídales que lo rellenen:

—¿Qué palabras me describen mejor?
—Si su mejor amigo le pidiera que le contara cosas de mí, ¿qué le diría?
—¿Qué me motiva?
—¿Cuál sería mi trabajo ideal?
—¿Qué es lo que me hace sentirme más lleno y satisfecho?
—¿Qué trabajos no debo desempeñar y por qué?
—¿Qué tengo dificultades para ver?
—¿Qué aspectos debo cambiar para tener más éxito?
—¿Qué aspectos no debo cambiar?

Recopile todas las opiniones y busque los aspectos en común. Dichos aspectos le proporcionarán pistas acerca de sus intereses, valores y destrezas. Asegúrese también de agradecer a su junta directiva por la honestidad y la atención prestada. Apreciarán que usted utilice esta información.

Existen, por supuesto, unas herramientas de evaluación más formales que pueden ayudarle a clarificar sus intereses, valores y destrezas de más valor. Pueden estar a su disposición mediante un asesor profesional privado que le someta a los tests y sepa inter-

Saber cuándo es hora de cambiar

Hay otra parte importante que debe conocer de sí mismo: reconocer cuándo es hora de considerar nuevas oportunidades laborales. Los síntomas pueden variar dependiendo de las personas. Sin embargo, a continuación encontrará una lista de los síntomas que le indicarán que ha superado su papel actual y está preparado para cambiar:

—Un sentimiento de terror cuando se acerca el lunes.
—La envidia que le corroe por lo que otros están consiguiendo en su trabajo.
—Inquietud o aburrimiento.
—Un sentido recurrente de repetición en su trabajo.
—Un mayor interés por áreas de su vida que no están relacionadas con su trabajo.
—La incapacidad para perfilar un futuro al que usted quiera dirigirse.

pretarlos para usted. Puede que su departamento de recursos humanos disponga de ese mismo servicio.

Sus principales intereses empresariales

Hemos dicho que para conocerse a sí mismo debe centrarse en sus intereses empresariales, sus valores en el trabajo y sus destrezas. De todos estos, los intereses empresariales son las cualidades más importantes que debe reconocer para dirigir su carrera profesional. Hay varias razones para ello: Los intereses son más estables que los valores y las destrezas. Los tests han demostrado que los intereses empresariales más importantes cambiaron muy poco, si es que lo hicieron, con el paso del tiempo. Por el contrario, sus valores laborales y sus destrezas pueden cambiar con los años, dependiendo de sus prioridades, experiencia y formación.

Los intereses son también los mejores indicadores de la satisfacción laboral. Disponer de las habilidades adecuadas para un trabajo no significa que se vaya a sentir satisfecho con el mismo. Si usted no percibe un interés profundo en su labor, pronto se sentirá quemado y aburrido, no importa lo bien que lo desempeñe.

¿Cuáles son los intereses empresariales principales? Son aquellos que han perdurado, que han provocado pasiones. Surgen de su personalidad, e influencian las actividades que lo hacen feliz. Basándose en entrevistas hechas a 650 profesionales de todas las industrias en los diez últimos años, los psicólogos Timothy Butler y James Waldroop desarrollaron un marco conceptual que resume los ocho «intereses más arraigados» en las personas, y los que provocan mayores satisfacciones[1]:

1. La aplicación de la tecnología.
2. El análisis cuantitativo.
3. Desarrollo teórico y pensamiento conceptual.
4. Producción creativa.
5. Asesoramiento.
6. Gestión de personas y relaciones.
7. Control empresarial.
8. Influencia a través de la lengua y las ideas.

Estos intereses arraigados de por vida —que a menudo se descuidan— pueden ser muy útiles cuando evalúe el trabajo que mejor le «encaja».

Nota: Las ocho categorías de Butler y Waldroop son la base de la herramienta de evaluación, El inventario de intereses profesionales y empresariales, así como su programa de gestión profesional *online*.

Aplicación de la tecnología

Las personas con un interés personal en la aplicación de la tecnología se sienten intrigadas por la forma de funcionar las cosas; buscan mejores formas de utilizar la tecnología para resolver los problemas empresariales. Tal y como señalan Butler y Waldroop, «las personas con ese interés disfrutan trabajando en labores que conllevan la planificación y el análisis de producción, los sistemas operativos y los procesos de diseño empresarial»[2]. Citan el ejemplo de un gestor del capital que actúa en su empresa como asesor informático, ya que le atrae más el reto que supone este trabajo que el que realiza habitualmente.

Análisis cuantitativo

«Hay personas a las que no sólo se les dan bien los números, sino que van más allá. Lo consideran como la mejor y, en ocasiones, la única forma de calcular las soluciones empresariales. Igualmente, les divierte el trabajo matemático. No todos los "atletas de este campo" ocupan labores que reflejan sus intereses más arraigados», escriben Butler y Waldroop. De hecho, muchos de ellos desempeñan otro tipo de gestión por razones equivocadas: porque alguien les dijo que seguir su verdadera pasión le haría disponer de menos perspectivas profesionales.

Si usted se siente intrigado por el análisis del flujo de capital, los métodos para predecir las ventas u otra serie de actividades basadas en los números, el análisis cuantitativo puede ser su principal interés empresarial.

Desarrollo teórico y pensamiento conceptual

Según Butler y Waldroop, para algunas personas no hay nada que produzca mayor deleite que pensar y hablar sobre ideas abstractas. Si a usted le excita la opción de crear modelos empresariales, explicar la competencia de su industria, o analizar la posición competitiva de sus unidades empresariales, puede que este sea su principal interés.

La producción creativa

Las personas que tienen este interés suelen ser creativas, pensadores poco corrientes. Se sienten cómodos e inmersos durante las sesiones en que se sugieren ideas. Según Butler y Waldroop, «muchos empresarios, científicos e ingenieros tienen ese interés. A bastantes les interesa también el arte... Muchas personas con este interés gravitan hacia industrias creativas como son el entretenimiento»[3].

¿Le describe eso a usted?

Asesoramiento

A las personas que les pica ese gusanillo les gusta la docencia. En la empresa, la enseñanza toma forma de asesoramiento y formación. A muchos les gusta sentirse útil para los demás. Otros se sienten orgullosos del éxito que han conseguido las personas que ellos ha asesorado.

Su interacción con los responsables directos es una buena evidencia para descubrir sus intereses. ¿Le gusta a usted formar? ¿Se ha salido alguna vez de sus pautas para enseñar a un colega más joven?

Gestión de las personas y relaciones

Las personas con estos intereses disfrutan tratando con la gente diariamente. Obtienen su satisfacción a través de las relaciones laborales, pero se centran más en los resultados que en el asesoramiento.

¿Le gusta a usted motivar, organizar y dirigir a los demás? Si es así, entonces ese es su interés.

Control empresarial

Hay personas a las que les gusta estar a cargo, tanto si es de una clase en el colegio como si es una división de la corporación. Se sienten más felices cuando disponen de la autoridad para tomar decisiones en su pequeña parcela del universo. ¿Le describe eso a usted? ¿Pide usted tanta responsabilidad como puede abarcar?

Influencia a través del lenguaje y las ideas

Las personas con ese arraigado interés disfrutan contando historias, negociando y persuadiendo. Se sienten más satisfechos cuando escriben, hablan, o desempeñan ambas funciones, y a menudo dirigen su carrera hacia las relaciones públicas, el periodismo o la publicidad. Si usted es de esas personas que se ofrecen voluntarias para escribir las propuestas de un proyecto, las presentaciones de un nuevo producto o cosas por el estilo, entonces ese puede ser su interés.

Sus valores laborales

Cuando se habla de valores, las personas quieren dar a entender muchas cosas. Por ejemplo, muchos hablamos de los valores familiares, de los valores nacionales o espirituales. Los valores laborales son aquellos que usted traduce en compensaciones que recibirá a cambio de la realización de su trabajo. Son los valores que le motivan y los que le hacen sentirse excitado por su labor. Entre los ejemplos más comunes se puede incluir una oportunidad tangible de ganar algún dinero, un reto intelectual, la colaboración con una persona a la que usted admira y respeta, o la satisfacción por una vida laboral equilibrada.

Conocer sus valores aumenta la probabilidad de elegir el trabajo más satisfactorio. Existen además otros beneficios: usted puede «buscar» de forma más eficiente las oportunidades de verdadero desarrollo; podrá evaluar la potencial compra de un ordenador más rápidamente si tiene en cuenta varias obligaciones; podrá juzgar una oportunidad laboral con más sabiduría si recuerda las compensaciones más cruciales; se encontrará en una mejor posición para ajustar el valor de las compensaciones con la cultura de una organización o un determinado departamento.

Las compensaciones laborales se manifiestan en la cultura de una organización o de un departamento: la forma de hacer de las personas, lo que esperan, lo que piensan, etcétera. Los diferentes departamentos de una gran empresa (por ejemplo, la ingeniería, las ventas, los recursos humanos) pueden tener culturas completamente diferentes entre sí. Si conoce sus valores, podrá elegir la cultura que le proporcione esas compensaciones.

Clarificación de sus valores laborales

Existen muchas formas diferentes de perfilar sus valores. Una es hacerse a sí mismo preguntas de carácter reflexivo como: «¿Qué me motiva?», «Qué soy capaz de dejar para conseguir un trabajo más satisfactorio?». Cuando reflexione sobre sus valores, recuerde que nos sentimos tentados por hacer listas de valores que nosotros *creemos* debemos tener —como el altruismo—, así como evitar incluir en nuestra lista valores que creemos no debemos tener, como puede ser el prestigio y las ganancias. Sea lo más honesto posible cuando realice esa tarea, ya que unas respuestas sinceras le facilitarán la evaluación y elección de las mejores oportunidades laborales para usted.

Nota: Encontrará una hoja de compensaciones en el Apéndice A. Utilícela para evaluar sus valores laborales. Puede encontrar esta hoja también, así como otras herramientas interactivas en el sitio *web* http:// elearning.hbsp.org/businesstools.

Una técnica práctica

A continuación encontrará una técnica muy útil para descubrir sus verdaderos valores laborales. Escriba todos los valores que se le ocurran en tarjetas, uno en cada tarjeta. Deben incluir:

—Un medio abierto, de camaradería y amistad.
—Acceso a los expertos de la industria.
—Los cuidados por enfermedad y la atención infantil.
—Opciones bursátiles, los planes de pensión y el reparto de beneficios.
—Las opciones relativas al horario, como pueden ser la flexibilidad, las telecomunicaciones y los años de excedencia.

Escriba en cada tarjeta una breve anotación indicando qué es lo que significa ese valor para usted. Luego coloque las tarjetas en orden de importancia. Si hay dos o más valores igualmente prioritarios para usted, colóquelos uno al lado del otro. Si decide que uno de los valores no es de importancia después de todo, póngalo a un lado.

Ahora observe el orden de las tarjetas y verá reflejadas sus preferencias. No se preocupe por los valores que en esa fase parecen «subir a la superficie» o si tiene dificultades para decidirse por dos de ellos que, al parecer, son igualmente importantes. Sencillamente, limítese a resumir, mentalmente o por escrito, lo que usted ve que está sucediendo en esta fase.

Guarde el montón de tarjetas. Una vez que hayan transcurrido una semana o dos, vuelva a realizar el ejercicio para ver si hay algo que haya cambiado de lugar. Repita el proceso hasta que se sienta seguro de que la jerarquía de las tarjetas refleja exactamente sus valores laborales. Piense en los tres o cuatro valores más importante como si fuera su «lista de compras» a la hora de elegir un trabajo, o las oportunidades de desarrollarse profesionalmente.

Sus destrezas

Usted ha identificado sus principales intereses empresariales y ha definido sus valores laborales con el fin de dirigir su desarrollo profesional. Sin embargo, también es necesario que evalúe sus destrezas empresariales, ya que, junto con las otras dos, son las tres cualidades básicas de autoconocimiento que necesita para seleccionar las oportunidades de desarrollo profesional más apropiadas para usted.

Pero, ¿qué son exactamente las destrezas empresariales? Las destrezas se clasifican en muchas clases de categorías y existen diversas formas de describirlas. A continuación encontrará algunos ejemplos:

—Uso de las manos: montaje, operación con maquinaria, reparación de objetos.
—Uso de la palabra: para leer, escribir, hablar o enseñar.
—Uso de los sentidos: observar, inspeccionar y hacer diagnosis.
—Uso de los números: contar, informatizar e informar.
—Uso del pensamiento analítico o lógico: investigar, analizar y priorizar.

—Uso de la creatividad: inventar y diseñar.

—Uso de las habilidades artísticas: modelar o decorar.

—Uso del liderato: iniciar nuevos proyectos, organizar, dirigir y tomar decisiones.

Evaluación de sus destrezas

¿Cuáles son sus mayores destrezas? Cuando explore las oportunidades de desarrollo en su organización, necesitará saber cuáles son sus mayores destrezas, así como las que quiere reforzar o adquirir. Recuerde también que algunas destrezas son transferibles, pero hay otras que no. Las destrezas transferibles son aquellas que tienen valor sin importar el contexto en que las esté utilizando; por ejemplo, escribir, dirigir personas, organización de datos y la venta de bienes inmuebles.

¿Por qué es importante saber si las destrezas son transferibles? Porque estas aumentan la selección de oportunidades laborales potenciales disponibles para usted. Si usted posee una destreza para la contabilidad o los asuntos financieros, por ejemplo, la transición de una empresa que se dedica a la fabricación de aparatos electrónicos a una empresa de fabricación de acero no será un gran problema. Si su camino profesional se encuentra bloqueado en la actualidad, puede cambiar sin que por ello tenga que volver a comenzar o volver a la escuela.

Pero, ¿qué pasa con aquellas destrezas que no son transferibles? Las destrezas intransferibles son «específicas», ya que sólo tienen valor para el empleado normal (o para un pequeño universo de empleados). Un ejemplo muy concreto sería la habilidad para operar un mecanismo muy específico de un equipo, algo que ninguna otra empresa tiene. Si usted dispone de una destreza intransferible como esa, entonces su movilidad se verá muy limitada. Por otro lado, no será fácil encontrar otra persona que le sustituya.

A medida que evalúe sus destrezas, recapacite sobre el tema de transferencia, ya que tendrá un gran impacto sobre su movilidad. Al mismo tiempo, tenga en cuenta los siguientes puntos:

—Las destrezas son una variable «umbral» en su habilidad para tener éxito en un trabajo. Usted necesita tener suficiente destreza en algo (ser capaz de levantar paquetes de veinticinco kilos), pero a veces, tener una destreza sobrada (ser capaz de levantar cincuenta kilos) no le hará tener más éxito.

—Resulta sencillo alterar su destreza. Compare sus principales intereses empresariales y sus valores laborales, la serie de destrezas que usted posee puede variar con relativa facilidad. Es decir, que usted puede reforzar las destrezas existentes o adquirir otras nuevas mediante la práctica, la formación y las nuevas experiencias.

—Todas las personas tenemos carencias. Algunas creen que deben hacerlo todo bien, pero el hecho es que todos tenemos destrezas y limitaciones. El éxito viene de utilizar esas destrezas y reducir nuestras carencias.

—Sopese los beneficios de desarrollar nuevas destrezas y los gastos que ello conlleva. El desarrollo de nuevas destrezas puede ser costoso en términos de tiempo, esfuerzo y, algunas veces, de dinero. Por esa razón, cuando evalúe una nueva oportunidad laboral, considere los costes que supone desarrollar las destrezas que le exige dicha oportunidad.

Nota: Encontrará una hoja de evaluación de destrezas en el Apéndice A. Utilícelo como guía para su autoevaluación. Puede encontrar este tipo de hojas, así como otras herramientas interactivas en el sitio *web* http://elearning.org.businesstools.

Una vez que haya evaluado sus destrezas, el siguiente paso consiste en combinar dicha valoración con lo que ha aprendido acerca de sus intereses empresariales más importantes y sus valores laborales. Todo ello le ofrecerá una completa visión de sus aspiraciones y perspectivas profesionales.

Utilice ese conocimiento cada vez que busque o evalúe oportunidades para desarrollarse profesionalmente. Cuando lo haga, recuerde que: los intereses y los valores son lo que más importan. Asegúrese de que cualquier oportunidad que usted persiga se ajuste

La alternativa «pruebe y aprenda»

El enfoque de evaluación (intereses, valores y destrezas) que se ha descrito en este capítulo, puede causarle problemas si la evaluación de su verdadera identidad laboral es errónea, ya que podría animarle a que hiciera un cambio rotundo que empeorar las cosas. Como alternativa, la especialista profesional Herminia Ibarra, sugiere un enfoque de «pruebe y aprenda» en el que usted ponga varias identidades laborales en práctica y refinarlas hasta que ya haya adquirido una sólida experiencia que le inspire para tomar ese paso decisivo. Las tácticas que recomienda son:

— **Experimentar**. Pruebe a desempeñar otros papeles profesionales sin comprometer su trabajo actual. Puede hacerlo mediante colaboraciones *freelance*, en vacaciones o como pluriempleo.

— **Conexiones variadas**. Establezca nuevas conexiones trabajando con personas que admira y de las que pueda aprender. Busque personas que puedan ayudarle a crecer.

— **Dar sentido a los hechos**. Su identidad laboral es siempre cosa suya. Una los acontecimientos de su vida laboral para formar una historia coherente acerca de la persona que le gustaría llegar a ser.

Tal y como Ibarra señala a sus lectores: «Su identidad laboral es una amalgama de todos los trabajos que usted realiza, las relaciones y las organizaciones que forman parte de esa vida laboral y la historia que cuente sobre el porqué hizo lo que hizo, y el cómo llego a ese punto. Darle una nueva forma a esa identidad es cuestión de introducir los debidos ajustes a esos tres aspectos».

Los ajustes que ella describe suceden de forma tentativa y creciente, lo que hace que los consideremos faltos de coherencia. El proceso de probar, descubrir y adaptar que ella defiende es parte de un proceso lógico que puede aprenderlo cualquiera que busque un cambio en su profesión.

Fuente: Herminia Ibarra, «Cómo Quedarse Estancado en La Carrera Equivocada», *Harvard Business Review*, Diciembre 2002,44.

a sus intereses empresariales y a sus valores laborales. Si lo hace, entonces puede que se decida a adquirir las destrezas que le ayudarán a realizar su tarea en el nuevo puesto de trabajo.

Encontrar oportunidades de desarrollo en su empresa

Una vez que haya identificado su verdadera identidad laboral, el próximo paso es encontrar el puesto adecuado en ese camino que le lleve a desarrollarse profesionalmente. En la mayoría de los casos, estará dentro de su misma empresa. Y si es una empresa bien dirigida, dispondrá de un proceso explícito que le hará desplazarse a áreas de mayor aprendizaje, responsabilidad y crecimiento profesional. Las mejores empresas disponen a este respecto de unos programas de desarrollo profesional basados en la formación, en la asignación de trabajos progresivos y de unas relaciones de asesoramiento. Estas empresas saben que el desarrollo profesional es una ayuda para retener a las personas con más posibilidades de ser ascendidas, así como una oportunidad para cubrir puestos que han quedado vacantes por jubilación, deserción o crecimiento. Crea una cuadrilla de personas que un día dirigirán la empresa como profesionales técnicos, directivos o ejecutivos.

A continuación se ofrecen algunos consejos para encontrar oportunidades para encajar su identidad laboral y sus aspiraciones dentro de su empresa:

—Si su empresa dispone de asesores profesionales, hable con ellos.
—Busque las oportunidades de probar otros trabajos ocupando los puestos de colegas que están a punto de irse de vacaciones.
—Compruebe los puestos disponibles en su departamento de recursos humanos.
—¡Establezca una red de trabajo! Conozca a personas que dentro de su organización puedan ayudarle a aprender y a

buscar esas oportunidades profesionales. Pregúntese: «¿Quién es el que sabe más acerca de lo que sucede dentro de la organización?». Trate de conocerles y hable con ellos.

—Cultive la relación con directivos y ejecutivos influyentes.

Escalafón profesional

El personal del departamento de recursos humanos llama con cierta frecuencia *escalafón profesional* a lo que es desarrollo profesional. Un escalafón profesional está constituido por una serie de fases lógicas que hace que las personas con talento y dedicación se desplacen progresivamente hacia posiciones de más responsabilidad. Por ejemplo, en la industria editorial, una persona con aspiraciones de responsabilidad puede ir cambiando progresivamente desde el campo de la producción y el *márketing*, para pasar a ser ayudante editorial y editor. Cada paso pretende ampliar sus destrezas y conocimiento de la empresa.

La formación estructurada es un elemento importante en los distintos pasos de ese escalafón. Algunas empresas analizan sistemáticamente los niveles normales de destreza de las personas y su experiencia y tratan de ajustarlas con las destrezas y experiencias necesarias en el siguiente peldaño de ese escalafón. Las carencias que existen entre lo que tienen y lo que necesitan tener, son cubiertas mediante un plan que conlleva una combinación de formación, asignación de trabajos especiales y un asesoramiento regular por parte de un superior respetado, tal y como se describe en la figura 10-3.

FIGURA 10-3

Cubriendo la carencia de destrezas y experiencia

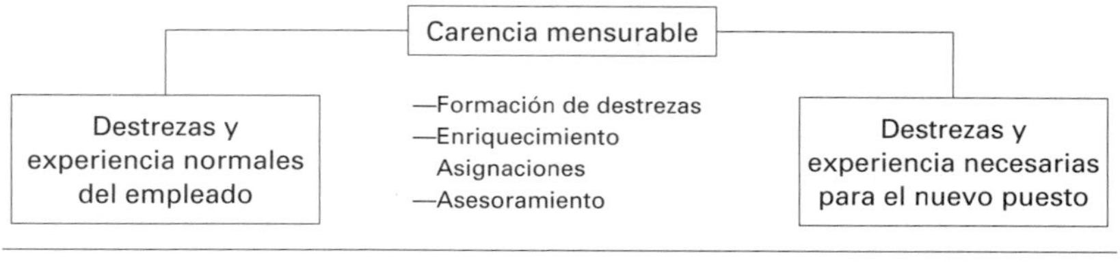

El escalafón profesional le ayudará a evitar ese «parón» profesional, así como sentirse bloqueado en su carrera profesional. Si desea mejorar y avanzar, debe sentir que está aprendiendo continuamente y que tiene delante el reto de asumir nuevas responsabilidades.

¿Dispone su empresa de escalafones profesionales explícitos? Hágase las siguientes preguntas:

—¿Qué escalafones profesionales se encuentran a mi disposición en este momento?

—¿Estoy en posición de aprovecharme de ellos?

—¿He identificado y me he preparado en lo que se refiere a las destrezas y experiencia que necesito para ascender al siguiente nivel?

—¿Qué puedo hacer para evitar ese «parón» profesional?

Encuentre un mentor

En muchas culturas se elogia a las personas que se han hecho a sí mismas. Sin embargo, existen pocas personas de éxito que se hayan hecho a sí mismas por completo. La mayoría señalan a un pariente, un jefe —un mentor— que le ayudó a extraer lo mejor de las lecciones que da la vida y que le guiaron en su desarrollo profesional. En un estudio realizado en Harvard Business School, la profesora Linda Hill concluyó que por lo menos la mitad de los ejecutivos habían tenido jefes que sirvieron de mentores en sus carreras. Puede que ese porcentaje haya aumentado, ya que cada día se solicitan más las oportunidades de asesoramiento en la organización que los contrata.

Los mentores son personas importantes que facilitan el desarrollo profesional. Algunas empresas acuerdan ese asesoramiento para los directivos prometedores. Si su empresa no lo hace, necesita encontrar un mentor que le ayude. ¿Qué clase de persona es un buen mentor? A continuación encontrará una serie de cualidades que debe poseer:

—Alguien que disponga de los credenciales para compenetrar con sus retos profesionales; por ejemplo, una mujer ejecutiva mentora para una empleada de una organización en mayor parte masculina.

—Una persona con actitudes educativas.

—Una persona que sea un ejemplo de la mejor cultura de la empresa.

—Una persona con un alto estándar.

—Alguien con una posición sólida dentro de la empresa.

Desarrollo profesional de su personal

Lo que es bueno para usted también lo es para la gente que trabaja para usted, incluyendo el desarrollo profesional. Una de sus responsabilidades como directivo es desarrollar las capacidades de sus subordinados. Al maximizar este «capital humano», estará aumentando el valor de su organización, al mismo tiempo que se prestará haciendo un gran favor. Después de todo, usted no podrá ascender a un nivel más alto a menos que haya desarrollado a alguien para que ocupe su puesto.

Con el fin de ayudar a que sus subordinados se desarrollen profesionalmente, anímelos a que sigan el mismo enfoque que le hemos recomendado a usted: descubrir sus intereses más arraiga-

Consejos para el desarrollo profesional

Proporcione un escalafón profesional para todas aquellas personas que espera retener. Identifique las carencias entre sus destrezas y su experiencia y las que necesitan para desempeñar el nuevo papel. Cubra esas carencias mediante la formación y unas asignaciones apropiadas.

No permita que las personas con cualidades se vean estancadas en ese parón profesional. Si lo hace, corre el riego de perderlos. Y asegúrese de que quien lo necesite disponga de un mentor adecuado, incluyendo usted mismo.

dos, identificar sus valores laborales y evaluar sus destrezas. Ayúdeles en ese sentido o recomiéndeles un asesor profesional.

Una vez que hayan desarrollado una identidad laboral realista, asegúrese de que todos los empleados que disponen de las «cualidades adecuadas» tienen un escalafón profesional que les lleve a mayores logros. Ayude a cada empleado para que ascienda ese escalafón mediante una formación apropiada y la asignación de trabajos progresivos. Proporcione esa formación cuando sea necesario.

Finalmente, intente unir cada subordinado prometedor con un mentor eficiente. En la mayoría de los casos no será usted. La relación jefe y subordinado puede entorpecer cuando se trata de asesorar. Busque a otras personas para que desempeñen el papel de mentor, utilizando la lista de criterios que hemos mencionado anteriormente.

Resumiendo

—Desarrollar su propia carrera empieza por un autoconocimiento: las ilusiones de una persona, sus valores y sus puntos fuertes.

—Los principales intereses empresariales son más estables que los valores y las destrezas. Estos intereses han perdurado por mucho tiempo y nos apasionan. Surgen de la personalidad individual de cada uno e influencian la clase actividades que hacen feliz a las personas.

—Una organización bien dirigida dispone de un proceso explícito para trasladar a las personas a áreas de mayor aprendizaje, responsabilidad y crecimiento profesional.

—Los mentores pueden tener una influencia sustancial en las carreras de los directivos.

—Lo que es bueno para la carrera profesional de los directivos es igualmente adecuado para los subordinados. Los directivos tienen la responsabilidad de desarrollar las capacidades de las personas que trabajan para ellos.

—Vincule todo subordinado prometedor con un mentor.

Convirtiéndose en un líder

El reto final

Temas básicos tratados en este capítulo

- *Las características de un líder eficiente.*

- *Equilibrando las tensiones.*

- *¿Cómo crear una visión que otros sigan?*

- *Ser un representante de cambio.*

- *Un reto a la complacencia.*

- *Dirigir sin la autoridad formal.*

SER UN LÍDER no es lo mismo que ser un directivo, y viceversa. Los directivos ponen orden a la complejidad y hacen que todos cumplan sus horarios. Los líderes, por el contrario, tratan con la ambigüedad, el cambio y la oportunidad, logran que se llegue donde no se ha llegado antes. Esta distinción no es totalmente rigurosa, puesto que los líderes también deben dirigir. Con el fin de ser eficiente, el liderazgo no puede basarse simplemente en la inspiración y en las grandes perspectivas, sino también en los resultados.

Los directivos también deben liderar dentro de sus propias esferas de responsabilidad. Deben crear una visión para que todos los demás la sigan, utilizar las destrezas de comunicación para lograr apoyo, recopilar recursos, motivar a los demás para que hagan todo lo que está en sus manos y resolver los conflictos de tipo creativo. Estos son los temas que se van a tratar en este capítulo.

El reto del liderazgo contemporáneo

Antiguamente, los líderes sabían que gozaban de una autoridad indiscutible. Eran los reyes, los generales, los jefes ejecutivos; en pocas palabras, los directivos llevaban el peso de la autoridad de la organización. Hoy en día eso ya no es así, ya que las empresas actuales son menos jerárquicas y muchas personas a las que se les solicita que lideren encuentran de poca utilidad esa autoridad incuestionable. Creen que para hacer que las personas se muevan en la dirección correcta es preferible confiar en la influencia personal, la diplomacia, las destrezas de comunicación, la resolución de conflictos y el incentivo de la motivación.

Los líderes formales e informales de hoy en día deben estar también alerta y a la expectativa. Debido a los cambios tan rápidos, deben ser capaces de reconocer las oportunidades y las amenazas, así como de conseguir unas respuestas por parte de la organización. Más que cualquier otra cosa, deben mantener una actitud positiva cuando se afronta el riesgo, la ambigüedad o el cambio. Y deben saber también equilibrar las tensiones que existen en toda organización.

Características de un líder eficiente

Anteriormente, el liderazgo se veía como un conjunto de características innatas: inteligencia, seguridad en sí mismo, visión, elocuencia verbal y una combinación mística de valor, carisma y decisión. Los poemas épicos y las historias medievales elogiaban esas características, así como a los individuos que las poseían. A continuación encontrará un ejemplo de ello, una descripción del rey Ricardo I de Inglaterra, sacada del libro *La Vida de Saladín,* de Beha ed-Din Ibn Shedad:

> *El rey Ricardo Corazón de León, tenía una fuerza tremenda, un demostrado valor y un carácter indomable... En dignidad y poder puede que tuviera menos que el rey de Francia, pero era más rico y más valiente.*

Resulta difícil pensar en un líder moderno utilizando estos mismos términos. Por el contrario, a continuación encontrará una serie de características que un líder empresarial eficiente debe poseer. ¿Cuántas tiene usted? ¿Cuántas puede desarrollar?

—Atención a los demás, ya que deben mostrar empatía por las necesidades, intereses y metas de otras personas.

—Deben sentirse cómodos con la ambigüedad, puesto que deben operar en un medio de incertidumbre en el que existen pocos puntos de referencia.

—Persistentes y mantener una actitud positiva cuando se persigue una meta, sin importar los obstáculos y los fracasos.

—Ser excelentes comunicadores, es decir, deben saber escuchar atentamente, hacer presentaciones y hablar en público.

—Ser negociadores eficientes, puesto que los buenos líderes siempre están negociando, ya sea con personas externas como con sus subordinados.

—Políticamente astutos. Disponer de un sentido sólido de la estructura potencial de su organización, escuchar atentamente a los grupos de más poder y saber buscar el apoyo y los recursos necesarios.

—Deben tener sentido del humor. Cuando una situación lo merece, deben saber aliviar la tensión con un poco de alegría.

—Serenidad, ya que cuando están en medio de una situación confusa o complicada deben saber mantener una calma interior.

—Capacidad de convencimiento, puesto que deben ganarse el compromiso de otras personas con las metas de la organización.

—Capacidad de reto, ya que deben convencer a los demás de que deben señalarse un elevado estándar y aceptar metas que les obliguen a dar todo lo posible.

—Conscientes, puesto que saben que su conducta afecta al resto de la organización.

—Con miras al futuro, ya que deben organizar pequeñas tareas a corto plazo, de acuerdo con las prioridades establecidas a largo plazo.

Las personas pueden disponer de estas características, o puede que no. Algunas pueden desarrollarse o aprender mediante la observación de otros líderes del mismo rango o rango parecido. Las biografías de líderes que dispusieron de estas características proporcionan una imagen en la forma de ser de un líder eficiente.

Aunque observar cómo *es* un líder eficiente es un buen ejercicio, estar atento a lo que *hace* y su forma de comportarse es igualmente importante. Lo que hacen incluye: tomar decisiones, incluso cuando todos los hechos no están a su disposición; establecer difíciles ponderaciones; crear planes que otros sigan con ganas; actuar de acuerdo con sus valores; inspirar a que las personas normales logren cosas extraordinarias; equilibrar las tensiones inherentes en cualquier organización. Repito: una observación atenta de la conducta de un líder nos puede ayudar a crear un modelo de nuestra propia conducta como líderes.

Las tensiones que los líderes deben equilibrar

Una de las pautas de conducta que hemos mencionado —equilibrar las tensiones de la organización— merece ser investigada en este apartado, ya que rara vez se ha tenido en consideración. Cada empresa tiene sus tensiones internas, las cuales pueden provocar que la energía se transforme en un conflicto interno. Es labor del líder el lograr que esa energía se reconduzca en buenos propósitos. Entre las tensiones que podemos encontrar dentro de una organización, hay dos que merecen destacarse:

1. **La urgencia competitiva**. Aunque todos colaboran para vencer a la competencia, los empleados, los miembros de los equipos y todos los departamentos no pueden evitar compararse entre ellos.

   Algunos intentan resaltar a costa de otros. Su instinto competitivo les obliga a buscar reconocimiento y compensaciones, con frecuencia a costa de sus colegas. Su espíritu competitivo es una forma de energía de valor, pero no se les puede permitir que creen un malestar interno. En su lugar, ese espíritu competitivo debe canalizarse en actividades que beneficien a toda la organización. Los líderes eficientes saben cómo hacerlo. El caso de T.E Lawrence proporciona un ejemplo comprometedor de cómo un líder logró muchas de sus metas canalizando las tensiones internas. Enviado por el ejercito británico a la península de Arabia durante la primera guerra mundial, el objetivo de Lawrence era levantar a las tribus beduinas contra los turcos otomanos que controlaban las partes estratégicas del país. Sin embargo, estas tribus estaban dispuestas a luchar entre sí o atacar a los turcos. Lawrence se labró una reputación redirigiendo las tensiones que dividían a las tribus, transformándolas en una única fuerza de lucha con una meta en común. Los líderes empresariales se ven a menudo enfrentados a ese mismo malestar interno, y su labor es desviar esa energía a canales productivos.

2. **Las decisiones de grupo contra la decisión**. La idea de que los líderes comparten la toma de decisiones no es nueva. Los grandes generales y los reyes de la historia siempre han buscado la opinión de consejeros de su confianza, hasta el punto incluso de tomar decisiones clave conjuntamente. ¿Mitiga eso el poder y la influencia del líder? Puede, y en el peor de los casos, puede llevar a decisiones subóptimas: «la segunda opción de todo el mundo». Aunque los líderes con menos dotes de mando se muestran a la defensiva en lo que se refiere a su derecho a tomar decisiones, los líderes astutos saben del beneficio que produce el buscar consejo, disponer de unas sugerencias y escuchar las posibles alternativas. Saben cómo obtener lo mejor de la toma de decisiones conjunta. En lugar de exigir que el círculo interno del liderato acepte sus soluciones, los líderes eficientes exigen que el equipo opine sobre temas críticos sin resolver. Por ejemplo, en lugar de decir a su equipo: «Aquí tenéis las reducciones que deben hacerse», un líder eficiente dice: «Nuestra tarea esta mañana es determinar la mejor manera de reducir nuestro presupuesto, teniendo en cuenta que la línea R & D no se puede tocar. Díganme sus opiniones, los hechos que las apoyan y sus posibles consecuencias».

Sin embargo, hay momentos en que es necesario tomar una decisión mediante un proceso, en lugar de por consenso de grupo. Por ejemplo, cuando una emergencia demanda una acción inmediata es necesaria la decisión unilateral de un directivo. Los miembros de un equipo la aceptarán, siempre y cuando verifiquen que sus sugerencias sobre otros temas son bien recibidas o tenidas en cuenta. Un líder que no presta atención a sus sugerencias perderá pronto su apoyo.

Diseño de una visión que otros sigan

Los líderes eficientes crean una visión que los demás apoyan de forma incondicional.

Una *visión* es una representación de un resultado final esperado: cómo es, cómo funciona, qué producirá. Una visión poderosa es aquella que retumba en los oídos de sus seguidores. A continuación le narro la visión que tuvo Hernán Cortés y que ofreció a un grupo de personas que le siguieron desde la isla caribeña de La Española hasta la conquista de México en 1519, tal y como la narró uno de sus capitanes:

> *Todos los hombres de bien desean y luchan, con sus propios esfuerzos, para hacerse igual que los excelentes hombres de su tiempo o del pasado. Por esa razón, embarco para una empresa grande y hermosa que será reconocida en el futuro, y sé en lo más profundo de mi corazón que nos haremos de amplias y vastas regiones, veremos personas que no hemos visto nunca antes y reinos más grandes que los de nuestros propios monarcas*[1].

Teniendo en cuenta el estándar del siglo XXI, Cortés era un filibustero que sólo buscaba poder y dinero. Sin embargo, era un reconocido líder cuya visión sostuvo a sus seguidores durante meses de peligro y de privaciones. Ese es el poder de motivación de una visión. Los líderes empresariales deben proporcionar algo equivalente: una visión que seduzca tanto a sus seguidores que no les importe la creatividad o el esfuerzo que deban aportar para convertirla en una realidad.

Los elementos de una visión eficiente

Conforme usted da forma a la visión de su organización o de su unidad, recuerde que una visión eficiente es aquella que llega a las aspiraciones internas de las personas. Su lenguaje puede ser traducido a una realidad estratégica. Su logro puede ser un desafío, pero es posible de conseguir. Tiene, además, las siguientes características: Sirve a los intereses de los accionistas más importantes de la empresa y define claramente sus beneficios.

La visión debe ser fácil de explicar y de entender; debe también estar centrada y ser directa. Y, aunque su ejecución sea difícil, su explicación no debe serlo.

Davis Bradford y Allen Cohen, ambos estudiosos del liderato empresarial, han observado que un cambio significativo es improbable sin una visión convincente que atraiga y canalice la energía de las personas. «Las personas necesitan saber que el cambio merecerá el esfuerzo. En ocasiones se puede conseguir haciendo una vívida descripción de un deseado estado en el futuro... Resulta difícil visualizar los cambios interactivos en abstracto[2].»

Su frase «vívida descripción» merece atención. La visión de un directivo no puede ser vaga o abstracta, sino que debe ser descrita con suficientes detalles como para que los seguidores puedan visualizar y sentir su visión.

Ser un representante de cambio

Más que directivos, los líderes deben ser representantes de cambio. Deben detectar signos externos de que el mundo está cambiando, ser conscientes de las amenazas y las oportunidades y lograr que otros respondan de forma que les conduzca al éxito y la supervivencia.

Piense por un momento en los grandes cambios acontecidos en el mundo durante su historia. Probablemente podrá asociar esos cambios a personas o grupos de personas. Copernico y Galileo cambiaron nuestra visión de dónde estamos con respecto a nuestros vecinos en el sistema solar y el universo que nos rodea. La teoría de la evolución de las especies, de Charles Darwin, hizo añicos la sabiduría aceptada sobre la historia de la humanidad. Esa teoría provocó que cada uno pensáramos de forma diferente sobre nuestro origen. Harl Marx, un pensador, y Vladimir Lenin, un hacedor, crearon el movimiento comunista que, en su punto más álgido, arrastró casi a medio mundo. Henry Ford y sus ingenieros desarrollaron un nuevo enfoque de fabricación —la línea de montaje— que alteró fundamentalmente la industria automovilística, y otras industrias. En cada uno de estos casos, fue una persona o un grupo de personas que vieron el mundo con otros ojos, los que causaron un impacto profundo en la historia de la humanidad. Ninguno de ellos empezó disponiendo de unos recursos serios ni de un respaldo, sino que crearon el cambio mediante el poder de sus ideas. Todos eran los que nosotros llamamos representantes del cambio.

Los representantes del cambio son catalizadores que cogen la pelota al vuelo, aunque no siempre hagan el esfuerzo. Everett Rogers, quien ha escrito ampliamente sobre el cambio y su difusión en la sociedad, las describe como personas con un pie en el pasado y otro en el futuro, creadores de un puente que otros cruzarán más tarde. Ayudan a que otros vean cuáles son los problemas y les convencen para lidiar con ellos. Los representantes de cambio, en su opinión, desempeñan papeles de suma importancia[3]. Ellos:

—Proclaman la necesidad de un cambio.
—Son considerados por los demás como personas respetables y competentes (las personas deben aceptar al mensajero, antes que al mensaje).
—Ven y diagnostican el problema desde la perspectiva de su audiencia.
—Motivan a la gente para que cambie.
—Trabajan para que otros materialicen sus intenciones en acciones.
—Estabilizan la adopción de innovación.

—Fomentan una conducta renovadora en los demás con el fin de que ellos «puedan cerrar el negocio» como representantes de cambio.

¿Posee usted estas características? Si es así, entonces ya es un líder. Si no, puede trabajar para desarrollarlas. Empiece por mirar su empresa —o parte de su empresa— con una perspectiva «externa». Es decir, trate de mantenerse al margen de la situación y considerarla con la objetividad de un extraño con percepción. ¿Lo que usted observa dentro de su organización está alineado con el mundo que la rodea, o está al margen de la realidad? Si está fuera de la realidad, piense como líder en el problema. Discuta el problema con otras personas —tanto dentro como fuera de su unidad— para obtener una perspectiva más amplia. Luego encuentre la oportunidad para alertar a sus compañeros, a su jefe, sobre los peligros si no cambian. ¡Sea un representante de cambio!

Prepare a su organización para el cambio

Ser un líder y actuar como un representante de cambio no le hará mucho bien si su organización no está preparada para el cambio. En general, puede decirse que una organización está preparada para el cambio si:

—Dispone de unos líderes eficientes y respetados.
—Esta motivada para el cambio y muestra un poco de incomodidad ante el *statu quo*.
—Está acostumbrada al trabajo en colaboración.

Resulta difícil para los líderes lograr que las personas se muevan en una nueva dirección si cualquiera de estas cualidades no se encuentra presente, y es labor de todo directivo mantener a la organización en un estado que refleje esas tres cualidades. Por ejemplo, si usted detecta una amenaza por parte de una nueva tecnología o un competidor, es su trabajo retar a la complacencia y crear un estado de emergencia. Los líderes lo consiguen provocando un interés sobre una situación problemática. El profesor Michael Beer, de Harvard Business School, recomienda cuatro enfoques para superar esa complacencia que destruye tantas organizaciones[4]:

1. Utilizar información acerca de la situación competitiva de la organización para provocar debates con los empleados acerca de los problemas normales y eventuales. Los directivos de más alto nivel, dice, no comprenden con frecuencia por qué los empleados no se preocupan de la productividad, del servicio al cliente, o de los costes. La verdad es que ocurre con demasiada frecuencia, porque no saben poner a sus empleados en contacto con los datos de importancia. En ausencia de esa información todo les parece correcto y entonces se dicen: «¿Por qué debemos cambiar? ¿Por qué debemos hacer ese esfuerzo?».

2. Crear oportunidades para que los empleados eduquen a la directiva en lo referente a la insatisfacción y los problemas que ellos experimentan. En algunos casos, los directivos de más alto nivel no conocen los puntos débiles de la empresa ni sus amenazas más imperiosas, aspectos que los empleados de primera línea conocen a través de la experiencia diaria por estar en la planta de la fábrica, o por su trato personal con los clientes. Si ese es el problema de su empresa, encuentre maneras de mejorar la comunicación entre los directivos de más alto nivel y el personal de primera línea con el fin de que les llegue el mensaje.

3. Crear diálogos sobre los datos. Proporcionar los datos es una cosa, pero establecer un diálogo sobre los mismos es algo muy diferente y más productivo. El diálogo debe tener como objetivo la mutua comprensión de los problemas de la empresa. El diálogo es un medio mediante el cual, tanto los directivos como los empleados, pueden informarse respectivamente de sus suposiciones y sus diagnósticos.

4. Establezca un estándar alto y espere que las personas lo alcancen. El simple acto de establecer un estándar alto crea insatisfacción con el nivel de rendimiento normal. Durante su ejercicio como jefe ejecutivo de Hewlett-Packard, John

Young retó periódicamente a los empleados con «metas límite» que, a primera vista resultaban difíciles, pero posibles. En cierta ocasión, pidió a sus empleados una reducción de una décima parte en el porcentaje de fracasos, los cuales disparaban las reclamaciones de garantía de los productos HP. Considerando que el porcentaje de fracaso en aquella época era del dos por ciento (muy bajo para el estándar de fabricación en los Estados Unidos durante ese período), eso resultaba un esfuerzo sobrehumano. En otra ocasión, pidió que se redujera el cincuenta por ciento en el tiempo que se tardaba en situar un nuevo producto en el mercado. En ambos casos, los empleados superaron el reto.

La complacencia es una barrera común al cambio. Cuando las personas se sienten cómodas con el status quo, olvidan cosas que necesitan cambiarse. La tabla 11-1 detalla algunos de los signos de complacencia que deben alertarle.

Liderando cuando usted no es el jefe

Si usted es como la mayoría de los directivos, se encontrará con regularidad en situaciones en las que tiene responsabilidad, pero no la autoridad para ordenar cómo se deben hacer las cosas[5]. Quizá usted esté a la cabeza de un equipo de funciones cruzadas cuyos miembros no le informan, o quizá dirige un grupo de vendedores externos. En otros casos, puede que disponga de una autoridad nominal, pero aquellos que están a su cargo no se sienten muy inclinados a establecer unas directrices. En los casos en que usted carezca de autoridad, dar ordenes no resulta muy viable. No obstante, debe liderar.

Entonces, ¿qué hacer? Puesto que eso sucede, un grupo de estudiante de liderazgo han planteado unos enfoque diseñados especialmente para este tipo de situaciones. Jay A. Conger, director del Instituto de Liderazgo de la Universidad Southern, de California, defiende la gestión mediante la persuasión, señalando que los direc-

TABLA 11-1

¿Es su organización complaciente?

Síntomas de complacencia	Ejemplos
No hay crisis serias a la vista.	La empresa no está perdiendo dinero; no hay amenaza de despidos.
La empresa se mide mediante un estándar muy bajo.	La empresa se compara con la industria normal, no con la que lidera.
La estructura de la organización centra su atención en metas funcionales estrechas, en lugar de en un rendimiento empresarial amplio.	El *márketing* dispone de un criterio de medidas; la fabricación de otro que no tiene relación alguna con el primero. Sólo los jefes ejecutivos utilizan unas medidas amplias (devolución del capital invertido, el valor económico añadido, etc.).
Los sistemas de planificación y de control se amañan para facilitar que cada uno consiga sus metas funcionales.	El directivo o el empleado típico pueden trabajar durante meses sin encontrarse con un cliente o un suministrador insatisfecho o frustrado.
El *feedback* de rendimiento es estrictamente interno. El *feedback* de los clientes, suministradores y accionistas no se estimula.	La cultura dicta que el *feedback* externo no tiene valor o no está muy informado. «Los clientes no saben realmente qué desean. Nosotros sí».
La evidencia de que se necesita un cambio da como resultado que se señale con el dedo.	«Es un problema de fabricación, no nuestro».
La directiva se centra en temas marginales.	«El barco se hunde. Volvamos a colocar las hamacas de cubierta».
La cultura envía mensajes de éxito subliminales.	Oficinas lujosas, paneles de madera y objetos de arte decoran las oficinas corporativas.
La directiva cree sus propias emisiones de prensa y su mitología.	«Nosotros somos la agencia publicitaria más importante del país. Nosotros establecemos los niveles de estándar dentro de nuestra industria».

Fuente: Adaptado de John P. Kotter, *Leading Change* (Boston, MA; Harvard Business School Press, 1996) 39-41

tivos más eficientes que él ha observado durante su investigación y sus asignaciones de asesoramiento han evitado emitir directrices.

El verdadero liderato, por supuesto, no ha sido nunca una cuestión de autoridad formal. Los líderes son eficientes cuando las personas que están a su alrededor los reconocen como tales; un verdadero líder se distingue por sus atributos, actitudes y pautas de conducta.

Todo el mundo sabe lo que es un líder carismático, pero lo que necesitan los líderes más ambiciosos no es carisma, sino más virtudes mundanas: tener la reputación de trabajar con tenacidad, una reputación por su integridad, unas ideas sugerentes, una confianza, alguien que se nota que ha hecho sus deberes. ¿Ha hecho usted siempre aquello que dijo que haría? ¿Le consideran sus colegas una persona que siempre dice la verdad y que reconoce sus errores? ¿Es el primero en ver qué es lo que va mal y formular un nuevo enfoque? Estas pautas de conducta no le convertirán en un líder por sí solas, pero si carece de ellas seguramente le eliminarán de esa responsabilidad.

Un método de cinco fases

No hay una sola manera de liderar cuando usted no es el jefe. Situaciones diferentes —una crisis, un proyecto a largo plazo, etcétera— reclaman distintos tipos de líderes. No obstante, el método de cinco fases que le muestro a continuación podrá ayudarle en muchas situaciones en las que no exista una relación jefe —subordinado con los demás—. Fue desarrollado por el especialista en negociación de Harvard, Roger Fisher y su colega Alan Sharp, que aseguran que puede aplicarse prácticamente a cualquier proyecto, equipo o reunión en la que usted participe.

Primer paso: ESTABLECER LAS METAS. Las personas consiguen más si tienen unos objetivos claros. Por lo tanto, lo primero que debe hacer un equipo es anotar qué es lo que se espera lograr. La persona que haga la pregunta «¿podemos empezar por clarificar cuáles son nuestras metas?», y aquel que asuma el liderato en el debate y la configuración de esas metas debe desempeñar el papel de líder, sea cual sea su puesto de trabajo.

Segundo paso: PENSAR SISTEMÁTICAMENTE. Considere su próxima reunión: las personas normalmente se sumergen en el tema que tienen entre manos y empiezan a discutir sobre qué hacer. Los líderes eficientes, por el contrario, son más sistemáticos;

es decir, recopilan y sintetizan los datos pertinentes, buscan las causas de dicha situación y sugieren acciones basadas en sus propios análisis. Cualquiera que comprometa a los miembros del grupo en este tipo de enfoque sistemático y que los guíe, debe convertirse en el líder de facto. Su liderazgo hace que las personas se centren en el proceso de resolución de problemas y refuerzan su liderato formulando las preguntas oportunas.

«¿Disponemos de toda la información necesaria para analizar la situación?»

«¿Nos podemos centrar en las causas del problema que estamos intentando resolver?»

Una vez que han determinado la causa del problema, provocan que las personas se involucren en discusiones sistemáticas similares con el fin de encontrar soluciones potenciales.

Tercer paso: APRENDER DE LA EXPERIENCIA, MIENTRAS TIENE LUGAR. La mayoría de los equipos emprenden un proyecto, y solamente cuando está acabado hacen una revisión posterior con el fin de cuantificar aquello que han aprendido. En ocasiones resulta más eficiente aprender a medida que avanza, lo cual significa que parte de su labor de equipo diario consiste en dirigir pequeñas revisiones e introducir las correcciones necesarias a mitad de curso. ¿Por qué este proceso resulta más efectivo que una revisión posterior? La respuesta es que los datos se conservan frescos en la memoria de las personas. Las revisiones atraen la atención de las personas, puesto que el grupo puede utilizar sus conclusiones para aplicar los ajustes necesarios. De nuevo, aquel que enfoque el grupo hacia una revisión regular debe desempeñar el papel de líder de facto.

Cuarto paso: COMPROMETIENDO A OTROS. Los grupos tienen éxito cuando las destrezas y los esfuerzos de todos los miembros están comprometidos. Esto no ocurre de forma natural, así que alguien debe de hacerlo. Un líder lo consigue buscando el mejor acoplamiento posible entre los intereses y las destrezas de los miembros y las tareas que deben solventarse. Usted puede desempeñar este papel confeccionando una lista de todas las tareas que necesitan hacerse y encajándolas con las personas o los subgrupos que mejor puedan afrontarlas. Si no hay nadie que quiera desempeñar una determinada tarea, sugiera formas de hacer esa tarea más interesante y retadora. Divida las tareas, si es necesario, con el fin de que otros puedan realizarlas. Persuada a los miembros más callados del grupo con el fin de que todo el mundo se sienta parte del equipo.

Quinto paso: PROPORCIONE FEEDBACK. Aunque usted no sea el jefe, puede proporcionar un *feedback* de utilidad. Indicar simplemente que aprecia el esfuerzo que hacen los demás no le cuesta nada y le pondrá a la gente de su lado. «Creo que ha realizado una gran labor en ese aspecto.»

Algunos miembros del equipo apreciarán y se beneficiarán si reciben formación. «Tuve que enfrentarme a ese mismo problema hace unos años. Puedo decirle qué es lo que me fue bien a mí.» (Véase la sección sobre formación en el capítulo 7.)

Dada la creciente popularidad de los equipos, los directivos de cualquier nivel encuentran oportunidades para actuar como líderes sin una autoridad formal. Utilice esas oportunidades cada vez que encuentre un vacío en el liderato o siempre que dar un paso adelante mejore la situación. La experiencia que obtiene en estas situaciones le ayudará a desarrollarse y a mejorarse como directivo y como líder. Y recuerde siempre que si aprende a liderar con éxito *sin* una autoridad formal, liderar con ella será más fácil.

Resumiendo

—Los líderes eficientes tienen unas características comunes. Son atentos, se sienten cómodos con la ambigüedad, persistentes, buenos comunicadores y buenos negociadores, políticamente astutos, tienen sentido del humor y sensatos. Son también eficientes a la hora de involucrar a las personas para que se comprometan con unas metas que supongan un desafío, son conscientes de cómo afecta su conducta a los demás y se centran en el futuro.

—La mayoría de las organizaciones sufren tensiones internas; por ejemplo, la competencia entre los empleados. Los líderes eficientes trasforman estas tensiones en actividades productivas.

—Una visión es la imagen de un resultado esperado. Una de las labores de un líder es proclamar una visión poderosa que resuene en los oídos de sus seguidores.

—Cuando sea necesario, un líder debe actuar como un representante de cambio.

—Los directivos se encuentran con frecuencia en situaciones en que son responsables de los resultados, pero no tienen una autoridad formal. En esos casos, deben liderar utilizando la persuasión, así como sus cualidades, actitudes y pautas de conducta.

Estrategia

Un manual

Temas básicos tratados en este capítulo

- *Cómo la estrategia puede conferir una ventaja competitiva.*

- *Un proceso de cinco fases para la formulación de la estrategia y para la alineación de las actividades con ella.*

- *Por qué el pensamiento estratégico debe ser continuo.*

LOS DIRECTIVOS están obligados a conducir a las personas para que hagan las cosas adecuadas, y hacerlas bien. Hacer las cosas adecuadas exige que los directivos desarrollen estrategias. Hacer las cosas bien es el tema de la eficiencia operativa. Ambas están unidas de tal forma que pocas organizaciones tienen éxito si carecen de alguna.

Este capítulo trata de «hacer las cosas adecuadas», lo cual se define mediante la estrategia. Si usted es un directivo de bajo o medio nivel, la formulación de la estrategia quizá no sea parte de su trabajo, pero lo será cuando ascienda en su carrera. Nunca es demasiado pronto para empezar a pensar estratégicamente acerca de la empresa. Y si usted además de directivo es el dueño de una pequeña empresa, la estrategia es tan importante para usted como lo es para un jefe ejecutivo de una empresa *500 Fortune*.

¿Qué es la estrategia?

Bruce Henderson, fundador de la empresa *Boston Consulting Group*, escribió que la «estrategia es una búsqueda deliberada de un plan de acción que desarrolle una ventaja empresarial competitiva y que la acreciente». Una ventaja competitiva, continúa Henderson, se establece en diferencias. «Las diferencias entre usted y sus competidores son las bases de su ventaja[1].» Henderson cree que dos competidores no pueden coexistir si los dos tratan de hacer negocios de la misma manera. Deben diferenciarse si desean sobrevivir. «Cada uno debe ser lo suficientemente distinto como para tener una ventaja única.» Por ejemplo, dos tiendas de ropa de caballero que están situadas en el mismo bloque y una se dedica a la ropa más clásica mientras que la otra a la ropa deportiva, entonces podrán sobrevivir potencialmente e incluso prosperar. Sin embargo, si los dos almacenes venden las mismas prendas y con los mismos términos, una de ellas perecerá. Probablemente la que se diferencia por cuestiones de precio, variedad o ambiente será la que tenga más probabilidades de sobrevivir. El profesor de Harvard Business School, Michael Porter, coincide: «La estrategia competitiva tiene que ver con ser diferente. Eso significa elegir deliberadamente una serie de distintas actividades que distribuya una única mezcla de valor»[2]. Observe estos ejemplos:

—La compañía *Southwest Airlines* no se hizo la más rentable en Estados Unidos copiando a sus rivales, sino que se diferenció de las demás utilizando una estrategia muy diferente: reducción de tarifas, vuelos frecuentes, servicio en el punto de salida y de encuentro, y un servicio de agradecimiento al cliente.

—La empresa *eBay* estableció una nueva forma de vender y adquirir artículos: las subastas *online*. Los fondos de la empresa se destinaron a ofrecer el mismo propósito que los anuncios clasificados, los mercadillos, las subastas formales, pero lo hicieron más sencillo, eficiente y con mayor alcance.

—La estrategia de la empresa Toyota consistió en desarrollar un coche de pasajeros híbrido, Prius, que aportó una ventaja competitiva dentro del segmento automovilístico: crearon un coche que era considerado con el medio ambiente, fácil de manejar y con los últimos avances en tecnología. La empresa también esperó que su asociación con Prius le diera el liderato en una tecnología con un enorme potencial futuro.

Las estrategias pueden basarse en un liderato de bajo coste, una técnica única o en un enfoque distinto. Puede entenderse también en términos de posición estratégica. Michael Porter ha postulado que las posiciones estratégicas derivan de tres condiciones que con frecuencia son pasadas por alto[3]:

—**Una posición basada en la variedad.** En este caso, la empresa escoge una subserie de productos o servicios dentro de la amplia variedad que ofrece la industria. Se puede tener éxito empleando una estrategia basada en un reparto más rápido, mejor o con unos costes más reducidos que los de los competidores. Por ejemplo: Starbucks ofrece premios en los productos de café y sitúa sus puntos de ventas en localidades donde haya unos clientes potenciales. No sirve desayunos ni vende bocadillos, ya que los clientes pueden obtener estos productos en cualquier sitio, sino que se centran en el café.

—**Una posición basada en la necesidad.** Las empresas que siguen este enfoque, según Porter, tratan de atender sino todas, la gran mayoría de necesidades que puede tener un sector identificable de clientes. Estos clientes pueden ser sensibles al precio, exigir un grado más alto de atención y servicio al público, o buscar productos o servicios que estén elaborados específicamente para satisfacer sus necesidades. Por ejemplo: la empresa USAA ofrece servicios financieros exclusivamente a los oficiales del ejército, activos o retirados, así como a sus familias. Después de llevar décadas atendiendo a este tipo de población, la empresa conoce cuáles son sus necesidades bancarias, de seguros y de jubilación. Y sabe además cómo afrontar el hecho de que a los militares les trasladen de un sitio a otro con cierta frecuencia.

—**Una posición basada en el acceso.** Algunas estrategias pueden basarse en el acceso a los clientes. Una cadena mercantil de descuentos, por ejemplo, puede preferir situar sus establecimientos exclusivamente en barrios con una situación económica precaria. Eso reduce la competencia con las grandes superficies y proporciona un fácil acceso para un mercado de compradores con pocos recursos, muchos de ellos sin automóviles. Los almacenes Cracker Barrel Old Country Stores, por el contrario, localizan sus restaurantes y tiendas de regalos en zonas de tránsito de pasajeros. Su sitio *web* incluye «un mapa de viaje» que señala dónde están todos los establecimientos de la empresa que hay en las carreteras.

¿Cuál es su estrategia para obtener una ventaja competitiva? ¿Diferencia a su empresa de tal forma que atrae a los clientes de sus rivales? ¿Está atrayendo a nuevos clientes al mercado? ¿Le proporciona a su empresa una ventaja tangible?

Por supuesto, ser diferente solamente no le hará mantenerse en el negocio. Su estrategia debe distribuir también un valor y los clientes definen ese valor de distintas maneras: costes más reducidos, una mayor conveniencia, más confianza, un reparto más rápido, una mayor estética, un uso más fácil. La lista de los «valores» de los clientes es muy larga. ¿Qué valor proporciona su estrategia? ¿Qué distribuye?

Pasos para formular la estrategia

Si usted no tiene mucha experiencia formulando estrategia para su empresa, no debe sentirse mal. La mayoría de los directivos se encuentran en la misma situación, puesto que no es una actividad rutinaria. Algunas empresas emplean la misma estrategia durante años y sólo la descartan cuando ya se ha convertido en obsoleta. Incluso en esos momentos hay quien recurre a un asesor de estrategia para que realice el trabajo. Como señalo en cierta ocasión el profesor Clay Christensen, de Harvard Business School, el pensamiento estratégico no es una competencia directiva de importancia en muchas empresas. «Los ejecutivos ponen a punto sus capacidades directivas abordando los problemas una y otra vez. Cambiar de estrategia no es una tarea que los directivos afronten con demasiada frecuencia. Una vez que la empresa ha encontrado una estrategia que funciona, lo que quieren es utilizarla, no cambiarla. En consecuencia, la mayoría de los equipos de gestión no desarrollan una competencia en el pensamiento estratégico[4].»

Si usted no tiene mucha práctica en la formulación de estrategias, a continuación encontrará una serie de pasos que puede seguir. Hacerlo involucra mirar dentro y fuera de la organización, ya que el mercado que se va a atender está fuera y las capacidades para hacer que esa estrategia funcione están dentro.

Primer paso: Mire fuera para identificar las amenazas y las oportunidades

En el nivel más alto, la estrategia está relacionada con el medio externo y la forma de colocar los recursos financieros de la organización, las personas y su capacidad con el fin de crear una ventaja que pueda explotarse. Siempre existen amenazas en un medio externo: nuevos entrantes, cambios demográficos, suministradores que pueden dejar de proporcionarle, productos sustitutos que pueden hacer mella en su empresa, las tendencias macroeconómicas que pueden reducir la capacidad de pago de sus clientes. La empresa puede verse también amenazada por un competidor que ofrece la misma calidad en los productos con un coste más bajo, o un producto de mejor calidad al mismo precio. Una estrategia debe afrontar estas amenazas. El medio externo también ofrece oportunidades: una nueva tecnología, un mercado sin atender, etcétera.

La primera labor que debe desempeñar una persona estratégica es la de identificar las amenazas y las oportunidades que ofrece el medio externo. Usted puede lograrlo realizando las siguientes tareas:

—Formar un equipo de ejecutivos, un directivo y unas personas con unas perspectivas especiales. Su trabajo consiste en identificar las amenazas y las oportunidades. Evite tener alguien en el equipo que sea complaciente o esté contento con el status quo.

—Recopile los puntos de vista de los clientes, suministradores y expertos de la industria. Esos puntos de vista externos pueden ser de gran valor.

Algunas empresas, particularmente las que se dedican a los campos tecnológicos, forman equipos de científicos e ingenieros

para que estudien el mercado externo, la competencia y los desarrollos técnicos. Su trabajo consiste en encontrar cualquier cosa
que pueda suponer una amenaza para su empresa, o señalar las
nuevas direcciones que debe emprender la misma.

Las personas estratégicas miran dentro y fuera, y se plantean
las siguientes preguntas[5]:

—¿Cuál es el medio económico en el que nosotros debemos
operar? ¿Cómo está cambiando?

—¿Cuáles son sus competencias como organización? ¿De qué
forma se aventajará a sus competidores?

—¿Qué recursos apoyan o limitan nuestras acciones?

—¿Qué oportunidades de acción rentable se encuentran delante de nosotros? ¿Cuáles son los riesgos asociados con
las diferentes oportunidades y los cursos de acción potenciales?

Segundo paso: Mire dentro de los recursos, las capacidades y las prácticas

Los recursos y las capacidades internas pueden ser un obstáculo a la hora de elegir una estrategia, especialmente para una gran
empresa con muchos empleados y unos activos fijos. Y con toda la
razón. Una estrategia a explotar en un mercado sin atender en
la industria de la electrónica puede que no resulte viable si su empresa carece del capital financiero necesario, aunque sepa cómo
explotarlo. De la misma manera, una estrategia que requiera de
una conducta empresarial sustanciosa por parte de los empleados,
por ejemplo, puede estar condenada al fracaso desde el principio si
su personal ofrece compensaciones por años de servicio, en lugar
de por un rendimiento personal.

Estas capacidades internas —especialmente las humanas— son
de gran importancia, aunque muchas personas estratégicas suelen
obviarlas. Una estrategia sólo puede tener éxito si está respaldada
por las personas y los recursos adecuados, ya que estos deben alinearse debidamente con la estrategia.

Tercer paso: Piense en estrategias para afrontar las amenazas y las oportunidades

Clay Christensen ha defendido que los equipos estratégicos den prioridad a las amenazas y oportunidades que encuentren (él les llama «fuerzas conducentes» de la competencia), y que luego discutan sobre ellas en amplios términos. Si usted sigue ese consejo y desarrolla las estrategias para tratar esas fuerzas conducentes, entonces debe asegurarse de hacer lo siguiente:

—Crear muchas alternativas. No hay una sola manera de hacer las cosas. En algunos casos, se puede combinar las mejores partes de dos estrategias para formar una tercera más sólida.
—Compruebe todos los hechos y cuestione todas las suposiciones.
—Alguna información está destinada a perderse. Determine qué información necesita para evaluar de la mejor manera una estrategia en particular. Luego, obtenga la información.
—Examine las posibles estrategias de liderazgo con las personas más inteligentes que conozca. Hacerlo le ayudará a evitar «el pensamiento de grupo» dentro del equipo estratégico.

Cuarto paso: Busque un buen «acoplamiento» entre las actividades de apoyo y la estrategia

Michael Porter ha señalado que la estrategia es algo más que un programa para los clientes ganadores; es, además, saber *combinar* estas actividades de tal manera que se conviertan en una cadena cuyos eslabones engarcen y sean lo suficientemente eficientes como para dejar fuera a los imitadores[6]. Utiliza a la compañía aérea Southwest Airlines para ilustrar su noción de «acoplamiento».

La estrategia de dicha compañía se basa en una rápida operación de embarque y desembarque. Esa rapidez en la operación le permite a SWA hacer frecuentes vuelos y utilizar de mejor manera sus muy caros activos aeronáuticos. Eso le proporciona, a cambio, un apoyo en la reducción de costes y una mayor disponibilidad para sus clientes. Por ese motivo, cada una de esas actividades apoya a las otras, así como a la meta principal. Esa meta, señala Porter, está apoyada además por otras actividades críticas, entre las que se incluyen un personal de embarque más motivado, una política sin comidas y una transferencia de equipaje que no es interlineal. Esas actividades hacen que la operación de embarque y desembarque se realice con prontitud. «La estrategia de Southwest —dice Porter—, conlleva un sistema completo de actividades, no una serie de diversas partes. Su ventaja competitiva estriba en el acoplamiento de sus actividades y la manera de reforzarse que tienen la una con la otra[7].»

Quinto paso: Crear un alineamiento

Una vez que haya creado una estrategia satisfactoria, el trabajo todavía está a medio hacer. La otra mitad consiste en establecer una alineación entre las personas, las actividades de la organización y la estrategia. La alineación es una condición en la que cada empleado de cada nivel (1) conozca la estrategia, y (2) sepa cuál es su papel para hacer que dicha estrategia funcione. La alineación es algo muy poderoso. Como escribieron en cierta ocasión los asesores George Labovitz y Victor Rosansky: «imagine trabajar en una organización en la que cada miembro, desde la directiva hasta el empleado que ha sido recientemente contratado, comparta su conocimiento de la empresa, sus metas y sus propósitos. Imagine trabajar en un departamento en el que cada uno sepa cuál es su contribución a la estrategia empresarial»[8]. Eso es alineación. Como directivo, su papel en fomentar alineación es doble:

— **Comunicar**. Usted debe ayudar a que las personas conozcan la estrategia y la contribución que hace su trabajo para con ella. Usted desea crear una situación en la que incluso el empleado de rango más bajo pueda decir cuáles son las metas de la organización, así como la forma en que él o ella contribuyen todos los días para su acoplamiento.
— **Coordinación de los procesos laborales**. Usted debe alinear las actividades de las personas con las intenciones estratégicas de la empresa.

Consejo: No olvide la alineación entre la estrategia y el capital humano

Pocos directivos se toman tiempo para examinar la alineación entre sus estrategias empresariales, las prácticas de las personas y sus normas. Como explican Haig Nalbantian, Rick Guzzo, Dave Kieffer y Jay Doherty en su libro *Play to Your Strenghts: Managing Your Company's Internal Labor Market for Lasting Competive Advantage* (Juega con tus puntos fuertes: Gestión de la labor interna de su empresa para obtener una ventaja competitiva duradera), una mala alineación puede poner en peligro el éxito de la mejor estrategia. Su investigación describe a varias empresas cuya promoción, retención y prácticas compensatorias motivaban de forma inadvertida a que los empleados se comportaran contrarios a las intenciones estratégicas. En un caso, la política de un fabricante estadounidense de crear destrezas de gestión general mediante asignaciones de trabajos frecuentes y a corto plazo mellaba las metas más altas de la calidad del producto y traía rápidamente nuevos modelos al mercado. Un análisis demostró que los directivos que aceptaban asignaciones a corto plazo eran compensados con un ascenso y con un salario más alto, pero fracasaban a la hora de crear la destreza necesaria para mejorar la estrategia más alta de la empresa

Esté preparado para el cambio

Cree una estrategia ganadora, póngala en práctica debidamente y usted podrá interactuar durante años sin ningún problema. Sin embargo, ninguna estrategia es efectiva siempre, ya que algo en el medio exterior cambia y hace que su efectividad disminuya: el producto que satisface a sus clientes ha sido copiado y se ofrece a un precio más reducido por una empresa de mayor envergadura y con mejor sistema de distribución que el suyo; un avance tecnológico mella su principal negocio y usted no dispone de las destrezas necesarias para ponerse al día en esa nueva tendencia. Muchos equipos de gestión, por desgracia, son incapaces de reconocer cuándo su estrategia se ha convertido en algo obsoleto. Quizá sea por un orgullo desmedido o por miopía, el caso es que fracasan cuando se trata de reconocer cómo está cambiando el medio externo, ya sea por la tecnología, por un cambio en las necesidades de los clientes, o la aparición de sustitutos mejores y más baratos.

La naturaleza temporal de una estrategia de éxito debe ponerle en alerta y buscar continuamente en el medio externo las amenazas y las oportunidades, tal y como se describió en el primer paso. ¿Lo hace ya su empresa? Si no es así, ¿quién es la persona más adecuada para desempeñar esa obligación?

La formulación de la estrategia es un requisito actual de una buena gestión. Es, citando a Michael Porter, «un proceso de percepción de nuevas posiciones que atraigan a los clientes de sus posiciones establecidas o introduzcan a nuevos clientes dentro del mercado»[9]. Es un proceso que debe estar inserto permanentemente en su organización.

Resumiendo

—La eficacia operativa consiste en hacer las cosas bien; la estrategia consiste en hacer las cosas adecuadas. No las confunda.

—La formulación de la estrategia es la búsqueda de un plan que diferencie a la empresa y que le confiera una ventaja competitiva.

—Para Michael Porter, las posiciones estratégicas pueden encontrarse basándose en la variedad, basándose en la necesidad o basándose en el acceso.

—Los cinco pasos en que consiste la formulación estratégica son: (1) mirar fuera de la empresa para identificar las amenazas y las oportunidades; (2) mirar dentro de los recursos, de las capacidades y de las prácticas; (3) pensar en las estrategias para afrontar las amenazas y las oportunidades; (4) crear un buen «acoplamiento» entre las actividades estratégicas y las de apoyo; y (5) crear una alineación entre las personas de la organización, las actividades y su estrategia.

—Las estrategias de éxito suelen tener una vida muy corta, por eso debe otear al horizonte en busca de nuevas oportunidades y por los cambios que puedan hacer mella en su estrategia actual.

Tercera parte

Dominio de las herramientas financieras

Confección del presupuesto

Viendo el futuro

Temas básicos tratados en este capítulo

- *Funciones esenciales de la presupuestación.*

- *Tipos de presupuestos y sus propósitos.*

- *Creación de un presupuesto operativo.*

- *Creación de un presupuesto de caja.*

- *Aplicación de un análisis sensible a los presupuestos.*

BONITA PENA, es hora de hacer presupuestar de nuevo, es un refrán muy común entre los directivos. Calcular presupuesto puede causar estrés y conflictos, además de que conlleva muchas horas de trabajo. Pero una buena presupuestación vale su tiempo y se ahorran problemas.

Si usted es el propietario o el directivo de una empresa pequeña con pocos recursos de caja, un buen presupuesto puede ser la diferencia entre el éxito financiero o la insolvencia, o la incapacidad de la empresa para expandirse hasta su mayor potencial. El proceso de presupuestación le obliga a usted a calcular la cantidad de producto o servicio que producirá y venderá, el coste de esos artículos, el ritmo al que se recibirán las cuentas por satisfacer, los gastos generales y los impuestos. Estas cifras le proporcionarán una visión de los meses o el año que tiene por delante. Un buen presupuesto le ayudará a evaluar si la empresa dispondrá de los recursos financieros adecuados para mantenerse en curso. Para las grandes empresas, esa previsión y esa presupuestación proporcionan un beneficio similar, y el presupuesto resultante —tanto para unidades operativas individuales como para la empresa en su totalidad— puede ser un mecanismo poderoso de control. Un presupuesto es un plan de acción que guía a las organizaciones hacia sus metas estratégicas.

En este capítulo, aprenderá muchas clases de presupuestos que sirven para propósitos diferentes. También aprenderá cómo determinar qué tipo de presupuesto le ayudará más eficientemente para lograr sus metas empresariales[1].

¿Qué es la presupuestación?

Antes de irse de viaje, usted llena la maleta con su ropa, la comida y el dinero que necesita. Confeccionar un presupuesto es algo muy similar; es decir, planificar su viaje para asegurarse de que dispondrá de los suficientes recursos para llegar a su destino. Una organización planifica su viaje hacia objetivos estratégicos de forma parecida y prepara el desplazamiento mediante un plan de acción que se llama presupuesto. Calcular el presupuesto conlleva diversas tareas:

—**Cubre un período corto de tiempo**. Por ejemplo, una empresa incipiente desarrolla un presupuesto con el fin de asegurarse de que dispondrá de suficiente capital como para cubrir los gastos operativos durante doce meses.

—**Toma una perspectiva a largo plazo**. Por ejemplo, cuando una empresa farmacéutica crea un presupuesto para varios años, con el fin de desarrollar un nuevo producto.

—**Centrarse en los recursos requeridos para un proyecto específico**. Por ejemplo, cuando una empresa de maquinaria necesita instalar maquinaria para conseguir más eficacia en la producción, entonces el presupuesto anticipará los costes de dicha instalación.

—**Rendir cuentas de las ganancias y de los gastos**. Por ejemplo, cuando un vendedor al por menor crea un plan de beneficios basados en un aumento esperado de las ventas.

Entonces, ¿qué es un *presupuesto?* Es la traducción de unos planes estratégicos en cantidades posibles de medir que expresan los recursos requeridos y esperados, así como los rendimientos en un período determinado de tiempo. Un presupuesto funciona como un plan de acción y puede presentar también el balance general de la organización. Finalmente, un presupuesto es una herramienta adaptable que utiliza la directiva para conseguir sus metas estratégicas.

Funciones del presupuesto

Los presupuestos realizan cuatro funciones básicas, cada una de ellas crítica para que la empresa logre el éxito en sus objetivos estratégicos. Estas funciones son la planificación, la coordinación y la comunicación, la supervisión del progreso y la evaluación del rendimiento.

Planificación

La planificación es un proceso de tres fases que tiene como finalidad garantizar que la organización dispondrá de los recursos necesarios para lograr sus metas:

1. **Elegir las metas**. Las metas pueden ser tan comprensivas como la misión estratégica de la organización. Por ejemplo, como directivo en un proveedor de servicios de Internet, su meta puede ser «llegar a ser el proveedor de servicios Internet más eficiente para sus valorados clientes». O como directivo general de un equipo de baseball de primera división, su meta puede ser muy específica y muy centrada: aumentar las ganancias en un 10% durante el próximo cuatrimestre.

2. **Revisar las opciones y predecir los resultados**. Una vez que se han determinado las metas, el próximo paso consiste en considerar las opciones disponibles para conseguir las metas y predecir los posibles resultados de cada opción. Por ejemplo, si su meta como directivo de un proveedor de servicios Internet era convertirse en el proveedor más eficiente de dichos servicios, entonces usted puede optar por mantener el estado actual de su equipo, formar a los equipos con mejores destrezas en lo que a las reparaciones se refiere o concentrarse en proporcionar un rápido servicio al cliente. Si es el directivo general de un equipo de baseball que planea aumentar las ganancias en un diez por ciento, entonces tendrá que pensar en un aumento de los precios o en ampliar su programa de *márketing*. Por esa razón, predecir los costes y los beneficios de cada opción es parte de su planificación.

3. **Decidir las opciones**. Después de hacer un análisis potencial de los costes y de los beneficios de cada opción, el próximo paso consiste en decidir cómo se van a conseguir dichas metas. Elegir las opciones con el fin de establecer la dirección que va a tomar la empresa. El presupuesto refleja esas decisiones. Como directivo de un proveedor de servicios Internet, por ejemplo, usted puede decidir que, aunque las dos opciones son importantes, debe centrarse en mantener el estado actual de su equipo con el fin de proporcionar el mejor servicio a sus clientes. Y si es el directivo del equipo de baseball, podrá decidir que subir los precios puede ser la forma más eficiente de conseguir un aumento en las ganancias.

Coordinación y comunicación

La coordinación es conjuntar todas las piezas que se han recopilado —los presupuestos individuales de cada unidad o los presupuestos de cada división—, equilibrarlas y combinarlas para conseguir un presupuesto general que exprese los objetivos financieros generales de la organización y sus metas estratégicas. ¡En muchas empresas eso es casi una hazaña!

Un presupuesto general abarca los presupuestos individuales de las áreas funcionales de investigación y desarrollo, el diseño, la producción, el *márketing*, la distribución y el servicio al cliente, dentro de un único presupuesto unitario. Luego, los presupuestos de cada división individual, las líneas de productos y los subsidiarios se coordinan y se integran dentro de un resultado más amplio y cohesivo. De la misma manera que un director de orquesta que trata de coordinar la música de muchos instrumentos para crear una sinfonía, el presupuesto general conjunta todas las piezas para lograr el plan estratégico general de la organización y la perspectiva de la empresa. Los detalles del presupuesto general se especificarán con más detalle en este capítulo.

La comunicación es esencial para conseguir este fin. La administración superior necesita comunicar los objetivos estratégicos de la empresa a todos los niveles de la organización, las personas que planifican individualmente necesitan comunicar sus necesidades más particulares, suposiciones, expectativas y metas a aquellos que están evaluando el presupuesto funcional y el de cada departamento.

Además, los diferentes grupos dentro de la empresa deben escucharse mutuamente. Si una división está luchando por conseguir cierto objetivo en lo que se refiere a las ventas, entonces el departamento de producción debe disponer de esa información con el fin de preparase para un aumento de la capacidad de producción. Si la empresa está introduciendo un nuevo producto, entonces el departamento de *márketing* debe ser informado al principio del proceso de planificación. El departamento tendrá que incluir en su presupuesto los esfuerzos de *márketing* para ese nuevo producto.

Supervisión del progreso

Una vez que el plan se ha puesto en marcha, el presupuesto se convierte en una herramienta que los directivos pueden utilizar periódicamente para supervisar el progreso, ya que evalúan el progreso comparando los resultados actuales con los del presupuesto. Este *feedback,* o supervisión y evaluación del progreso, les permite a cambio intercalar las acciones correctivas en el momento adecuado. Si, por un lado, la evaluación interina muestra que la organización va derecha hacia su objetivo ya que los resultados actuales encajan con los esperados en el presupuesto, entonces no se requiere ningún tipo de ajuste. Sin embargo, si descubre que los actuales difieren de los esperados, entonces debe tomar las acciones correctivas oportunas. Por ejemplo, si la meta de su equipo de baseball es aumentar las ganancias en un diez por ciento aumentando los precios, entonces debe tomar la acción correctiva y ofrecer lotes de bonos para los seguidores con el fin de compensar el impacto negativo de la subida de precios.

La diferencia entre los resultados actuales y los esperados por el presupuesto se llama *varianza.* Una varianza puede ser favorable cuando los resultados actuales son mejores que los esperados. Por ejemplo, después del primer mes de la liga de baseball, usted evalúa la forma de proceder de la venta de entradas (tabla 13-1).

TABLA 13-1

Informe correspondiente al mes de abril.
Rendimiento de la venta de entradas

	La media de las entradas que se han vendido en cada partido		
	Resultados actuales	Cantidades presupuestadas	Varianza
Casilla de cuadro	2.500	2.000	+500 favorable
Tribuna	6.850	7.000	−150 desfavorable
Tribuna de campo	7.700	9.000	−1.300 desfavorables
Tribuna descubierta	11.850	12.000	−150 desfavorable
Total	28.900	30.000	−1.100 desfavorable

Fuente: Presupuestación HMM

En general, las ventas de entradas son inferiores a lo que se esperaba, pero se observa una varianza favorable en los precios de las entradas de tribuna (es decir, las que compran aquellas personas que no parece importarles el precio de esos asientos). Entonces, su mayor preocupación es la varianza desfavorable que tiene en los asientos normales, y ahí es donde debe centrar sus acciones correctivas, ya que son esos seguidores los que parecen haber respondido a la subida de precios no asistiendo al espectáculo. Por esa razón, el análisis de la varianza puede ayudarle a identificar un problema al principio del ciclo presupuestario y adoptar las acciones oportunas.

Observe que estamos interesados estrictamente en las unidades, no en las ganancias. Los directivos pueden dirigir también el ejercicio de presupuestación utilizando las ganancias.

Evaluación del rendimiento

Unos sistemas de evaluación del rendimiento eficientes contribuyen al logro de las metas estratégicas, y los presupuestos ofrecen unas herramientas esenciales para medir el rendimiento de la gestión. Después de todo, un directivo que realiza una planificación básica y toma las decisiones para llevarla a cabo debe ser responsable de los resultados. Comparando los resultados actuales con los del presupuesto durante un período de tiempo determinado, la persona que evalúa puede determinar el éxito general del directivo en lo que se refiere al logro de las metas estratégicas. Las evaluaciones del rendimiento tienen varios propósitos:

—Motivar a los empleados mediante sistemas compensatorios basados en el rendimiento.
—Proporcionar las bases para las decisiones compensatorias, las asignaciones futuras y el avance profesional.
—Crean una base para futuras localizaciones de recursos.

Tipos de presupuestos

El concepto de presupuesto tradicional ha recibido numerosos ataques por parte de aquellos que no creen que tenga utilidad alguna en las organizaciones modernas. Los críticos se quejan de que los presupuestos no se ajustan al tiempo (o son demasiado largos o demasiado cortos), confían en unas medidas inapropiadas y son o muy simplistas (o demasiado complejos), demasiado rígidos a la hora de cambiar el medio empresarial, o no suponen un desafío (por ejemplo, cuando el listón lo sitúan los directivos con el fin de poder conseguir sus objetivos y quedarse con los incentivos). Muchos de los presupuestos que vamos a estudiar en este capítulo se desarrollaron para hacer frente a algunos de los aspectos más difíciles de la planificación.

Presupuestos a corto plazo contra presupuestos a largo plazo

Los presupuestos se desarrollan normalmente para un año, pero el período que cubre un presupuesto puede variar de acuerdo con el propósito del mismo, especialmente cuando su empresa define la creación del valor. Si una organización está interesada en la rentabilidad de un producto durante un período de cinco años, entonces un presupuesto para este tiempo será el más apropiado. Si, por el contrario, una empresa vive con las existencias al mínimo, que es el caso de la mayoría de las empresas incipientes, entonces un presupuesto mensual que se centre en el flujo de capital es el más útil.

Presupuestos fijos contra presupuestos flexibles

Un presupuesto fijo abarca un marco de tiempo específico, normalmente un año fiscal. Al final del mismo se calcula un nuevo presupuesto para el próximo. Un presupuesto fijo puede revisarse a intervalos regulares —trimestralmente— con el fin de hacer ajustes y correcciones, si es necesario, pero el presupuesto base permanece inalterable durante todo el período de tiempo.

En un esfuerzo para solucionar el problema del tiempo y de la rigidez de los presupuestos fijos, algunas empresas, especialmente aquellas que están inmersas en una industria de rápidos cambios, han adoptado los presupuestos flexibles. Un *presupuesto flexible* es un plan que se pone al día continuamente de tal manera que el marco de tiempo permanezca estable mientras que el período actual que abarca el presupuesto varía. Por ejemplo, a medida que pasa cada mes, el presupuesto flexible de un año se amplía un mes, de tal manera que siempre se dispone de un presupuesto anual. La ventaja de un presupuesto flexible es que los directivos deben pensar de nuevo en el proceso y hacer los cambios necesarios cada mes o cada período. El resultado es normalmente más exacto, un presupuesto más actualizado en el que se han incorporado la información más reciente.

La desventaja de un presupuesto flexible estriba en que el proceso de planificación puede llevar demasiado tiempo. Además, si una empresa revisa su presupuesto regularmente (por ejemplo, cada trimestre del año), analiza sus varianzas más significativas y toma las acciones correctivas oportunas, entonces el presupuesto fijo no es tan rígido como parece.

Presupuestos de incremento contra presupuestos de base cero

Un *presupuesto de incremento* extrapola de las cifras históricas. Los directivos miran los presupuestos de los períodos anteriores y los resultados actuales, así como las expectativas para el futuro, para determinar el presupuesto para el próximo período. Por ejemplo, el presupuesto de un departamento de *márketing* se basará en los costes actuales del período anterior, pero con los aumentos debidos al incremento de los salarios. La ventaja de un presupuesto de incremento es que la historia, la experiencia y las expectativas futuras se incluyen en el desarrollo del presupuesto.

Una desventaja mencionada frecuentemente por los que critican el presupuesto tradicional es que los directivos sólo utilizan las cifras de los períodos anteriores como base, y les aumentan un porcentaje establecido para el ciclo presupuestario siguiente, en lugar de tomarse el tiempo preciso para evaluar la realidad del mercado presente y futuro. Los directivos desarrollan también un punto de vista de usar y tirar, lo que hace que los directivos piensen que deben utilizar todos los gastos presupuestarios para el final del período, con lo que el presupuesto del siguiente período no se verá reducido por la cantidad que se haya ahorrado.

Los *presupuestos de base cero* utilizan un método que comienza cada ciclo presupuestario con base cero, como si el presupuesto se elaborara por primera vez. Cada ciclo presupuestario comienza con una revisión crítica de cada gasto supuesto o propuesto. La ventaja de los presupuestos de base cero es que requieren por parte de la directiva un análisis mucho más profundo de cada partida presupuestaria, teniendo en cuenta los objetivos, considerando las alternativas y justificando sus peticiones. La desventaja de este tipo de presupuestos es que, aunque son más analíticos, desarrollar el presupuesto puede llevar mucho tiempo, tanto que puede interferir con la actualización del presupuesto. La planificación necesita de una acción que preceda, pero que no abrume.

Presupuesto Kaizen

Kaizen es un término japonés que representa una mejora continua, y el presupuesto Kaizen intenta incorporar las continuas mejoras dentro del proceso de presupuestación. La reducción de costes se crea dentro del presupuesto sobre una base aumentativa de tal manera que se hacen esfuerzos continuamente para reducir los costes. Si las reducciones de costes presupuestadas no se consiguen, entonces se le presta una atención extra a ese área operativa. Por ejemplo, una planta de fabricación puede presupuestar una reducción continua en el coste de los componentes, tal como se muestra a continuación, presionando a los suministradores para que encuentren otras reducciones de costes.

Enero-febrero	100 dólares
Febrero-marzo	99,50 dólares
Marzo-abril	99 dólares

Este tipo de presupuestación aumentativa resulta difícil de mantener porque el porcentaje de reducción de coste presupuestado declina con el tiempo, haciendo más difícil que se consigan mejoras después de haber logrado los cambios «fáciles».

El presupuesto general

El *presupuesto general* es el alma y el corazón del proceso de presupuestación, puesto que acopla todas las piezas incorporando el presupuesto operativo y el financiero de una organización en una sola imagen comprensiva. En otras palabras, el presupuesto general resume todas las proyecciones financieras individuales de una organización durante un período de tiempo determinado.

Para una organización típica que busca beneficios, el presupuesto operativo consiste en los presupuestos de cada *función* —como la investigación y el desarrollo, el diseño, la producción, el *márketing*, la distribución y el servicio al cliente— y proporciona un estado de cuentas a lo presupuestado. El presupuesto financiero incluye el presupuesto del capital, el presupuesto de caja, el balance presupuestado y los flujos de capital presupuestados. El presupuesto general debe integrar al presupuesto de explotación y al presupuesto financiero mediante in proceso iterativo durante el cual la información va hacia adelante y hacia atrás desde cada elemento del presupuesto general (véase figura 13-1).

FIGURA 13-1

Diagrama de flujo del presupuesto general

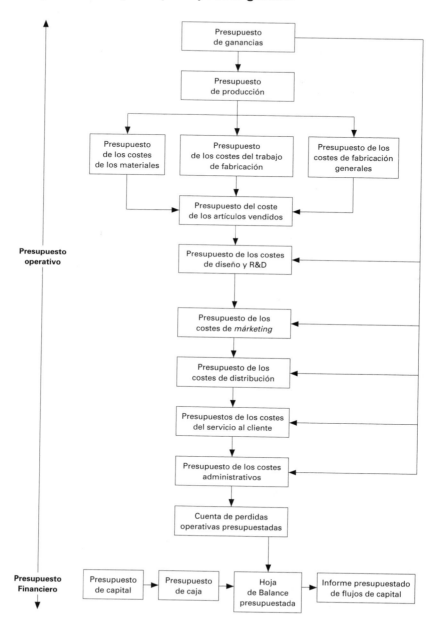

Fuente: Presupuestación HMMM. Adaptado de Charles T. Horngren, George Foster y Srikant M. Datar, *Contabilidad de Coste* (Nueva York: Prentice Hall, 2000).

El presupuesto general va unido al plan estratégico en el nivel más alto. Utilizando las metas estratégicas de la organización como base, el proceso de creación del presupuesto es a la vez cronológico e iterativo, moviéndose hacia adelante y hacia atrás, comprobando las sugerencias y las opciones.

Antes de preparar el presupuesto general, la administración superior debe preguntar tres cosas:

1. ¿Los planes tácticos que se han considerado apoyan a largo plazo las metas estratégicas de la organización?
2. ¿Dispone la organización de acceso a los recursos necesarios, es decir, el capital que necesita para iniciar las actividades durante el período inmediato del presupuesto?
3. ¿Creará la organización el valor suficiente para atraer recursos futuros adecuados —beneficios, préstamos, inversores, etcétera— para lograr las metas a largo plazo?

Estableciendo suposiciones

El primer paso para desarrollar un presupuesto es establecer una serie de suposiciones acerca del futuro. Las suposiciones que hacen los directivos deben estar directamente afectadas por respuestas a preguntas como:

— ¿Cuáles son las expectativas de ventas y *márketing* por unidades de venta y las ganancias de los productos nuevos y existentes?
— ¿Se anticipan los precios de los suministradores a las subidas y caídas?
— ¿Cuál será el coste del plan sanitario para el próximo año?
— Si se espera que baje el porcentaje de paro, ¿necesitará la empresa aumentar los salarios con el fin de garantizar una mano de obra en un mercado de trabajo saturado?
— ¿Qué harán los competidores para ganar participación en el mercado?

Las suposiciones deben basarse en fuentes bien informadas. Por ejemplo, la directiva tiene una visión muy clara de las metas estratégicas, el grupo financiero tiene informes del rendimiento financiero anterior y de las tendencias económicas futuras. Busque información en el departamento de recursos humanos acerca de los cambios en el mercado de trabajo y solicite a los representantes de ventas la mejor información posible acerca de las perspectivas en ventas. De la misma manera, el departamento de compra es el que dispone de la información más reciente acerca de los suministradores y las tendencias de los precios. Desarrollar suposiciones es un hito empresarial en el que la comunicación y la coordinación juegan un papel clave.

Consejos para establecer suposiciones

—Utilizar datos históricos como punto de partida. Incluso cuando los tiempos cambian con rapidez, la información acerca del rendimiento anterior puede establecer una base desde la que comenzar.

—Confíe en su propia experiencia. Haga averiguaciones educadas acerca de lo que es probable que suceda en el futuro.

—Escuche a su intuición. Aunque usted no puede verificar su intuición, puede tenerla en cuenta.

—Dirija con la debida presteza. Busque la información que necesita. Eso conlleva posiblemente una investigación, leer prensa especializada en temas comerciales, recopilar estadísticas industriales, etcétera. Y no olvide que Internet es un recurso de información en aumento.

—Hable y escuche a personas entendidas. Discuta sus ideas con los miembros del equipo, con sus colegas y sus mentores. Busque esa información en industriales, suministradores, líderes comunitarios y expertos en ese campo. Entable discusiones con sus competidores.

—Aprenda cuándo debe arriesgar y cuándo debe ser conservador. En un mercado volátil, las suposiciones conservadoras pueden ser las más seguras.

—Compruebe sus suposiciones. Si es posible, haga pequeños experimentos con ellas antes de aceptarlas.

Preparación de un presupuesto de explotación

Un *presupuesto de explotación* no es nada más que un pacto de acuerdo entre la alta dirección y otros miembros del equipo de dirección. Es un objetivo, no una predicción. Especifica las ganancias y los costes del próximo período, ambos expresados en un informe que se parece al informe de ingresos (ingresos y perdidas) que todas las empresas generan. La diferencia esencial estriba en que creamos un informe basándonos en las cantidades esperadas contra las actuales. En pocas palabras, el presupuesto de explotación se estructura de la siguiente forma:

Ganancias – (coste de los artículos vendidos + ventas, costes generales y administrativos) = renta de explotación

Hemos dividido el proceso de presupuestación de explotación en cinco pasos:

Primer paso: CALCULAR LAS GANANCIAS ESPERADAS. El primer paso para preparar un presupuesto de explotación consiste en que los directivos establezcan algunas suposiciones para predecir el crecimiento de las ganancias (o la reducción). Para nuestra hipotética empresa, Amalgamated Hat Rack, los directivos de la división Moose Head han traducido sus suposiciones sobre el crecimiento de las ganancias basándose en el rendimiento anterior y las expectativas futuras de ventas de sus productos durante el año fiscal (tabla 13-2).

Si toman un enfoque de presupuestación creciente, los directivos utilizarán las ventas del año anterior de 1.228.100 dólares como base para desarrollar la proyección del siguiente ejercicio. Si, por el contrario, siguen un método de presupuestación de base cero, entonces harán su proyección de ventas desde abajo hacia arriba utilizando unos datos económicos que se han predicho, una conducta del consumidor predicha, así como otra información; es decir, que tendrán en cuenta la reciente experiencia que se ha tenido con la conducta del cliente, las predicciones económicas y otra información.

Establecer unas cifras de ganancias proyectadas puede provocar tensiones internas. Si los directivos son evaluados y compensados

TABLA 13-2

Amalgamated Hat Rack, presupuesto del primer año (en $)

	Año anterior	Presupuesto 1 año	Porcentaje de cambio
Ventas por modelo			
Moose Antler Deluxe	201.000	205.000	2,0%
Moose Antler Estándar	358.000	381.000	6,4%
Standard	515.500	556.000	7,9%
Electro-revolving	72.400	60. 250	(16,8%)
Modelo Hall/Wall	81.200	80.000	(1,5%)
Total de ventas	1.228.100	1.282.250	4,4%
Coste de artículos vendidos			
Trabajo directo	92.325	96.500	4,5%
Fabricación en general	6.755	7.200	7,0%
Materiales directos	211.000	220.284	4,4%
Total	310.080	323. 984	4,5%
Costes de administrativos y de _márketing_			
Salarios de ventas	320.000	331.200	3,5%
Gastos de publicidad	145.000	151.000	4,1%
Gastos de venta variados	4.200	3.900	(7,1%)
Gastos administrativos	92.000	94.500	2,7%
Total	561.200	580.600	3,46%
Producto de la explotación	355.820	377.666	6,14%

Fuente: Presupuestación HMM.

según hayan logrado sus objetivos de beneficios presupuestados, entonces caerán en la tentación de señalarse unos objetivos gananciales bastante conservadores con el fin de poderlos lograr. Esa poca exigencia presupuestaria proporciona una salvaguardia para los directivos, logrando que las ganancias actuales sean siempre más elevadas que las presupuestadas, lo que produce que el directivo parezca muy eficiente.

Las limitaciones de producción (la disponibilidad de personal cualificado en las empresas de servicio y la capacidad de producción en el caso de los fabricantes) pueden afectar al presupuesto de ingresos. Si, por ejemplo, la demanda de ventas se espera que exceda a la habilidad de la empresa para producir y distribuir, entonces el presupuesto de ingresos debe ajustarse para que encaje con los límites de producción, en lugar de con la demanda actual del mercado. Si no es así, el presupuesto debe destinar fondos para crear la capacidad necesaria para satisfacer esa demanda.

Segundo paso: CALCULAR LOS COSTES ESPERADOS DE LOS ARTÍCULOS VENDIDOS. Una vez que se ha establecido el presupuesto de ganancias, los directivos pueden desarrollar el presupuesto de los costes de los artículos vendidos. El número de unidades que se va a producir formará las bases para determinar los costes directos, incluyendo el trabajo y los materiales. De la misma manera, la división de Moose Head calcula los costes de fabricación indirectos o los costes generales como parte del presupuesto de costes de los artículos vendidos. Recuerde que las ventas se presupuesta que aumenten en un 4,4% hasta 1.282.250 dólares.

Tercer paso: CALCULAR OTROS COSTES ESPERADOS. Existen otros costes que no son de producción, entre los que se incluyen los costes generados por investigación y desarrollo, el diseño del producto, *márketing*, distribución, servicio al cliente y administración. Para la división de Moose Head, sólo algunos gastos administrativos y otros relacionados con las ventas conforman el presupuesto de otros costes.

Cuarto paso: CALCULAR EL PRODUCTO ESPERADO DE LA EXPLOTACIÓN: Finalmente, podrá calcular el estado de ingresos y perdidas presupuestado. La diferencia entre las ventas esperadas y los costes esperados da como resultado la renta de explotación esperada. Los directivos de la división de Moose Head proporcionan su estado de ingresos y perdidas esperado a la administración superior de Amalgamated Hat Rack, de esa manera la administración superior, a cambio, puede determinar la forma en que el presupuesto de la división Moose Head encaja con el presupuesto general de la empresa y, en general, con las metas estratégicas.

Quinto paso: DESARROLLAR UNOS ESCENARIOS ALTERNATIVOS. Comprobar los diferentes escenarios significa pensar en todos los posibles «qué pasa si» del proceso iterativo de presupuestación. ¿De qué forma un cambio en un área afectará al resultado esperado? ¿Qué ocurre si aumentamos la publicidad? ¿En cuánto aumentarán las ventas? ¿Qué pasa si los empleados de Moose Head deciden ir a la huelga? ¿Cómo podemos incorporar ese riesgo en el presupuesto?

Por ejemplo, la directiva de Amalgamated puede decidir cambiar su enfoque estratégico y en vez de aumentar los beneficios prefiera desarrollar una nueva línea de productos en la división Moose Head. Los directivos de Moose Head calcularán entonces otra serie de cifras presupuestarias indicando los costes de investigación y desarrollo que reducirán la actual renta de explotación presupuestada. O al contrario, los directivos de Moose Head pueden decidir aceptar ofertas de un nuevo grupo de suministradores que, a cambio, reducen los gastos materiales y aumentan la renta de explotación presupuestada.

Creación de presupuestos financieros

Una vez que los directivos de explotación han calculado sus presupuestos de explotación, o los estados de ingresos y perdidas esperados, los directivos financieros pueden calcular el capital necesario para apoyar esos presupuestos de explotación. Usted no puede anticipar un aumento del diez por ciento en las ventas, por ejemplo, sin crear un plan paralelo para el capital circulante y otras entradas que serán necesarias si se realiza el aumento supuesto. Se desarrollan otros tres presupuestos:

1. Un presupuesto de caja que incluye el capital estimado de las operaciones, así como otras fuentes de capital (cuentas por pagar, préstamos o equidad). El presupuesto de caja predice y planea el nivel y momento de los flujos de entrada y salida de caja.
2. Un plan de inversión en activos de explotación que asegure que el capital adecuado estará disponible para activos como el inventario y las cuentas por cobrar.

3. Un plan de inversión del capital que presupueste las inversiones propuestas en los activos productivos a largo plazo como la propiedad, la planta, los gastos de equipamiento y los programas extendidos R&D.

Estos planes financieros apoyan los objetivos estratégicos de la organización, calculando las necesidades financieras a corto plazo (presupuesto de caja) y las de largo plazo (plan de inversión del capital). Se expresan en una predicción del balance (o pro forma) y en unos estados de flujo de capital para formar una imagen completa de la posición financiera esperada de la organización durante el período presupuestario.

El *presupuesto de caja* es especialmente importante para los directivos financieros de las empresas, puesto que indica las reducciones y los aumentos de capital en cada período (normalmente en meses). Ninguna empresa puede afrontar un déficit del capital, ya que la empresa no podrá pagar las facturas cuando lleguen. El presupuesto de caja que se muestra en la tabla 13-1 es un presupuesto de caja simplificado de una empresa para cinco meses (desde enero hasta mayo). Observe que identifica todos los flujos de entrada y todos los flujos de salida de cada mes. El saldo de caja final de un mes determinado se convierte en el saldo inicial de cada mes. Por ese motivo, el saldo de caja del mes de diciembre, de 220 dólares, se convierte en el saldo de caja inicial del mes de enero. Añadiendo el superávit mensual (o déficit) y el saldo de caja inicial, el presupuesto halla el saldo final de cada mes. Echar una mirada a la línea inferior le indicará en qué momento la empresa se encontrará con un déficit de caja, como sucede en abril y más ampliamente en mayo. Las empresas que dependen mucho de la temporada —los productores agrícolas, los fabricantes de prendas, los fabricantes de esquís— experimentan unos cambios muy bruscos en saldos de caja finales.

Durante los meses de superávit, los directivos financieros almacenan capital en instrumentos de mercado que produzcan dinero, como son los certificados de depósito bancario a corto plazo, pagarés bancarios y valores del Tesoro. Conforme desapa-

TABLA 13-3

Un presupuesto de caja simplificado (en miles de dólares)

	Diciembre	Enero	Febrero	Marzo	Abril	Mayo
Entradas de capital						
Ganancias por ventas		1.100	875	600	500	600
Otras ganancias		250	225	200	200	0
Renta del capital		34	34	34		
Total de entradas		1.350	1.134	834	734	600
Salidas de capital						
Compras		400	380	320	300	350
Salarios		200	200	200	200	200
Pagos por horas		170	165	150	195	220
Pagos						
Pagos por atención sanitaria		20	20	20	20	20
Contribuciones por jubilación		25	23	25	23	25
Pagos de intereses		15	15	15	15	15
Impuestos		305	295	270	260	240
Servicios generales		20	18	15	20	25
Total de flujo de salida de caja		1.155	1.116	1.015	1.033	1.095
Superávit o déficit de capital		195	18	(181)	(299)	(495)
Saldo inicial		220	415	433	252	47
Saldo final	220	415	433	252	(47)	(542)

recen los superávits, convierten estos pagarés de nuevo en capital y recurren a préstamos bancarios a corto plazo con el fin de eliminar el déficit del capital. Como puede ver en la tabla 13-3, los directivos deben empezar por recurrir a los superávits del mes de marzo. Los superávits se habrán evaporado para el mes de abril, lo que les obligará a buscar fuentes externas de capital. Las empresas que funcionan dependiendo de una temporada o un ciclo utilizan los períodos de grandes entradas de efectivo para saldar sus créditos y crear posiciones del mercado monetario en anticipación del siguiente ciclo de consumo de capital.

A continuación encontrará los pasos que debe seguir para calcular su propio presupuesto de caja:

1. **Añada las entradas**. Determine las entradas esperadas —cobros de los clientes y otras fuentes— que entrarán en

la cuenta de caja en cada período. Los cobros de caja pueden variar durante el período presupuestario. Por ejemplo, muchos almacenes al por menor esperan recibir la mayoría de sus ingresos durante la temporada de vacaciones.

2. **Deduzca los desembolsos**. Basándose en la actividad esperada, calcule cuánto capital es necesario para cubrir los desembolsos —pagos de capital— durante ese período. Entre los desembolsos se incluyen los pagos por el material, las nóminas personales, los impuestos, etcétera. Algunos de esos gastos pueden distribuirse a lo largo de todo el período presupuestario, pero hay otros, como son las nóminas y los costes de los materiales, que pueden fluctuar durante el proceso de producción.

3. **Calcule el superávit o la deficiencia de capital**. Para calcular el superávit o la deficiencia de capital para cada período, reste los desembolsos de la suma del capital de caja inicial y los ingresos esperados durante ese período.

4. **Añada el capital de caja inicial**. El capital de caja inicial es el capital final del período anterior. Uniendo los dos dispondrá de un nuevo capital inicial.

5. **Determine la financiación necesaria**. El capital final será positivo o negativo. Un capital positivo indica que dispone de suficiente caja como para cubrir las operaciones durante ese período. Un capital negativo indica que la empresa debe desarrollar un plan para financiar los déficit de otras fuentes, como pueden ser los préstamos bancarios. El reembolso de cualquier préstamo debe reflejarse entre los flujos de salida de caja de los períodos presupuestarios posteriores.

El lado humano de la presupuestación

Hasta cierto punto, calcular un presupuesto es cuestión de hacer números, un proceso que cada día se deja más a los modelos de *software* financieros, los ordenadores y la tecnología. Pero detrás de esos números existen personas reales como usted, personas que hacen suposiciones, personas que piensan en situaciones futuras, personas que entienden la idiosincrasia de los clientes y los competidores. Idealmente, todo el mundo que está involucrado en el proceso presupuestario tiene la misma meta en su cabeza: lograr los objetivos estratégicos de la organización.

Sin embargo, lo que algunos ven como un proceso directo, e incluso mecánico, es un procedimiento que se complica por los desacuerdos genuinos sobre las suposiciones acerca de las tendencias y los acontecimientos del futuro, por necesidades conflictivas y por las agendas individuales que entorpecen el mayor bien corporativo. Por esa razón, el proceso presupuestario puede definirse como una serie de negociaciones entre intereses dispares. La administración superior desea obtener el mayor valor económico posible en términos de beneficio. La directiva media puede tener unas necesidades opuestas, como un nuevo equipamiento o nuevo personal. El elemento humano es lo que puede decidir que el proceso presupuestario sea tan atractivo en ocasiones y otras veces algo frustrante.

Presupuestación descendente contra presupuestación participativa

La presupuestación descendente describe el proceso mediante el cual la administración superior establece unas metas presupuestarias —ganancias, beneficios, etcétera— e impone estas metas al resto de la organización. Por ese motivo, por ejemplo, el jefe ejecutivo de Amalgamated Hat Rack le señala al directivo de Moose Head, Claude Cervidés, la meta de conseguir un beneficio de explotación —o las ganancias obtenidas antes de los intereses y de los impuestos— de 400.000 dólares para el siguiente año fiscal. Es asunto de Claude configurar un presupuesto de explotación con 400.000 dólares como el objetivo de beneficios de explotación.

Los presupuestos descendentes tienen muchas ventajas. Puesto que la administración superior tiene un concepto más definido de los objetivos estratégicos de la organización, el presupuesto descendente asegura las siguientes ventajas para dicha directiva:

—Metas presupuestarias que reflejen los objetivos estratégicos más importantes de la directiva.

—Mejor coordinación de los requisitos presupuestarios para todos los elementos de la organización.

—La falta de motivación de los presupuestos unitarios de los «directivos» de «paja».

—Unas metas elevadas que obliguen a los directivos a esforzarse.

El presupuesto descendente presenta dos principales desventajas. Primera, la administración superior puede que no conozca la realidad de los procesos de producción de las divisiones individuales o los mercados. Como resultado, las metas que establecen pueden ser inapropiadas o inalcanzables. Segunda, la directiva media puede sentir que no toma parte en las decisiones y, consciente o inconscientemente, no participa de lleno en el logro de las metas presupuestarias.

Con la presupuestación participativa, las personas responsables de lograr las metas presupuestarias participan en el establecimiento de las mismas. Cervidés, por ejemplo, calculará el presupuesto de su división con la participación de las personas más importantes del departamento de compras, de recursos humanos, de producción, de *márketing* y de administración. Una vez que su equipo haya completado el presupuesto, Cervidés lo enviará a la administración superior de Amalgamated Hat Rack. Después de revisarlo y de darle el posible *feedback* a Cervidés, incorporarán el presupuesto de Moose Head, junto con los otros presupuestos, dentro del presupuesto general.

Una de las ventajas del presupuesto participativo es que las personas más cercanas a las actividades de gestión —las personas que se supone disponen de la mejor información— toman las decisiones presupuestarias. Los participantes en este tipo de proceso presupuestario se muestran más dispuestos a brindar ese esfuerzo

Consejos para negociar el presupuesto de su equipo

Una presupuestación eficiente requiere de cierta astucia por parte de la organización. A continuación encontrará algunos consejos para tratar los temas empresariales que rodean el proceso presupuestario:

—Conocer el proceso presupuestario de su organización. ¿Qué pautas debe seguir? ¿Cuál es el momento oportuno para el proceso presupuestario? ¿Cómo se utiliza el presupuesto en su empresa?

—Comuníquese a menudo con el controlador o la persona financiera de su departamento. Pregúntele las dudas que tenga. Procure que esa persona reciba como consejo las suposiciones que ha hecho el equipo.

—Conozca los intereses reales que mueven a las personas en su toma de decisiones presupuestarias. Asegúrese de tener en cuenta esos intereses.

—Obtenga cobertura por parte de las personas que toman las decisiones. Emplee su tiempo en educar a la persona encargada de las finanzas o las personas que toman decisiones acerca de su área empresarial. Eso sentará las bases para llegar a cambios posteriores.

—Conocer cada partida del presupuesto que está realizando. Si alguna vez no comprende qué significa o de dónde sale una cifra, intente averiguarlo por sí mismo. Ponga los pies en la tierra. Hable con las personas de ejecución.

—Procure tener una comunicación constante con su equipo durante todo el proceso presupuestario. Cuanto más lo planee, más fácil le será responder a las contingencias que no se han previsto.

—Evite las sorpresas desagradables. Cuando las cifras se muestran disponibles, compare las cifras actuales con las cantidades presupuestadas. Si hay una varianza inesperada o significativa, encuentre el motivo. Y asegúrese de notificárselo a la persona de gestión financiera que necesita saberlo.

extra tan necesario para lograr las metas presupuestarias. Las desventajas de una presupuestación participativa son también de dos tipos. Primera, las personas más cercanas a las actividades de gestión puede que no perciban toda la imagen estratégica. Segunda, si las evaluaciones del rendimiento están sujetas a los logros presupuestarios, entonces los directivos tendrán un incentivo para proteger sus presupuestos ya sea estimando por debajo las ganancias o sobreestimando los costes.

El presupuesto iterativo es un intento de combinar lo mejor de la presupuestación descendente y participativa. Durante la fase inicial, la administración superior proporciona a los responsables de cada unidad una visión clara de las metas estratégicas de la organización. Dichos responsables trabajan luego con sus equipos para desarrollar los presupuestos de explotación que incorporan sus metas tácticas y las metas estratégicas de la organización. Después los responsables trabajan con sus equipos y transmiten sus propuestas de presupuesto a la administración superior, ésta revisa los presupuestos individuales y solicita algún ajuste. Este proceso de negociación se mueve de un lado hacia otro hasta que se consigue disponer de un presupuesto general. La clave para el éxito en este tipo de presupuestación, así como en otros, es la comunicación. La administración superior debe comunicar sus objetivos estratégicos de tal forma que tengan sentido. A cambio, los representantes de cada unidad comunican sus necesidades e intereses cuando presentan sus propuestas presupuestarias a la directiva. Todos los participantes en el proceso presupuestario tienen la obligación de escuchar a los demás partes, algunas de ellas conflictivas.

Atonía

La pereza presupuestaria, o la atonía, sucede cuando los directivos creen que van a ser evaluados de acuerdo con su rendimiento en relación con el presupuesto. Con el fin de asegurarse de que van a lograr las cifras presupuestadas y van a recibir sus compensaciones, presentan un presupuesto de ganancias bastante conservador o exageran los costes anticipados, o ambas cosas. Ambas acciones hacen que el «juego» presupuestario sea más fácil de ganar. La pereza presupuestaria también proporciona a estos directivos un refugio contra los problemas inesperados, reduciendo los riesgos para conseguir «sus cifras». Es un juego muy antiguo que todos los directivos de todos los niveles conocen. Los grandes perdedores son, por supuesto, los propietarios de las empresas.

Un análisis sensible y los posibles escenarios

Los presupuestos son tan buenos como las suposiciones futuras en las que se basan. Sin embargo, a veces las suposiciones se equivocan. Asumimos, por ejemplo, que el cliente A nos va a comprar diez mil unidades el próximo año, y además tenemos un acuerdo de ventas que lo respalda. Pero si el cliente A experimenta un colapso empresarial, entonces el acuerdo de ventas tiene muy poco valor. Asumimos también que nuestras facturas de luz aumentarán de acuerdo con el porcentaje normal de inflación. Sin embargo, un invierno muy frío puede hacer que el coste de la electricidad se dispare.

Un análisis sensible es un enfoque para tratar con las suposiciones y las opciones alternativas. Como herramienta presupuestaria, este análisis puede realizar el valor de los presupuestos como instrumentos de planificación, *feedback* y corrección en curso. Un análisis sensible aplica una situación posible al modelo presupuestario con el fin de ver los efectos de un cambio potencial en los datos originales. Por ejemplo, ¿qué sucede si los precios de los materiales suben un cinco por ciento o si las ventas aumentan en un diez por ciento? Los paquetes de *software* para planificaciones financieras son fáciles de encontrar y se utilizan muy frecuentemente para realizar estos cálculos, lo que le facilita a los directivos una herramienta muy potente de estimación de costes y beneficios teniendo en cuenta varias opciones y posibilidades.

Por ejemplo, si la división de Moose Head deseara comprobar sus suposiciones acerca de esos posibles escenarios, dicha división podrá determinar el efecto en algunos marcos alternati-

Consejos para una presupuestación eficiente

Si usted desea utilizar la presupuestación como plan o herramienta de creación de un equipo, necesita desarrollar un plan de juego. Incluso si acaba de finalizar el presupuesto de este año, ya puede ir pensando en el del próximo ejercicio. A continuación encontrará unos cuantos consejos que debe tener en cuenta:

—Si usted es un nuevo directivo, trate de familiarizarse con el proceso presupuestario de su empresa.

—Emplee su tiempo en conocer y saber cuáles son las prioridades de la empresa, y ayude a que su equipo también las conozca.

—Asegúrese de que cualquier solicitud de fondos está en sincronía con los objetivos establecidos por la administración superior.

—Determine el coste de unidad por salida, no importa cómo estén definidas.

—Pida voluntarios para investigar las partidas presupuestarias. Eso facilitará su trabajo y dará a sus subordinados la oportunidad de conocer el proceso presupuestario.

—Si usted necesita reducir los costes, identifique las actividades que añadan valor al cliente y aquellas que no lo hacen. Analice el coste de cada una y empiece por reducir las que no añaden ningún valor.

—Muestre cómo su presupuesto generará ganancias a la empresa. En otras palabras, su presupuesto no debe ser una solicitud de fondos, sino una propuesta que demuestre a la empresa la forma en que éste puede ayudar a que la misma logre sus metas.

vos (tabla 13-4). Considerando los resultados de estos análisis, Claude Cervidés podría dirigir sus esfuerzos hacia una reducción de los costes de material para lograr el mejor resultado de saldo total.

TABLA 13-4

División Moose Head, Amalgamated Hat Rack, análisis sensible de varias opciones (en $)

Escenarios posibles	Unidades vendidas	Coste de los materiales	Beneficios de explotación
Modelo presupuestario	21.400	214.000	383.950
Escenario 1:			
aumento de las unidades de venta 10%	23.540	235.000	422.730
Escenario 2.			
disminución de las unidades de venta 5%	20.330	203.300	360.900
Escenario 3:			
disminución de los costes de material 5%	21.400	203.300	398.700

Fuente: Presupuestación HMM

Resumiendo

—Las cuatro funciones básicas de los presupuestos son la planificación, la coordinación y la comunicación, la supervisión del progreso y la evaluación del rendimiento.

—Los presupuestos ayudan a que una organización avance y se mantenga en su línea, y hacen que el tiempo empleado en ello, así como los problemas que ocasiona, no sea en vano.

—El presupuesto general conjunta los presupuestos de explotación y el de caja, así como diversas proyecciones financieras, con el fin de crear una imagen comprensible.

—Un análisis sensible y un análisis de los posibles escenarios ayuda a predecir los efectos de los cambios específicos de cualquier suposición hecha durante el presupuesto.

Conocimiento
de los balances generales

Tomando unas decisiones más autoritarias

Temas básicos tratados en este capítulo

- *Balance de situación.*

- *Estado de ingresos y perdidas.*

- *Estados de flujo de caja.*

- *Apalancamiento financiero.*

- *La estructura financiera de la empresa.*

- *Interpretación de los balances generales.*

Q UÉ ES LO QUE tiene su empresa y qué le debe a los demás? ¿Cuáles son sus fuentes de ingresos y de qué forma gasta el dinero? ¿Cuántos beneficios ha obtenido? ¿Cuál es el estado financiero de su empresa? Este capítulo le ayudará a responder esas preguntas explicando las tres formas esenciales de balance general: el balance de situación, el estado de ingresos y perdidas y el estado del flujo de capital. El capítulo también le ayudará a comprender algunos de los temas de dirección que están implícitos en estos estados y ampliará su pericia financiera a través del debate de dos conceptos: el apalancamiento financiero y la estructura financiera de la empresa.

Si usted es un encargado de línea, puede que esté pensando: «Yo no necesito saber nada de ese asunto, eso es cosa de la administración superior, no mía». Si usted piensa así, piense de nuevo. La habilidad para leer e interpretar los balances generales se ha hecho cada vez más necesaria, ya que la responsabilidad y la autoridad para tomar decisiones se están desplazando a niveles inferiores. El lenguaje utilizado en los balances generales es también muy importante para los directivos de todos los niveles. Cuando la conversación gira en torno a «los pasivos en moneda nacional», el «margen de beneficios», el «apalancamiento financiero» y el «capital circulante», usted debe conocer exactamente el significado de estos términos. El lenguaje de las empresas modernas utiliza frecuentemente la terminología contable que se emplea en los balances generales. Familiarizarse con ese lenguaje y conocer el significado de los balances generales le convertirán en un reconocido colega entre los círculos más altos de la organización. Para los directivos y propietarios de las pequeñas empresas, el conocimiento de los balances generales es un deber absoluto.

¿Por qué balances generales?

Los balances generales son los documentos esenciales de las empresas. Los directivos los utilizan para evaluar el rendimiento e identificar aquellas áreas en que se requiere una intervención. Los accionistas los utilizan para llevar las cuentas de lo bien que se está gestionando su capital. Los inversores externos los emplean para identificar las oportunidades, y los prestamistas y suministradores examinan rutinariamente los balances generales para determinar la credibilidad de las empresas con las que tratan.

La SEC exige a las sociedades cuyas acciones se cotizan en bolsa que elaboren balances generales y los pongan a disposición de todo el mundo como parte de los requisitos globales que la SEC establece a las empresas cuyas acciones se cotizan en bolsa. Las empresas cuyas acciones no se cotizan no tienen por qué cumplir con ese requisito, pero los propietarios privados y los banqueros los esperan de todas maneras.

Los balances generales —el balance de situación, el estado de ingresos y perdidas y el estado de flujo de capital— utilizan el mismo formato en una empresa u otra, y, aunque los artículos de línea específicos pueden variar dependiendo de la naturaleza del negocio de la empresa, los balances son suficientemente similares como para permitirle comparar el rendimiento de una empresa con otra.

El balance de situación

La mayoría de personas acuden al doctor una vez al año para hacerse un chequeo, una instantánea de su estado físico en un determinado momento. De forma parecida, las empresas preparan el balance de situación como forma de resumir su posición financiera en un determinado momento, normalmente al final de cada mes, trimestre o año fiscal.

En efecto, el *balance de situación* describe los activos controlados por la empresa, así como la forma en que estos activos se financian, ya sea mediante los fondos de los acreedores (pasivos), con el capital de los propietarios o mediante ambos. El balance de situación refleja la siguiente ecuación de contabilidad:

Activos = pasivos + valor del patrimonio

Los *activos* en esta ecuación lo constituyen esas cosas en las que la empresa invierte con el fin de poder dirigir su empresa. Como ejemplo se puede mencionar los instrumentos de capital y financieros, los inventarios de los materiales en crudo y los artículos terminados, la tierra, los edificios y el equipamiento. Los activos también incluyen el dinero que los clientes y otros deben a la empresa, una categoría de activo referido como *cuentas a cobrar*.

Ahora mire al otro lado de la ecuación, empezando por los pasivos. Para adquirir los activos necesarios, en ocasiones una empresa pide prestado dinero o promete pagar a los suministradores por varios artículos y servicios. Las cantidades que se deben a los acreedores se llaman *pasivos*. Por ejemplo, una empresa de informática puede adquirir de un suministrador de componentes informáticos por valor de un millón de dólares en placas base para pagar a treinta días. Al hacerlo, la empresa aumenta su inventario de activos en un millón de dólares y sus pasivos —en forma de *cuentas por pagar*— por una cantidad equitativa. La ecuación permanece equilibrada. De la misma manera, si la misma empresa quisiera pedir prestados 100.000 dólares a un banco, la entrada del capital aumentaría su activo en 100.000 dólares y sus pasivos por la misma cantidad.

El *valor del patrimonio,* conocido también como el valor de los accionistas, es lo que queda después de que todas las deudas se resten del total de los activos. Por eso, una empresa que dispone de tres millones de dólares en activos totales y dos millones en pasivos tiene un valor del patrimonio de un millón de dólares.

Activos – pasivos = valor del patrimonio
3.00.00 – 2.000.000 = 1.000.000 $

Si 500.000 dólares de activos sin asegurar se queman en un incendio, sus deudas permanecerán iguales, pero el valor del patrimonio —es decir, lo que queda después de satisfacer todas las reclamaciones de lo activos— se reducirá a 500.000 dólares.

Activos – pasivos = valor del patrimonio
2.500.000 – 2.000.000 = 500.000 $

Por ese motivo, el balance de situación «equilibra» los activos y los pasivos de una empresa. Observe, por ejemplo, cómo los activos totales son iguales que la totalidad de los pasivos más el valor del patrimonio en el balance de situación de Amalgamated Hat Rack, nuestro ejemplo de empresa (tabla 14-1). El balance de situación también describe la cantidad que la empresa ha invertido en activos y en dónde se ha invertido el dinero. Además, el balance de situación indica cuántos de estos activos de inversión monetaria proceden de los acreedores (deudas) y cuántos de los valores (equidad). Un análisis del balance de situación puede darle una idea de lo eficientemente que su empresa está utilizando sus activos y lo bien que está gestionando sus deudas.

Los datos del balance de situación son de más ayuda cuando se les compara con la misma información de un año o varios años precedentes. Observe el balance de situación de Amalgamated Hat Rack. Primero, este balance representa la situación financiera de la empresa en un momento determinado: 31 de diciembre del 2002. Si se establece una comparación con las cifras del año 2001 se observa que Amalgamated se está desplazando en una dirección positiva: muestra un aumento del valor del patrimonio de cerca de 100.000 dólares.

TABLA 14-1

Balance de situación correspondiente al mes de diciembre, 2002. Amalgamated Hat Rack (en $)

	2002	2001	Aumento (disminución)
Activos			
Valores de capital y de mercado	355.000	430.000	(75.000)
Cuentas a cobrar	555.000	512.000	43.000
Inventario	835.000	755.000	80.000
Gastos pagados anticipadamente	123.000	98.000	25.000
Total de activos	1.868.000	1.795.000	73.000
Propiedad en bruto, planta y equipamiento	2.100.000	1.900.000	200.000
Menos: Depreciación acumulada	333.000	234.000	99.000
Propiedad neta, planta y equipamiento	1.767.000	1.666.000	101.000
Total de activos	3.635.000	3.461.000	174.000
Pasivos y valor del patrimonio			
Cuentas por pagar	450.000	430.000	20.000
Gastos acumulados	98.000	77.000	21.000
Impuestos sobre la renta por pagar	17.000	9.000	8.000
Deudas a corto plazo	435.000	500.000	65.000
Total de deudas	1.000.000	1.016.000	(16.000)
Deudas a largo plazo	750.000	660.000	90.000
Total de deudas	1.750.000	1.676.000	74.000
Capital apartado	900.000	850.000	50.000
Ganancias retenidas	985.000	935.000	50.000
Total del valor del patrimonio	1.885.000	1.785.000	100.000
Total de pasivos y de valor del patrimonio	3.635.000	3.461.000	174.000

Fuente: HMM Finance.

Activos

Usted debe conocer algunos detalles de este balance en particular. El balance de situación comienza por hacer una lista de los activos que más fácilmente se pueden convertir en capital: el capital de los efectos en cartera y de los valores o títulos no negociables, las cuentas por cobrar y el inventario. Todos ellos son denominados *activos circulantes*. En general, los activos circulantes son aquellos que pueden convertirse en capital en un año.

Posteriormente, el balance de situación cuadra otros activos que resultan más difíciles de convertir en capital, como puede ser el local o el equipamiento. Esos son los llamados activos de planta o, más comúnmente, *activos fijos* (puesto que son difíciles de convertir en capital).

Puesto que la mayoría de los activos fijos, excepto la tierra, se deprecian —o pierden valor— con el tiempo, la empresa debe reducir el valor establecido de estos activos fijos mediante lo que se llama depreciación acumulada. La propiedad en bruto, la planta y el equipamiento menos la depreciación acumulada, es igual al valor contable de la propiedad, la planta y el equipamiento.

Algunas empresas engloban en su lista de activos al *crédito mercantil*. Si una empresa ha comprado otra empresa por un precio por encima de su justo valor en el mercado de activos, ese crédito mercantil es considerado como un activo. Sin embargo, eso es estrictamente imposible. Los créditos mercantiles pueden representar también cosas intangibles, como son las marcas comerciales o la excelente reputación que ha adquirido la empresa. Esos activos sí pueden tener un valor real, al igual que otros activos intangibles, como son las patentes.

Finalmente, llegamos a la última parte del balance de situación, en donde se encuentran los activos totales. Los activos totales representan la suma de los activos realizables más los activos fijos.

Pasivos y valor del patrimonio

Ahora veamos las reclamaciones que existen en contra de esos activos, empezando por esa categoría llamada pasivos en moneda nacional. Los *pasivos en moneda nacional* representa las reclamaciones hechas por los acreedores y otros que normalmente se pagan en un año; entre ellas se incluyen los pagarés a corto plazo, los salarios acumulados, los impuestos sobre la renta acumulados y las cuentas por pagar. La obligación de reembolso de un préstamo a largo plazo también se incluye en la lista de pasivos en moneda nacional.

Si restamos los pasivos en moneda nacional de los activos realizables nos da el capital neto circulante de la empresa. El *capital neto circulante* es la cantidad de dinero que la empresa ha inmovilizado en sus actividades de explotación (a corto plazo). La cantidad que es adecuada para la empresa depende de la clase de industria y de los planes empresariales. En su balance de situación más reciente, Amalgamated tenía 868.000 dólares en capital neto circulante.

Los pasivos a largo plazo son normalmente bonos e hipotecas; es decir, deudas que la empresa está forzosamente obligada a pagar porque existe un contrato, con respecto a los intereses y al principal.

De acuerdo con la ecuación contable que se ha mencionado anteriormente, los activos totales deben ser iguales al total de los pasivos más el valor del patrimonio. Por eso, si restamos el total de los pasivos del total de los activos, el balance de situación nos da una cifra para el valor del patrimonio. El valor del patrimonio abarca las *ganancias retenidas* (beneficios netos que la empresa ha acumulado en el balance de situación después de haber pagado los dividendos) y el capital apartado (el capital recibido por el intercambio de las acciones)

Valores históricos

Los valores representados en muchas categorías del balance de situación puede que no correspondan a los valores actuales de mercado. Excepto por artículos como pueden ser el capital, las cuentas por cobrar, las cuentas por pagar, la medida de cada clasificación rara vez será igual al valor actual o al valor en efectivo que se ha mostrado. Eso se debe a que los responsables deben anotar la mayoría de los artículos en su coste histórico. Si, por ejemplo, el balance de situación de XYZ indicó que el valor de la propiedad es de 700.000 dólares, esa cifra representa lo que XYZ pagó por ella en su momento. Si la propiedad se compró en el centro de San Francisco en 1960, puede apostar que el valor en la actualidad supera con creces el anotado en el balance de situación. Entonces, ¿por qué los contables utilizan los valores históricos, en lugar de los valores de mercado? La respuesta es que esto es lo mejor que se puede hacer de entre dos cosas que no son buenas. Si los valores de mercado fuesen los que imperan, entonces todas las empresas públicas buscarían a un profesional para que les tasase las propiedades, los inventarios de los depósitos, etcétera; y, además, tendrían que hacerlo anualmente. Y ¿cuántas personas confiarían en esos tasadores? Por eso, nosotros estamos en una situación de bloqueo con el balance de situación.

Emisiones de la directiva

Aunque el balance de situación esté preparado por contables, representa una cantidad considerable de emisiones para los directivos.

CAPITAL CIRCULANTE. Los directivos financieros prestan mucha atención a los niveles de capital circulante, que naturalmente se expanden y se contraen con las actividades de venta. Demasiado poco capital circulante puede poner a la empresa en una mala posición: puede verse incapaz de pagar sus facturas o aprovecharse de las oportunidades rentables. Demasiado capital circulante, por el contrario, reduce la rentabilidad, puesto que ese capital tiene una merma que debe ser financiada de alguna forma, normalmente mediante los intereses de un préstamo

El *inventario* es un componente del capital circulante que afecta directamente a muchos directivos que no están involucrados en las finanzas. Como el capital circulante en general, el inventario debe mantener un equilibrio; es decir, ni demasiado poco ni mucho. Disponer de mucho inventario resuelve muchos problemas empresariales: la empresa puede cumplir con los pedidos de los clientes sin retraso, y un excesivo inventario proporciona un tope a la producción potencial, paros laborales y huelgas. El lado negativo de un inventario excesivo es el coste de financiación y el riesgo de deterioro del mismo inventario en el mercado de valores. Cada exceso de productos en el almacén añade costes de financiación a la empresa que reducen los beneficios. Y cada artículo que está en las estanterías puede volverse obsoleto o más difícil de vender a medida que pasa el tiempo, causando de nuevo un impacto negativo en la rentabilidad. Las empresas de ordenadores personales son un claro ejemplo de cómo un exceso de inventario puede estropear el saldo total. Algunos analistas estiman que el valor de los artículos de inventario se reduce en un dos por ciento *cada día*, debido a la rapidez con que estos artículos se quedan obsoletos en una industria tan rápida.

EL APALANCAMIENTO FINANCIERO. Probablemente usted habrá oído decir: «es una situación de gran apalancamiento». ¿Sabe lo que significa apalancamiento en sentido financiero? El *apalancamiento financiero* se refiere al empleo del dinero prestado al adquirir un activo. Decimos que una empresa está muy apalancada cuando el porcentaje de deudas en su balance de situación es alto en relación con el capital invertido por los propietarios. Por ejemplo, suponga que usted ha pagado 400.000 dólares por un activo utilizando 100.000 dólares de su bolsillo y 300.000 de los fondos prestados. Por una cuestión de simplicidad, vamos a ignorar los intereses del préstamo, los impuestos y cualquier flujo de capital que usted pueda tener de esa inversión. Han transcurrido cuatro años y el activo ha aumentado su valor hasta 500.000 dólares, así que decide vender. Después de pagar los 300.000 dólares, aún le quedan 200.000 en su bolsillo (los 100.000 del principio más otros 100.000 de beneficios). Eso supone una ganancia del cien por cien de su capital personal, aunque el valor del activo sólo haya aumentado un veinticinco por ciento. El apalancamiento financiero hace posible algo así. Por el contrario, si usted ha financiado la compra exclusivamente con sus fondos (400.000 $), entonces usted terminará con unas ganancias de tan sólo el veinticinco por ciento. (La *posibilidad de aumentar la rentabilidad de las acciones que de la explotación*, por el contrario, se refiere al punto en que los costes de explotación de la empresa son fijos en contra de variables. Por ejemplo, una empresa que confía mucho en la maquinaria y muy poco en los trabajadores para la producción de sus artículos, tiene una alta posibilidad de aumentar la rentabilidad de las acciones.)

El apalancamiento financiero ofrece una oportunidad para que una empresa obtenga un mayor beneficio por el capital invertido de sus propietarios. En los Estados Unidos y en la mayoría de los países, la política de impuestos hace que el apalancamiento financiero sea más atractivo, ya que permite que las empresas deduzcan los intereses pagados por los préstamos. Pero el apalancamiento puede ser un obstáculo en ambos sentidos. Si el valor de un activo cae (o fracasa a la hora de producir el nivel de ganancias anticipado), entonces el apalancamiento se pone en contra de los propietarios. Piense en lo que habría ocurrido en nuestro ejemplo si el valor del activo hubiera caído 100.000 dólares, es decir hasta 300.000 dólares. Los propietarios hubieran perdido los 100.000 que habían invertido después de pagar el préstamo inicial de 300.000 dólares.

ESTRUCTURA FINACIERA DE LA EMPRESA. El potencial negativo del apalancamiento financiero es lo que hace que los jefes ejecutivos, los ejecutivos financieros y los miembros del consejo no aumenten sus deudas financieras. En su lugar, buscan una estructura financiera que cree un balance realista entre las deudas y la equidad en el balance de la situación. Aunque el apalancamiento resalta la rentabilidad potencial de una empresa, siempre y cuando las cosas vayan bien, los directivos saben que cada dólar de deuda aumenta el riesgo de la empresa, ya sea por el peligro que ya hemos mencionado, o porque unas deudas muy altas significan unos intereses muy altos que deben pagarse en las buenas y en las malas épocas. Muchas empresas han fracasado porque en épocas de recesión se han visto imposibilitadas de atender sus pagos a tiempo.

Cuando los prestamistas y los inversores examinan los balances de situación corporativos, miran cuidadosamente a la relación deudas y equidad. Ellos calculan el porcentaje del balance de situación dentro del interés que cargan sobre los préstamos y el beneficio que exigen de los bonos de la empresa. Por eso, una empresa muy apalancada puede que tenga que pagar hasta el catorce por ciento sobre los fondos prestados, en lugar de un diez o un doce por ciento, que es lo que pagaría un competidor menos apalancado. Los inversores exigen además un alto porcentaje de beneficios por los fondos de inversión en las empresas muy apalancadas. No aceptarán unos riesgos muy grandes sin esperar unos beneficios muy considerables.

¿Dónde están los activos humanos?

Cuando las personas miran los informes financieros para obtener una perspectiva acerca de la empresa, muchos cuestionan la habilidad tradicional del balance de situación para reflejar el valor del capital humano y el beneficio potencial. Eso resulta especialmente cierto en las empresas de conocimiento intensivo, para las cuales la mano de obra experimentada, la propiedad intelectual, la equidad de marca y las relaciones con los clientes son activos productivos reales. Desgraciadamente, estos activos intangibles no se encuentran en el balance de situación.

La creciente falta de relevancia de los balances de situación para reflejar el valor real hizo que el presidente del Consejo de Administración Federal, Alan Greenspan, se quejara en junio del año 2000 señalando que la contabilidad no reflejaba los «activos de conocimiento». El anterior presidente de SEC, Arthur Levitt, apoyó ese interés de Greenspan: «un activo intangible crece en tamaño y ámbito, y cada vez más personas se cuestionan si el verdadero valor es reflejado de manera puntual en una publicación pública». También, un estudio realizado por Baruch Lev, de la Universidad de Nueva York, encontró que el 40% de la valoración de mercado de una empresa media se perdía en balance de situación. Para las empresas de alta tecnología llegaba a un 50%.

La implicación de estos descubrimientos para los inversores y directivos es que deben mirar más allá de la inversión inmobiliaria, el equipamiento e incluso el capital que constituye tradicionalmente los activos del balance de situación y centrarse en los activos ocultos que producen el gran valor para los accionistas. En la mayoría de los casos, estos activos están formados por las personas que crean los lazos entre la empresa y sus clientes, por aquellas personas que crean innovaciones por las que la gente está dispuesta a pagar, y por aquellas que saben cómo hacer trabajar a los demás en grupo y productivamente. Los profesionales de la contabilidad están empezando a debatir los pros y los contras de incluir estos activos intangibles en los estados financieros. Ya veremos qué ocurre en el futuro.

El estado de ingresos y gastos

El *estado de ingresos y gastos* indica los resultados de las operaciones en un período determinado. Esas dos últimas palabras son importantes. Mientras que el balance de situación, que es una fotografía de la situación de la empresa en un determinado momento, el estado de ingresos y gastos indica los resultados de las empresas acumulados en un marco de tiempo definido. Le dice si la empresa está obteniendo beneficios —es decir, si está teniendo unos ingresos netos positivos o negativos (ganancias netas)—. Esa es la razón por la que dicho documento recibe el nombre de *estado de ingresos y gastos*. Muestra la rentabilidad de una empresa al final de un período determinado, normalmente al final de cada mes, cuatrimestre o año fiscal. Además, el estado de ingresos y gastos le dice cuánto dinero gastó la empresa para obtener dichos beneficios, de lo que usted puede determinar el *margen de beneficios* de la empresa.

De la misma manera que hicimos con el balance de situación, el estado de ingresos y gastos puede representarse mediante una sencilla ecuación:

Ganancias – gastos = ingresos netos (o pérdidas netas)

Un estado de ingresos y gastos empieza por las *ganancias* de la empresa, es decir, la cantidad de dinero que resulta de la venta de los productos o de los servicios al cliente. Una empresa puede obtener otras ganancias, y en muchos casos provienen de las inversiones e intereses de sus efectivos en caja.

Luego se restan de las ganancias diversos gastos, entre los que se incluyen aquellos que suponen la fabricación y almacenamiento de artículos, la depreciación de la planta y del equipamiento, y los intereses de los gastos y de los impuestos. El saldo total —es decir, lo que queda— son los *ingresos netos*, o los beneficios netos, o las ganancias netas, durante el período del estado.

Piense en el significado de varias partidas presupuestarias en el informe de ingresos y gastos de Amalgamated Hat Rack (tabla 14-2). El *coste de los artículos vendidos* es lo que le costó a Amalgamated

TABLA 14-2

Estado de ingresos y gastos para finales del mes de diciembre del 2002. Amalgamated Hat Rack (en $)

Ventas al por menor	2.200.000
Ventas corporativas	1.000.000
Ganancias por ventas totales	3.200.000
Menos: Coste de los artículos vendidos	1.600.000
Beneficio bruto	1.600.000
Menos: Gastos de explotación	800.000
Gastos de depreciación	42.500
Ganancias antes de los intereses y los impuestos	757.500
Menos: Gastos de intereses	110.000
Ganancias antes de los impuestos sobre la renta	647.500
Menos: Impuesto sobre la renta	300.000
Beneficio neto	347.500

Fuente: HMM Finance

fabricar sus percheros. Esta cifra incluye los costes de las materias primas, como puede ser la madera, así como los costes de convertir esos materiales en artículos terminados, incluyendo los costes de trabajo directos. Restando el coste de los artículos vendidos de las ganancias de las ventas, se obtiene el *beneficio neto*, la estimación más general de la rentabilidad de una empresa.

Otra categoría importante de gastos son los *gastos de explotación*. Éstos incluyen los salarios de los empleados administrativos, las rentas, las ventas y los costes de *márketing*, así como otros costes de la empresa que no se atribuyen directamente a los gastos de producción de un artículo. La madera para construir los percheros *no* se integrarán aquí; sin embargo, se incluirán los gastos de publicidad y los salarios de los empleados de Amalgamated.

La *depreciación* se cuenta en el estado de ingresos y gastos como un gasto, aunque éste no conlleva los pagos con perdidas. Como se ha descrito anteriormente, la depreciación es una manera de estimular el «consumo» de un activo, el decreciente valor del equipamiento con el tiempo. Un ordenador, por ejemplo, pierde un tercio de su valor cada año. Por eso, la empresa no gastará el valor total de un ordenador durante el primer año de su compra, pero sí lo hará tras un período de tres años. Lo que produce en realidad la depreciación es reconocer el decreciente valor de ciertos activos.

Restando los gastos de explotación y la depreciación de los beneficios brutos se obtienen los *beneficios de la explotación empresarial.* Estos beneficios reciben el nombre de beneficios antes de intereses y de impuestos.

Nos encontramos ya en las últimas reducciones que se aplican antes de seguir con las ganancias en nuestro camino hacia el saldo total. Los gastos de interés son los intereses que la empresa ha pagado pos los préstamos. El impuesto sobre la renta, el impuesto exigido por el gobierno sobre los ingresos corporativos, es el cargo final.

Las ganancias que restan son los denominados beneficios netos o ganancias. Si los beneficios son positivos —como es el caso de Amalgamated— entonces es que hemos obtenido beneficios, que es el motivo para el que vive una empresa.

Dándole sentido al estado de ingresos y gastos

Como ocurre con el balance de situación, nuestro análisis del estado de ingresos y gastos resulta más fácil cuando se presenta con un formato de varios períodos. Eso le permite detectar las tendencias y los cambios completos. La mayoría de los informes anuales disponen sus datos en distintos períodos, normalmente de los últimos cinco años. El estado de ingresos y gastos de Amalgamated se muestra en la tabla 14-3.

En este formato, que abarca varios años, observamos que las ventas al por menor de Amalgamated han crecido de manera uniforme, mientras que sus ventas corporativas se han estancado e incluso descendido ligeramente. Los gastos de explotación han permanecido más o menos a la par, aunque hayan aumentado las ventas totales. Eso es una señal positiva de que la directiva está manteniendo una situación económica en el coste de hacer negocios. Los gas-

TABLA 14-3

Estado de ingresos y gastos de Amalgamated Hat Rack (en $)

	HASTA EL DÍA 31 DE DICIEMBRE			
	2002	2001	2000	1999
Ventas al por menor	2.200.000	2.000.000	1.720.000	1.500.000
Ventas corporativas	1.000.000	1.000.000	1.100.000	1.200.000
Ganancias totales por ventas	3.200.000	3.000.000	2.820.000	2.700.000
Menos: Costes de los artículos vendidos	1.600.000	1.550.000	1.400.000	1.300.000
Beneficios brutos	1.600.000	1.450.000	1.420.000	1.400.000
Menos: Gastos de explotación	800.000	810.000	812.000	805.000
Gastos de depreciación	42.500	44.500	44.500	42.500
Ganancias antes de los intereses y de los impuestos	757.500	595.500	562.500	552.500
Menos: Gastos de intereses	110.000	110.000	150.000	150.000
Ganancias antes del impuesto sobre la renta	647.500	485.500	412.500	402.500
Menos: Impuesto sobre la renta	300.000	194.200	165.000	161.000
Beneficio neto	347.500	291.300	247.500	241.500

tos de intereses de la empresa también han descendido, quizá porque ya haya amortizado uno de sus préstamos. El saldo total y los ingresos netos han experimentado un considerable aumento.

El estado de flujo de caja

El *estado de flujo de caja*, el último de los tres estados financieros esenciales, es el que menos se utiliza y el que menos se conoce. Este estado detalla las razones por las que la cantidad de capital (y los equivalentes de capital) cambiaron durante el período contabilizado. Más específicamente, refleja todos los cambio de capital que han sido ocasionados por las actividades de explotación, las inversiones y las actividades financieras. Igual que el estado de cuentas que usted recibe de su cuenta bancaria, el estado de flujo de caja le dice qué cantidad de capital había disponible al principio del período y cuánto había disponible al final de ese período. Se puede decir entonces que describe la forma en que la empresa adquirió y gastó ese capital en un período determinado. Los usos del capital son considerados como cifras negativas, y las fuentes del mismo como cifras positivas.

Si usted es un directivo de una gran corporación, los cambios en el flujo de caja de la empresa no causarán un impacto en sus funciones rutinarias. No obstante, es recomendable estar al día con las proyecciones de flujo de caja de la empresa, porque pueden entrar a formar parte del juego cuando prepare el presupuesto general del próximo año. Por ejemplo, si el capital es restringido, tratará probablemente de ser prudente con los gastos. Por el contrario, si su empresa está sobrada de capital, entonces tendrá la oportunidad de hacer nuevas inversiones. Si es directivo de una pequeña empresa o su propietario, usted debe estar muy pendiente del flujo de caja de su empresa, y eso supondrá un impacto casi diario.

El estado de flujo de caja es útil porque le indica si su empresa está convirtiendo las cuentas por cobrar en capital, y esa habilidad es lo que en definitiva hace que su empresa sea solvente o no. La *solvencia* es la habilidad para pagar las facturas cuando se reciben.

De la misma forma que hicimos con los demás estados, podemos conceptualizar el estado de flujo de caja en términos de una sencilla ecuación:

Flujo de caja de los beneficios + otras fuentes de capital – usos del capital = cambios en el capital

Si utilizamos de nuevo el ejemplo de Amalgamated Hat Rack, podemos ver que durante el año 2002 el estado de flujo de caja de la empresa generó un flujo de caja positivo de 377.900 dólares (tabla 14-4). El estado muestra que el flujo de caja de las operaciones fue de 283.900 dólares, más el que se obtuvo de las actividades de inversión, 92.000 dólares, y los obtenidos mediante financiación que fueron de 2.000 dólares, produjeron un capital adicional de 377.900 dólares.

El estado de flujo de caja no mide las mismas cosas que el estado de ingresos y pérdidas. Si no existe transacción de capital, en-

TABLA 14-4

Estado de flujo de caja correspondiente al año 2002 de Amalgamated Hat Rack (en $)

Beneficio neto	347.500
Activos de explotación y pasivos	
Cuentas por cobrar	75.600
Inventario de artículos terminados	125.000
Gastos pagados por anticipado	37.000
Cuentas por pagar	83.000
Gastos acumulados	25.000
Impuesto sobre la renta por pagar	23.000
Gastos de depreciación	89.000
Total de cambios en los activos de explotación y los pasivos	63.600
Flujo de caja de las operaciones	283.900
Actividades de inversión	
Venta de propiedad, planta y equipamiento	267.000
Gastos del capital	175.000
Flujo de caja de las actividades de inversión	92.000
Actividades financieras	
Aumento de las deudas a corto plazo	27.000
Préstamos a largo plazo	112.000
Acciones de capital	50.000
Dividendos en efectivo para los accionistas	187.000
Flujo de caja obtenido de las actividades financieras	2.000
Aumento del capital durante el año	377.900

Fuente: HMM Finance

tonces no puede reflejarse en el estado de flujo de caja. Observe, sin embargo, que el beneficio neto en la parte superior del estado de flujo de caja es el mismo que el de la línea inferior del estado de ingresos y perdidas: es el beneficio de la empresa. Mediante una serie de ajustes, el estado de flujo de caja traduce este beneficio neto en base de efectivo.

El formato del estado refleja las tres categorías de actividades que afectan al capital. El capital puede aumentar o disminuir dependiendo de: (1) las operaciones, (2) la adquisición o venta de activos, es decir, inversiones, y (3) los cambios en deudas, mercado o actividades financieras. Consideremos una a una, empezando por las operaciones:

—Las cuentas por cobrar y el inventario de artículos terminados representan las partidas que la empresa ha producido,
pero por las cuales aún no ha recibido el pago. Los gastos
por anticipado representan partidas que la empresa ha pagado, pero que no ha consumido. Todas estas partidas se restan del flujo de capital.

—Las cuentas por pagar y los gastos acumulados representan las partidas que la empresa ya ha recibido o utilizado,
pero por los que aún no ha pagado. En consecuencia, estas
partidas se añaden al flujo de capital.

Consideremos ahora las inversiones. Las actividades de inversión incluyen:

—Las ganancias obtenidas por la venta de la planta, la propiedad o el equipamiento; en otras palabras, las ganancias obtenidas al convertir las inversiones en capital.

—El capital que la empresa utiliza para invertir en instrumentos financieros, planta, propiedad o equipamiento (dichas
inversiones en la planta, la propiedad o el equipamiento
suelen considerarse como gastos del capital).

Flujo de capital contra beneficios

Muchas personas consideran los beneficios como flujo de
capital. No cometa ese error. Durante un determinado período de tiempo, los beneficios pueden contribuir positivamente
al flujo de capital o no. Por ejemplo, si los beneficios de este
año proceden de una gran venta que se realizó en noviembre,
la venta debe ser considerada como ganancias durante el período fiscal, por eso se añaden a los beneficios. Pero si el pago
por esa venta no se recibe hasta el próximo período contable,
en el balance de situación constará como cuentas por pagar,
lo que reduce el flujo de capital.

El estado de flujo de caja muestra que Amalgamated ha vendido un edificio por el valor de 267.000 dólares y ha obtenido unos gastos de capital de 175.000 dólares, lo que constituye una adición neta al flujo de capital de 92.000 dólares.

Finalmente llegamos a los cambios de flujo de capital ocasionados por las actividades financieras. Amalgamated ha aumentado el dinero aumentando las deudas a corto plazo, prestando en los mercados de capitales, emitiendo acciones de capital y, por tanto, aumentando su flujo de capital disponible. Los dividendos que paga Amalgamated, sin embargo, (187.000 dólares) deben ser abonados del flujo de capital y, por lo tanto, representa una disminución del mismo.

Dónde encontrarlo

Como se mencionó anteriormente, todas las empresas que ponen en venta sus acciones en los mercados públicos de los Estados Unidos deben preparar y distribuir sus estados financieros en un reporte anual a todos los accionistas, ya que así lo exige la Comisión de Seguridad e Intercambio. La mayoría de los informes van más allá de los requisitos indispensables de la SEC, ya que proporcionan debate sobre las operaciones realizadas ese año y las perspectivas futuras. Muchas empresas públicas emiten informes cuatrimestrales.

Si usted busca más material acerca de su empresa o en referencia a alguno de sus competidores, le recomiendo que obtenga una copia del formulario de la empresa 10-K, que debe ser archivado con el SEC. Dicho formulario contiene información muy importante acerca de la estrategia de la empresa, su visión de mercado y sus clientes, sus productos, los riesgos más importantes y los cambios empresariales, etcétera. Usted puede obtener estos informes, ya sean anuales o cuatrimestrales, directamente del departamento de relaciones con los inversores, u *online* en el sitio *web* http:// www.sec.gov/edgar/searchedgar/formpick.htm.

Resumiendo

—El balance de situación muestra la situación financiera de una empresa en un momento determinado. Es decir, ofrece una fotografía de la situación financiera de la empresa —sus activos, su equidad y sus pasivos— en un determinado día.

—El estado de ingresos y gastos muestra el saldo total; es decir, que documenta las ganancias y las perdidas que se han generado durante un período de tiempo determinado, ya sea un mes, un trimestre o un año.

—El estado de flujo de caja nos dice de dónde procede el capital y hacia dónde va; en otras palabras, el flujo de capital que entra y sale de la empresa.

—En pocas palabras, el estado de ingresos y gastos nos dice si la empresa está obteniendo beneficios o no. El balance de situación nos avala lo eficientemente que la empresa está utilizando sus activos y gestionando sus pasivos con el fin de obtener unos beneficios. El estado de flujo de caja nos dice cómo el capital ha aumentado o disminuido con las operaciones, la adquisición o la venta de activos o las actividades financieras.

Valor neto actual y tasa de rendimiento interno

Dar cuentas del tiempo

Temas básicos tratados en este capítulo

- *Valor actual y futuro.*

- *Valor neto actual.*

- *Tasa de rendimiento interno.*

- *Tasa crítica de rentabilidad y tasa de descuento.*

ESTE CAPÍTULO le introducirá en el conocimiento de las herramientas para la toma de decisiones financieras que dan cuenta del valor del tiempo: especialmente, el valor presente y futuro, el valor neto actual, y la tasa de rendimiento interno. Esas son las herramientas de decisión más potentes y útiles de que disponen los directivos. Tanto si usted está pensando en desarrollar un muevo producto como si desea comprar un nuevo activo o hacer otro tipo de inversión, las herramientas de valor del tiempo pueden hacer resaltar sus decisiones. Y lo que es mejor de todo, ellas son las que dan cuentas del coste del capital de esas decisiones.

Valor del tiempo y por qué importa

Algunos directivos utilizan el concepto de rendimiento de la inversión (ROI) para tomar decisiones y evaluar el rendimiento. Dicen: «Invertimos diez millones de dólares en el desarrollo de esta tecnología y la vendimos cuatro años más tarde por quince millones. Por lo tanto, nuestro rendimiento de la inversión ha sido del cincuenta por ciento». Por desgracia, la forma de calcular el rendimiento de la inversión tiene un punto débil, ya que no da cuentas del esquema temporal de los flujos de capital. El calendario de los flujos de capital es importante, y debe ser tenido en cuenta a la hora en que la directiva tenga que tomar decisiones. Para saber el porqué, observe esos dos tipos de inversión tan diferentes:

Inversión A

Compra de una parcela de tierra por 1 millón de dólares; vendida cuatro años más tarde por 1,5 millones de dólares.

Inversión B

Compra de una parcela de tierra por 1 millón de dólares; vendida dos años más tarde por 1,5 millones de dólares.

Cada una de estas inversiones ha producido un cincuenta por ciento de rendimiento de inversión, pero la inversión B es claramente superior porque su rendimiento se obtuvo en la mitad de tiempo.

La utilidad del rendimiento de la inversión como herramienta de toma de decisiones es bastante limitada, aunque muchas empresas la utilicen.

Cálculo de la tasa de rendimiento

Los reembolsos de una inversión pueden tomar forma de economía de costes, beneficios incrementados o apreciación del valor. Usted comienza por determinar el «rendimiento neto». Para calcular el rendimiento neto de una inversión, reste el coste total de la inversión de los beneficios totales recibidos. Luego, para calcular la tasa de rendimiento de inversión divida el rendimiento neto entre los costes totales de la inversión. Utilizando la inversión A como ejemplo:

Beneficios totales – costes totales = rendimiento neto
1,5 millones $ – 1 millón $ = 0,5 millones $

Rendimiento neto: costes totales = tasa de rendimiento de la inversión
0,5 millones $: 1 millón $ = 50%

El valor temporal del dinero consiste en reconocer que el dinero recibido hoy vale más que la misma cantidad recibida dentro de unos meses o años. Si usted tiene alguna duda acerca de esta afirmación, considere este ejemplo:

Su suegro le visita y le dice: «La Parca vendrá a por mí uno de estos días y por mucho que quiera llevarme el dinero conmigo, he decidido darte una parte antes de irme. Pongamos 300.000 dóla-res».

Obviamente, usted agradece sus buenas intenciones, y querrá saber cuándo tendrá el dinero en sus manos. «No estoy seguro de cuándo te daré el dinero —continua su suegro—, puede que sea este año, el siguiente o dentro de cinco años. Eso no importa; en cualquiera de los casos te daré 300.000 dólares.»

Su suegro está equivocado en ese último punto. *Cuándo* recibirá usted el dinero importa. Gracias al efecto del cómputo de interés, 300.000 dólares colocados en una cuenta corriente de un banco al cinco por ciento de interés anual, en cinco años se convertirán en 383.000 dólares, y algo más de 483.000 dólares si lo coloca a un diez por ciento. Veamos cómo ese cómputo funciona con el tiempo utilizando los 300.000 dólares del ejemplo, con un interés anual del diez por ciento anual en cinco años (tabla 15-1).

Este ejemplo demuestra la importancia del tiempo en las entradas de las cantidades de capital. Si su suegro le diera los 300.000 dólares hoy, usted obtendría unos beneficios extra de 183.153 dólares (asumiendo un diez por ciento de reembolso compuesto) que si él retrasara su regalo cinco años. (Observe que este análisis asume que usted reinvierte los intereses que obtiene al mismo porcentaje).

Este ejemplo introduce también una serie de términos que son importantes en lenguaje financiero:

—**Valor actual**. Los 300.000 dólares son un *valor actual,* es decir, una cantidad que se ha recibido hoy.

TABLA 15-1

Valor del tiempo en una inversión al 10% de interés compuesto (en $)

Período	Valor inicial	Intereses obtenidos	Valor final
1	300.000	30.000	330.000
2	330.000	33.000	363.000
3	363.000	36.300	399.300
4	399.300	39.930	439.230
5	439.230	39.930	483.153

—**Valor futuro:** Los 483.153 dólares son un valor futuro, es decir, la cantidad a la que ascenderá el valor presente, o series de pagos, después de un período determinado de tiempo a un porcentaje compuesto.

—**Períodos:** El tiempo se mide por períodos. El número de períodos de este ejemplo es de cinco años.

—**Tasa:** La tasa es el porcentaje compuesto.

Conocer esos términos y utilizarlos debidamente le hará ascender uno o dos peldaños entre los jefes ejecutivos de su empresa, en lo que a estimación se refiere.

Generaciones de estudiantes de empresariales se han visto obligados a estudiar la forma de calcular el valor presente y futuro utilizando tablas como la número 15-2. Esta tabla le indica el valor presente de un dólar, teniendo en cuenta diversas tasas compuestas y distintos períodos compuestos. Cada cifra de la tabla muestra lo que normalmente se llama factor de interés del valor actual (PVIF). Por ejemplo, el factor de interés del valor actual de un dólar recibido al final de los cinco períodos a un diez por ciento es de 0,621, de acuerdo con la tabla. En otras palabras, un dólar recibido al final del período de cinco años sólo vale 0,621 dólares, asumiendo que usted puede invertir los fondos hoy con una tasa compuesta del diez por ciento.

TABLA 15-2

Valor actual de 1 $ (PVIF)

Período	2%	4%	6%	8%	10%	12%
1	0,980	0,962	0,943	0,926	0,909	0,893
2	0,961	0,925	0,890	0,857	0,826	0,797
3	0,942	0,889	0,840	0,794	0,751	0,712
4	0,924	0,855	0,792	0,735	0,683	0,636
5	0,906	0,822	0,747	0,681	0,621	0,567
6	0,888	0,790	0,705	0,630	0,564	0,507
7	0,871	0,760	0,655	0,583	0,513	0,452
8	0,853	0,731	0,627	0,540	0,467	0,404
9	0,837	0,703	0,592	0,500	0,424	0,361
10	0,820	0,676	0,558	0,463	0,386	0,322

También hay disponibles tablas para determinar los valores futuros, tablas que son sencillas de utilizar, pero que gracias a los programas de cálculo empresarial y a las hojas electrónicas ya no son imprescindibles. Un calculador empresarial como el ubicuo Hewlett-Packard 12 C, dispone de varios programas clave para facilitar estas soluciones. Su tablero tiene opciones para el valor actual (PV), el valor futuro (FV), la tasa compuesta (i) y en número de períodos compuestos (n). Si usted conoce tres de estas variables, la calculadora encuentra la cuarta. El manual de instrucciones le explica la secuencia que debe seguir para entrar los valores y obtener soluciones. De la misma manera, los programas de hojas de cálculo, como el Microsoft Excel, han establecido fórmulas que facilitan la resolución de los problemas de valor del tiempo.

Valor neto actual

El valor futuro es una idea muy sencilla de captar, ya que la mayoría de nosotros hemos estado expuestos a los principios de interés compuesto. Coloque el dinero en cuenta bancaria con interés, no la mueva y ella crecerá con el tiempo. Cuanto menos la mueva, o cuanto más alto sea el interés compuesto, o ambas cosas a la vez, mayor será el valor futuro. El concepto de valor actual de una futura suma es menos familiar y menos intuitiva, pero los financieros y los directivos más perspicaces lo utilizan todo el tiempo. Usted también puede hacerlo.

El valor actual es el valor monetario de un futuro pago descontado a una tasa de interés compuesto anual. Para comprender el concepto de valor actual, debemos volver a nuestro ejemplo inicial: el regalo de su suegro. En ese ejemplo, el valor actual de 483.153 dólares es de 300.000 dólares. Esta cifra se ha calculado mediante un proceso de descuento, o compuesto inverso, con un interés del diez por ciento anual durante un período de cinco años. En la jerga financiera, el diez por ciento es la *tasa de descuento*. Si su suegro hubiera dicho: «estoy pensando en darte 483.153 dólares en cinco años a partir de ahora, pero si prefieres tener el dinero hoy mismo estoy dispuesto a darte 300.000 dólares», le estaría dando el valor equivalente, asumiendo que usted puede colocar esa cantidad al diez por ciento. En pocas palabras, usted no notará la diferencia entre obtener 300.000 dólares ahora o los 483.153 en cinco años, a menos que crea que su suegro no va a cumplir su promesa.

Observe que el PVIF en la tabla 15-2 por cinco períodos al 10% es de 0,621. Podemos utilizar este factor para calcular el valor actual de los 483.153 dólares que le ha regalado su suegro:

Valor futuro × PVIF = valor actual
483.153 $ × 0,621 = 300.038 $

Nos hemos excedido un poco como resultado del redondeo del PVIF en la tabla.

La tabla del PVIF nos indica claramente la forma en que el valor actual del dinero recibido en el futuro disminuye con el tiempo. Su calculadora financiera o la hoja de cálculo de su ordenador personal pueden proporcionarle los mismos resultados. Simplemente introduzca los valores que conoce (el valor futuro, la tasa de descuento y el número de períodos compuestos) y él mismo le calculará el valor desconocido, el valor actual.

Ahora que comprende el valor actual, consideremos una situación empresarial típica y veamos cómo los cálculos del valor del tiempo pueden ayudarle a tomar decisiones. Pero primero ampliemos el concepto de valor actual hasta el de *valor neto actual*, que es el valor actual de uno o más flujos de capital futuros, *menos* el coste inicial de la inversión. Para ilustrar este concepto digamos que Amalgamated Hat Rack espera que su nueva línea de productos empiece a generar 70.000 dólares de beneficios anuales (o más específicamente, los flujos de capital neto) empezando dentro de un año a partir de la fecha. Por una cuestión de simplicidad, diremos también que este nivel de beneficio anual continuará durante los cinco siguientes años (sumando un total de 350.000 dólares). Colocar la línea de productos en el mercado exige una inversión de 250.000 dólares. La cuestión para la empresa puede ser expresada de la siguiente manera: Teniendo en cuenta esa esperada corriente de beneficios y el coste de 250.000 dólares que exige producirlos, ¿es una nueva línea de percheros la forma más productiva de invertir esa cifra inicial de 250.000 dólares, o haría mejor Amalgamated en invertir en algo distinto?

Un cálculo del valor actual responde a esa cuestión reconociendo que los 350.000 dólares de beneficios que Amalgamated espera recibir en cinco años no valen los 350.000 dólares en dólares actuales. Debido al descuento, valen mucho menos. En otras palabras, que la suma futura de 350.000 dólares tiene que ser convertida en una cifra equivalente de dólares actuales. Cuánto se descuente dependerá de la tasa de rendimiento que Amalgamated puede esperar obtener si hubiera elegido invertir los 250.000 dólares iniciales en otra cosa que no fuera la nueva línea de percheros (aunque igualmente arriesgada) durante el mismo período. Como se ha explicado anteriormente, esta tasa de rendimiento de llama tasa de descuento. Nosotros definimos la *tasa de descuento* como la tasa anual, expresada como un porcentaje que un futuro pago o series de pagos se reducirá al valor actual. En nuestro ejemplo de Amalgamated, asumimos un descuento del 10 por ciento. Pero antes de describir la forma de calcularlo, planteemos la situación, con los valores expresados en miles de dólares:

Año	0	1	2	3	4	5
Flujo de capital	−250	+70	+70	+70	+70	+70

¿Principio o fin del período?

Para resolver los problemas del valor neto actual y otros valores de tiempo, es importante saber si los flujos de capital tienen lugar al principio o al final del período. El valor actual de un flujo de capital recibido a primeros de enero vale más que la misma cantidad recibida en diciembre del mismo año. Su calculadora financiera o su hoja de cálculo electrónica están programadas para acomodarse a esa diferencia tan importante.

En este ejemplo se puede ver un flujo de capital negativo de 250.000 dólares en el año cero, el punto de partida de nuestro proyecto de inversión. Es el flujo de salida de caja que se requiere para poner en marcha el proyecto. La empresa experimenta luego un flujo de caja positivo de 70.000 dólares *al final* de cada uno de los próximos cinco años.

Para calcular el valor neto actual del flujo de capital de Amalgamated, necesitamos calcular el valor actual de *cada* uno de los flujos de capital de los 70.000 dólares, descontando un diez por ciento por el número apropiado de años. Si ponemos juntos los valores actuales de las entradas anuales durante los cinco años y le restamos la cantidad inicial invertida de 250.000 dólares, entonces obtenemos el valor neto actual de la inversión. Podemos determinar el valor neto actual de esta serie de flujos de capital utilizando los PVIF de la tabla (ver tabla 15-2) y los factores de interés del valor actual. Las cantidades de flujo de capital se expresan en miles de dólares.

Los cálculos como los que hemos realizado pueden resultar laboriosos, pero las calculadoras financieras y las hojas de cálculo de los ordenadores convierten este proceso en algo más sencillo, rápido y exacto. Lo único que usted tiene que hacer es introducir los números debidos en las secuencias apropiadas. El valor neto actual de su calculadora o de su hoja de cálculo tiene en cuenta su inversión inicial, cada flujo de capital periódico, la tasa de descuento y el número de años en que usted recibirá los flujos de capital.

Si el valor neto actual resultante es una cifra positiva, y no se tiene en cuenta ninguna otra consideración, entonces debe hacerse la inversión. En el caso de Amalgamated, mostrado en la tabla 15-3, el valor neto actual para la línea de percheros es una cifra positiva de 15.300 dólares, lo que indica que puede ser una inversión atractiva para la empresa. Su reembolso anual compuesto es de al menos un diez por ciento. Mientras este resultado sea positivo, los directivos de la empresa deben continuar con el proyecto, si no existe otro más importante. Cada empresa dispone de varias alternativas de inversión, y todas deben sujetarse al mismo análisis de valor neto actual, antes de tomar una decisión.

TABLA 15-3

Valor neto actual del flujo de capital de Amalgamated

	Flujos de capital	PVIF	PV
Año cero	−250		−250,00
Año 1	+70	0,909	+63,63
Año 2	+70	0,826	+57,82
Año 3	+70	0,751	+52,57
Año 4	+70	0,683	+47,81
Año 5	+70	0,621	+43,47
Total			+15,30

Complicaciones

Por supuesto que las situaciones empresariales casi siempre son más complejas que la circunstancia conveniente y sencilla que hemos mostrado con el ejemplo de Amalgamated. Las inversiones de los proyectos rara vez se resuelven con una simple suma al principio, y los flujos de capital suelen ser irregulares, algunas veces positivos y otras negativos. Y lo que es más, con frecuencia resulta difícil o casi imposible evaluar con precisión lo que serán los flujos de capital en el futuro, o cuando terminen. Algunas inversiones finalizan radicalmente con la venta de la línea de productos o de la fábrica; el valor de venta neto del cual debe entrar el flujo de capital como valor terminal. Otros flujos de capital pueden durar décadas y desvanecerse de forma gradual.

Teniendo en cuenta esta complejidad, intentaremos presentar una imagen un poco más realista de la situación financiera utilizando el análisis del valor neto actual. Convirtamos deliberadamente el proyecto de inversión en una nueva línea de producto en algo más complejo. Lo haremos de tres maneras y luego le mostraremos cómo usted puede evaluar el proyecto de inversión mediante el mismo marco de análisis del valor neto actual.

1. Repartiremos la inversión de 250.000 dólares en tres períodos en lugar de en uno, ya que resulta una práctica más habitual en el desarrollo de una nueva línea de productos.

2. Los flujos de capital serán más irregulares, con un flujo de capital negativo en el primer año y unos flujos de capital crecientes en los siguientes.

3. Planearemos arbitrariamente vender la línea de productos al final de los cinco años por 170.000 dólares, y trataremos el precio de venta como valor terminal.

La tabla 15-4 muestra los resultados de estas suposiciones. Utilizando un diez por ciento como tasa de descuento, calculamos que el valor neto actual es de alrededor de 69.800 dólares para esa serie de flujos de capital positivos y negativos. Si el diez por ciento es el coste del capital de Amalgamated, podemos decir que esta inversión (1) ganará los costes del capital y (2) hará una positiva contribución al valor actual de 69.800 dólares.

TABLA 15-4

Valor neto actual del flujo de capital de Amalgamated, con complicaciones (valores en miles de dólares)

	Año					
	0	1	2	3	4	5
Inversiones de capital	−150	−75	−25	0	0	0
Flujo de capital de las operaciones		−15	+40	+80	+90	+100
Valor terminal						+170
Flujo de capital neto	−150	−90	+15	+80	+90	+270
PIVF		0,909	0,826	0,751	0,683	0,621
PV	−150	−81,81	+12,39	+60,08	+61,47	+167,67
NPV	+69,80					

Mas complicaciones

Nuestra presentación hace parecer el análisis del valor neto actual tan directo como el proceso matemático en el que se basa. Y sí es directo, pero los flujos de capital que nosotros utilizamos son, por desgracia, meras estimaciones de lo que esperamos que ocurra en el futuro. Uno se tiene que preguntar: «¿Cómo son de realistas estas estimaciones?». Consideremos la inversión de 250.000 dólares de Amalgamated. ¿De dónde procede esa cifra? Es probable que haya resultado de un acuerdo estimado elaborado por los directivos de Amalgamated y las unidades de fabricación. Esas personas tienen experiencia en el diseño de nuevos productos, así como en establecer el equipamiento de fabricación necesario para producirlos. Sin embargo, las experiencias antiguas son un referente en las experiencias futuras. Lo único que usted puede decir con seguridad es que los costes de inversión serán más o menos de 250.000 dólares.

Las estimaciones sobre los flujos de capital neto procedente de las operaciones son aún más inciertas. Considere la forma en que se determina el flujo de capital de las operaciones. El directivo de la línea de productos no dudará en preguntarle tres cuestiones al departamento de *márketing*:

1. ¿Cuántas unidades del nuevo producto podrá vender su personal en los próximos cinco años?
2. ¿Cuáles serán sus ganancias netas por cada venta?
3. ¿Qué nivel de presupuesto de *márketing* necesitará para lograr esas ventas a esos precios?

El directivo podrá, de la misma manera, estimar los costes de la producción por unidad, del trabajo, de los materiales de la unidad de fabricación. En efecto, el directivo responsable del nuevo producto tendrá que desarrollar un pequeño, pero detallado estado de ingresos y gastos. Este estado detallará las ganancias y los costes (materiales, trabajo, *márketing*, y otros costes) asociados con la nueva línea de producto durante el período de cinco años del análisis. La suma de las ganancias y de los costes será el flujo de capital de las operaciones.

Uniendo todos estos flujos de capital obtenidos de las operaciones y estimados anualmente, se utilizarán para determinar el proyecto del valor neto actual. Obviamente, existen muchas suposiciones y mucho margen para cometer errores, especialmente para esas personas que tienden a predecir con mucha antelación las ventas. Existe incluso la posibilidad de que las ventas de la nueva línea de productos desplome las ventas de las líneas de productos existentes. En consecuencia, aquellos que se oponen a una inversión en particular encontrarán montones de oportunidades para atacar las cifras, y los que ya tienen mucha experiencia en tomar decisiones, normalmente insisten en presentar unas predicciones de ventas y unas estimaciones de los costes prudentes y conservadores.

No obstante, un análisis cuidadoso del valor neto actual basado en suposiciones sólidas es una excelente herramienta de toma de decisiones, o al menos mucho mejor que las alternativas. Su valor puede mejorarse si el valor neto actual de una inversión se presenta en el peor de los casos, en el caso más probable y en el mejor de los escenarios posibles. Este tipo de enfoque ofrece una amplia gama de opiniones en la organización acerca de las futuras unidades de venta, los diversos costes de producción y otras suposiciones.

Tasa de rentabilidad interna

Farnsworth Dabble, vicepresidente del desarrollo del producto en Amalgamated Hat Rack, estaba terminando su presentación de la nueva línea de productos a la administración superior. Dirigió la atención de la audiencia a la serie de flujos de capital durante los cinco años, que él y sus colegas habían anticipado para la nueva línea de productos. «Así que ustedes pueden ver que hemos anticipado flujos de capital negativo en los dos primeros años del proyecto, especialmente debidos a los gastos R&D y al desnivel de producción. Pero durante los tres años siguientes, anticipamos unos flujos de capital considerables, particularmente si vendemos la línea de productos y las instalaciones de producción al final del quinto año.»

Dabble continuó explicando las suposiciones que se habían elaborado para determinar esos flujos de capital, los debates internos que habían se habían creado y los deseos de su equipo de tratar de ser conservadores en lo que se refiere a sus proyecciones.

«Como pueden ver —terminó concluyendo con satisfacción—, la línea de productos propuesta tiene un valor neto actual positivo.»

El jefe ejecutivo fue el primero en responder: «Entonces, ¿cuál es la tasa de rendimiento interno de este proyecto?».

Dabble se quedó congelado. ¿La tasa de rendimiento interno? Había escuchado ese término anteriormente y tenía una ligera idea de lo que podía significar, pero no sabía cómo realizar el cálculo o responder a las cuestiones del jefe ejecutivo. Al final, fue capaz de pronunciar las tres horribles palabras, esperando que ninguno de sus subordinados —o su jefe— le escucharan: «No lo sé».

La *tasa de rendimiento interno* es otra herramienta de valor del tiempo que los directivos pueden utilizar para decidir si deben realizar una inversión en particular, o clasificar las diversas oportunidades que se les ofrecen. La tasa de rendimiento interno se define como la tasa de descuento a la que el valor neto actual de una inversión es igual a cero. Veamos qué es lo que eso significa en términos de una versión más complicada de la proyección del flujo de capital de Amalgamated para la nueva línea de productos:

Año	0	1	2	3	4	5
Flujo de capital neto	−150	−90	+15	+80	+90	+270

Como se calculó anteriormente, el valor neto actual de esta corriente de flujos de capital con un descuento del diez por ciento era la positiva cifra de 69.800 dólares. Eso nos dice que esa cifra, si se realizara, nos serviría para cubrir los costes de capital de Amalgamated (diez por ciento) *y* contribuir con un valor adicional actual de 69.800 dólares. La tasa de rendimiento interno nos dice algo más, ya que nos da la tasa de descuento *y* la contribución adicional del valor actual en una sola cifra. Para calcularla, necesitamos determinar la tasa de descuento que reducirá el valor neto actual a cero exactamente. La tasa de rendimiento interno es esa tasa de descuento.

Sabemos desde el principio que la tasa de rendimiento interno de nuestro ejemplo debe ser mayor del diez por ciento, ya que el flujo de capital descontado al diez por ciento produjo un valor neto actual positivo. Pero, ¿qué más sabemos? Bueno, si empleamos unas cuantas horas y llenamos unas cuantas pizarras de operaciones podemos calcular la tasa de rendimiento interno mediante un proceso iterativo que utiliza descuentos cada vez mayores, hasta que consigamos el que nos produzca un valor neto actual de cero. Sin embargo, las calculadoras financieras o las hojas de cálculo electrónicas pueden ayudarnos, convirtiendo la tarea del cálculo de la tasa de rendimiento interno en algo muy sencillo. Todo lo que necesitamos es introducir los valores para cada uno de los flujos de capital y buscar la tasa de descuento (i). El cálculo de la tasa de rendimiento interno se basa en la misma fórmula algebraica con la que se calculó el valor neto actual. Cuando calcula el valor neto actual, conoce la tasa de descuento, o la tasa deseada o el reembolso, y de esa manera resolver la ecuación del valor neto actual de los flujos de capital futuros. Por el contrario, con la tasa de rendimiento interno, el valor neto actual se establece en cero y la tasa de descuento se desconoce. La ecuación calculará la tasa de descuento. Para el proyecto de Amalgamated que se ha descrito, la tasa de rendimiento interno es del 17,7 por ciento.

Típicamente, cuando la tasa de rendimiento interno es mayor que la oportunidad de coste (el reembolso que se espera de una inversión comparable) del capital que se necesita, la inversión en consideración debe llevarse a cabo. Usted también puede utilizar la *tasa crítica de rentabilidad* de su empresa como el objetivo de la tasa de rendimiento interno. El jefe de ejecutivos es el que normalmente prescribe la tasa crítica de rentabilidad, que es la tasa mínima de reembolso que todas las inversiones de una empresa deben lograr. La tasa de rendimiento interno de la inversión que estamos considerando debe exceder a la tasa crítica de rentabilidad para que la empresa siga adelante con el proyecto.

¿Cuál es la tasa crítica de rentabilidad razonable para una empresa? Varía según la empresa. Normalmente, la tasa crítica de rentabilidad se establece muy por encima de lo que se puede obtener en una inversión exenta de riesgos, como son los Bonos del Tesoro de los Estados Unidos. De hecho, usted puede considerar la tasa crítica de rentabilidad como algo así:

Tasa crítica de rentabilidad = tasa exenta de riesgo + premio que refleja el riesgo de la empresa

Como cualquier inversor, la entidad empresarial espera ser recompensada por la incertidumbre a la que se ve sujeta. Una nueva línea de productos y otras actividades están, por naturaleza, llenas de incertidumbres. Por esa razón, exigen que los proyectos venideros muestren unas promesas convincentes.

Algunas empresas utilizan diferentes tasas críticas de rentabilidad para las diferentes clases de inversiones, en las que las inversiones con bajo riesgo presentan una tasa crítica de rentabilidad más baja que las que tienen un alto riesgo. Por ejemplo, una empresa puede necesitar que la sustitución de una línea de montaje existente o una pieza especializada de equipamiento use una tasa crítica de rentabilidad del ocho por ciento, mientras que la expansión de una línea de productos existentes puede tener una tasa crítica de rentabilidad del doce por ciento. El desarrollo de la nueva línea de productos, que asume más riesgos, puede requerir una tasa crítica de rentabilidad de hasta el quince por ciento.

Resumiendo

—El valor neto actual es el valor monetario actual de una corriente futura de flujos de capital positivos y negativos descontados a una determinada tasa de interés anual. Usted puede utilizar el análisis del valor neto actual para tomar muchas decisiones.

—La tasa de rendimiento interno es otra herramienta que puede utilizar para decidir si debe emprender una inversión en particular o clasificar las diversas oportunidades que se le ofrecen. La tasa de rendimiento interno es la tasa de descuento a la que el valor neto actual de una inversión se iguala a cero.

—La tasa crítica de rentabilidad es la tasa mínima de rendimiento que todas las inversiones de una empresa deben lograr. En la mayoría de los casos, esta tasa se utiliza como la tasa de descuento en los cálculos del valor del tiempo.

Análisis de punto crítico y apalancamiento operativo

Conocer el flujo de capital

Temas básicos tratados en este capítulo

- *Los conceptos de los costes fijos, los costes variables y el margen de contribución.*

- *Cómo se determina el análisis del punto crítico en una inversión fija.*

- *Los beneficios y los peligros del apalancamiento operativo.*

ESTE CAPÍTULO explica el análisis del punto crítico, otra herramienta financiera que muchos directivos encuentran de utilidad a la hora de tomar decisiones. La explicación de esta herramienta introduce otros conceptos financieros que todos los directivos deben conocer: los costes fijos, los costes variables, el margen de contribución y el apalancamiento operativo.

Los análisis del punto crítico indican la cantidad que usted necesita vender para pagar una inversión fija; en otras palabras, en qué momento hará tablas con su flujo de capital. Con esa información en las manos, puede observar la demanda del mercado y las participaciones de mercado de sus competidores para determinar si es realista esperar vender esa cantidad. Los análisis del punto crítico pueden ayudarle también a pensar en el impacto de un cambio de precios o las relaciones de volumen.

Más específicamente, los cálculos del análisis del punto crítico le ayudan a determinar el nivel de volumen al cual la contribución total, después de deducir los impuestos, de una línea de productos o una inversión cubre sus gastos fijos totales. Pero antes de que pueda realizar estos cálculos, usted necesita entender sus componentes. Esos componentes son términos accesibles que todo directivos debe conocer:

—**Costes fijos**. Son aquellos que permanecen inalterables sin importar la cantidad de unidades del producto o del servicio que usted vende. Son los costes que incluyen los seguros, los salarios de los directivos, el alquiler o los pagos de arrendamiento. Por ejemplo, la renta de una instalación de producción será la misma, tanto si la empresa fabrica diez mil como si son veinte mil unidades, igual que el seguro de incendio y el seguro de responsabilidad civil.

—**Costes variables**. Los costes variables son aquellos que cambian dependiendo del número de unidades que se producen y se venden: Ejemplo de costes fijos son los costes de utilidad, de trabajo y las materias primas. Cuantas más unidades haga, más artículos de esta clase consumirá.

—**Margen de contribución**. Es la cantidad de dinero con que cada unidad vendida contribuye a pagar los costes fijos. Se define de la siguiente manera:

Ganancias netas por unidad – costes variables (o directos) por unidad

Una vez que se han comprendido estos conceptos, podemos hacer los cálculos, ya que estamos buscando la solución a esa sencilla ecuación:

Volumen del punto crítico = costes fijos / margen de contribución por unidad

Y así es como lo hacemos. Primero, encontramos el margen de contribución de cada unidad restando los costes variables por unidad de las ganancias netas por la misma. Luego se dividen los costes fijos totales, o la cantidad de inversiones, por el margen de contribución de cada unidad. El cociente es el volumen del punto crítico, es decir, el número de unidades que deben venderse para cubrir todos los gastos fijos.

Para ver el análisis del punto crítico en la práctica, echemos un vistazo al extrudidor de plástico que se utiliza para producir los percheros para Amalgamated. El coste del extrudidor es de 100.000 dólares. Suponga que cada perchero producido por el extrudidor se vende por 75 dólares, y que el coste variable de cada unidad es de 22 dólares. Entonces:

75$ (precio por unidad) – 22 $ (coste variable por unidad) =
= 53 $ (margen de contribución de cada unidad)

Por eso:

100.000 $ (inversión total requerida) / 53 $ (margen de
contribución por unidad) = 1,887 percheros.

Los cálculos anteriores indican que Amalgamated debe vender
1.887 percheros para alcanzar su punto crítico de la inversión de
100.000 dólares.

En ese momento, Amalgamated debe decidir si el volumen de
punto crítico se puede conseguir: ¿es realista esperar vender 1.887
percheros adicionales? Y si lo es, ¿con qué rapidez debe hacerlo?

Una complicación de cambio

Nuestro análisis del punto crítico representa un ejemplo
muy simple, ya que asume que los costes son fijos o variables,
que las contribuciones de los costes y la unidad no cambiarán
como función de volumen (en otras palabras, que el precio de
venta del artículo en consideración no cambiará según los diferentes niveles de salida). Estas suposiciones puede que no
aguanten su complicado mundo. El alquiler puede ser fijo
hasta cierto nivel de producción, luego aumentar hasta un
50% cuando alquile una segunda instalación para poder
afrontar el aumento de salidas. El coste laboral puede ser un
híbrido de costes fijos y variables, y a medida que introduzca
más y más el producto dentro del mercado, es posible que se
vea en la obligación de ofrecer descuentos, lo que reduce la
contribución por unidad. Usted necesita ajustar los cálculos
del punto crítico para acomodarse a esos cambios de realidad.

Apalancamiento operativo

Su meta como empresario, por supuesto, no es alcanzar un
punto muerto, sino obtener beneficios. Una vez que ha cubierto
todos los costes fijos con las contribuciones de muchas ventas de

unidades, cada venta subsecuente contribuye directamente a los beneficios. Como hemos observado anteriormente:

Ganancias netas por unidad – coste variable por unidad =
= contribución de la unidad a los beneficios

Usted puede apreciar a primera vista que cuanto más bajo sea el coste variable de la unidad, mayor será la contribución a los beneficios. En la industria farmacéutica, por ejemplo, el coste por unidad de sacar y envasar un frasco de una nueva y maravillosa medicina puede ser menor que un dólar. Sin embargo, si la empresa puede vender cada bote por 100 dólares, la considerable suma de 99 dólares contribuye a los beneficios corporativos una vez que las ventas hayan superado el punto muerto. El problema está en que la empresa farmacéutica puede que haya invertido 400 millones de dólares en los costes del desarrollo del producto, sólo para poner el primer frasco a la venta. Tendrá que vender muchos botes de la nueva medicación para llegar a ese punto crítico. Sin embargo, una vez que lo haya hecho, los beneficios pueden ser extraordinarios.

La relación entre los costes fijos y variables suele llamarse *apalancamiento operativo*. Las empresas cuyos gastos fijos son altos en relación con los costes variables tienen un gran apalancamiento operativo. La industria farmacéutica, por ejemplo, siempre opera con un gran apalancamiento operativo. Igual lo hace la industria de los *software*, ya que el mayor porcentaje de sus costos son gastos fijos del desarrollo del producto; el coste variable del plástico de los *compact discs* en los que se distribuyen los programas se mide en peniques por copia.

Ahora piense en la situación opuesta: un *bajo* apalancamiento operativo. En esta ocasión, los costes fijos son reducidos en comparación con los costes totales de producir una unidad de salida. Una empresa jurídica es un buen ejemplo de entidad con un bajo apalancamiento operativo. La empresa tiene una mínima inversión en equipamiento y en gastos fijos. La mayor parte de los gastos corresponden a los salarios que se pagan a los abogados, que variarán dependiendo de las horas que dediquen a sus clientes.

El apalancamiento operativo es un hecho importante, una vez que la empresa haya pasado su punto crítico, aunque puede causar perdidas cuantiosas si nunca se consigue el punto crítico. En otras palabras, que es una operación arriesgada. Por ese motivo, es por lo que los directivos emplean muchas horas en encontrar el adecuado equilibrio entre los costes fijos y variables.

Resumiendo

—El análisis del punto crítico indica cuánto necesita vender para pagar las inversiones fijas.

—Los costes fijos son los costes que permanecen casi inalterables, sin importar las unidades de producto o servicio que se vendan.

—Los costes variables cambian con los números de unidades que se han producido y vendido.

—El margen de contribución es la cantidad de dinero con que cada unidad vendida contribuye a pagar los costes fijos.

—El volumen de compensación son los costes fijos divididos por el margen de contribución de cada unidad vendida.

—El apalancamiento operativo describe la relación entre los costes fijos y variables.

Herramientas útiles de ejecución

Este apéndice contiene cinco formularios que pueden serle de utilidad (figuras A-1, A-2, A-3, A-4 y A-5) a lo largo de toda su carrera como directivo. Todos los formularios se han adaptado de Harvard ManageMentor, un trabajo *online* de la revista universitaria de Harvard Business School. Para conveniencia de los lectores existen otras herramientas que pueden descargarse, así como listas de comprobación y hojas de trabajo en el sitio *web* de Harvard Business Essentials: www.elearning.hbsp.org/businesstools.

1. **Formulario de preparación de una entrevista (figura A-1).** Este formulario le ayudará a preparar la concertación de una entrevista, revisar el perfil laboral y confeccionar una lista de las responsabilidades y de las tareas que conlleva el trabajo, la formación y experiencia necesarias, así como las cualidades personales que se requieren para hacer dicho trabajo de forma eficiente. Para cada una de las áreas usted necesita constatar al candidato, preparar varias preguntas por adelantado. Después de la entrevista, evalúe al aspirante en cada una de las áreas clave de la matriz de toma de decisiones.

2. **La matriz de toma de decisiones (figura A-2).** Complete este formulario después de cada entrevista con cada candidato al puesto de trabajo. Otorgue una puntuación en cada una de las áreas clave. Sumando todas las puntuaciones totales y revisando las notas que ha tomado durante las entre-

vistas, puede empezar a evaluar quién es el mejor candidato para el trabajo.

3. **Planificación de una sesión de *feedback* (figura A–3).** Utilice esta herramienta para organizar antes de proporcionarle *feedback* a nadie.

4. **Hoja de trabajo de las compensaciones.** Utilice esta hoja de trabajo para recapacitar sobre aquello que realmente le motiva en su trabajo. Usted puede evaluar las prioridades de menos (1) a más (5). Revise esas evaluaciones cuando evalúe su grado de satisfacción en su trabajo actual, o como forma de guía para saber qué es lo que busca en su próximo trabajo.

5. **Evaluación de las destrezas (figura A–5).** Utilice este formulario para desarrollar una línea de base para evaluar sus destrezas, incluyendo aquellas que pueden transferirse de un puesto a otro, o aquellas que desea desarrollar. Evalúe su nivel normal de destreza, si lo desea, de 1 (principiantes) hasta 5 (expertos). Puede que desee añadir como suplemento de este formulario las herramientas de evaluación de las destrezas que se relacionan directamente con su puesto laboral; es posible que su empresa disponga de ellas. Usted podrá utilizar este formulario para solicitar un *feedback* semejante para su nivel de destreza

Formulario de preparación de una entrevista

Nombre del trabajo

Responsabilidades y tareas clave	Formación y experiencia asociadas
1.	1.
2.	2.
3.	3.
4.	4.

Cualidades personales que se requieren

Áreas a explorar	Preguntas que hacer	Notas
Educación	1. 2. 3.	
Experiencia anterior	1. 2. 3.	
Logros laborales	1. 2. 3.	
Destrezas y conocimientos	1. 2. 3.	
Cualidades personales	1. 2. 3.	
Estimación anterior o tasación	1. 2. 3.	

Fuente: HMM Contratación® 1998 por el Presidente y los Colegas de Harvard College y sus licenciados. Se reservan los derechos.

FIGURA A-2

Matriz de toma de decisiones

Nombre del trabajo:

Nombre del candidato	Educación	Experiencia	Logros laborales	Destrezas y conocimientos	Cualidades personales	Evaluación previa	Total
			Evaluación de las áreas clave (de 1 hasta 5)				
Notas:							
Notas:							
Notas:							
Notas:							
Notas:							
Notas:							
Notas:							
Notas:							

Fuente: HMM Contratación® 1998 por el Presidente y los Colegas de Harvard College y sus licenciados. Se reservan los derechos.

Planificación de una sesión de *feedback*

Nombre del aspecto o la conducta que necesita corregirse o reforzarse

¿Cuál es la importancia personal o de organización de este aspecto?

¿Cuál es el propósito del *feedback?*

¿Qué detalles tiene usted que describir exactamente de la conducta? (quién, qué, cuándo)

¿Cuál es el impacto de dicha conducta?

¿Qué resultados desea obtener?

¿Quién es la persona más adecuada para dar el *feedback* y por qué?

¿Qué estilo de comunicación será más eficiente y por qué?

Describa posibles obstáculos para dar ese *feedback*. ¿Qué puede hacer para evitarlos?

¿Qué conducta será más constructiva por parte de la otra persona? ¿Por qué?

FIGURA A-4

Hoja de compensaciones

	Nivel de importancia o valor
	Bajo Alto 1 2 3 4 5

Ganancias financieras
Este puesto ofrece una oportunidad excelente para conseguir una compensación financiera.

Poder e influencia
Este puesto ofrece la oportunidad de ejercer autoridad e influencia, así como la de ser una persona influyente a la hora de tomar decisiones.

Estilo de vida
El puesto se ajusta a mi estilo de vida deseado. Me permite equilibrar mis intereses y demandas laborales y personales.

Autonomía
Este puesto me ofrece autonomía e independencia, la oportunidad de trabajar sin demasiada supervisión.

Lugar de trabajo
El lugar de trabajo es agradable y me ofrece los beneficios de un ambiente acogedor, facilidad de transporte y accesibilidad.

Estimulación intelectual o desafío
El puesto es interesante y retador, y ofrece oportunidad de aprendizaje y desarrollo.

Competencia
Este puesto me ofrece la oportunidad de crear competencia y adquirir experiencia en ese área.

Reconocimiento y apoyo
En este puesto, y en mi ambiente laboral, se reconoce y se valora mi trabajo. Se me respalda en lo referente al desarrollo.

Otros
Lista adicional de compensaciones específicas que usted valora.

Evaluación
Revise sus puntuaciones. ¿Qué es lo que resalta como más importante? ¿Menos importante? ¿Cómo se ajusta su trabajo actual a las compensaciones que usted necesita?

¿Existen algunas acciones que puede aplicar para satisfacer sus necesidades laborales, como puede ser modificar su trabajo, obtener una nueva asignación, o pasar más rato con sus colegas?

Fuente: ® 2001 por el presidente y sus colegas de Harvard College y sus licenciados. Se reservan los derechos.

FIGURA A-5

Evaluación de las destrezas

Fecha de evaluación

	Nivel de destreza Bajo Alto 1 2 3 4 5	Transferible Sí No	Destreza clave que deseo desarrollar
Destrezas de comunicación			
Escritura empresarial			
Escritura de propuestas			
Presentación			
Facilitación			
Organización de una reunión			
Escuchar			
Entrevistar			
Influenciar			
Dar y recibir *feedback*			
Resolución de conflictos			
Negociación			
Escritura creativa y promocional			
Comunicación por *e-mail*			
Edición			
Corrección			
Descripción escrita de trabajos			
Otros:			
Destrezas tecnológicas e informáticas			
Manejo del teclado			
Procesador de textos			
Hoja de cálculo			
HTML			
XML			
Gestión de proyecto			
E-Mail			
Software de presentación			
Software de gráficos			
Otras			
Destrezas financieras			
Presupuestos			
Análisis financieros			
Contabilidad de costes			

Evaluación de las destrezas

	Nivel de destreza Bajo Alto 1 2 3 4 5	Transferible Sí No	Destreza clave que deseo desarrollar
Destrezas financieras (continuación)			
Predicción			
Seguimiento y gestión			
Preparación de un plan empresarial			
Preparación de una iniciativa de inversión			
Análisis del flujo de capital			
Análisis del punto crítico			
Análisis cuantitativo			
Otros:			
Destrezas de supervisión			
Contratación			
Formación			
Delegación			
Establecimiento de metas y objetivos			
Dirección			
Evaluación del rendimiento			
Conduciendo			
Motivando			
Formación y desarrollo de apoyo			
Análisis del flujo laboral y los procesos			
Contratación y retención			
Gestión administrativa			
Otros:			
Destrezas de gestión			
Gestión de cambio			
Gestión de los clientes, internos y externos			
Gestión de proyecto			
Gestión de producción o ejecución			
Gestión ascendente			
Resolución de problemas financieros			

FIGURA A-5 (continuación)

Evaluación de las destrezas

	Nivel de destreza Bajo Alto 1 2 3 4 5	Transferible Sí No	Destreza clave que deseo desarrollar
Destrezas de gestión (continuación)			
Destrezas financieras, pensamiento crítico			
Asesoramiento interno y circulación			
Gestión distribuidora			
Planificación estratégica			
Planificación táctica			
Pensamiento crítico, sugerencias			
Gestión para la innovación			
Gestión de una mano laboral diversa			
Márketing internacional			
Otros:			
Destrezas de equipo			
Dirigiendo un equipo			
Resolución de problemas de grupo			
Mantenimiento del objetivo en los equipos			
Trabando con un equipo virtual			
Asumiendo los papeles de equipo			
Colaboración			
Otros:			
Destrezas de autogestión			
Conciencia de la propia identidad			
Inteligencia emocional			
Gestión del tiempo			
Equilibrio entre la vida personal y laboral			
Desarrollo profesional			
Gestión del estrés			
Establecimiento de límites y metas			
Utilización positiva de la autoridad			
Capacidad para ver múltiples perspectivas			
Otros:			

Evaluación de las destrezas

	Nivel de destreza Bajo Alto 1 2 3 4 5	Transferible Sí No	Destreza clave que deseo desarrollar
Destrezas de *márketing* y ventas			
Márketing del producto			
Márketing directo			
Investigación mercantil (rendimiento o directo)			
Telemárketing			
Promociones			
Publicidad			
Márketing electrónico			
Gestión de exposiciones			
Márketing del consumidor			
Márketing entre empresas			
Análisis competitivo y planificación			
Ventas directas			
Predicción de ventas			
Televentas			
Ventas consultivas			
Otros:			
Destrezas físicas y manuales			
Montaje y construcción			
Manejo de las herramientas o la maquinaria			
Ajuste o reparación			
Habilidad para formar a otros en tareas			
Otros:			
Otras destrezas específicas del trabajo o la industria			

Fuente: ® 2001 por el presidente y sus colegas de Harvard College y sus licenciados. Se reservan los derechos.

Obstáculos legales
en la contratación

Nota: Este apéndice se aplica exclusivamente a la contratación en los Estados Unidos.

El empleo en los Estados Unidos está regulado por muchas leyes de contratación, despido, discriminación, abuso sexual, beneficios y pensiones, así como actividades sindicales, por nombrar algunas. Las leyes de discriminación protegen a los solicitantes de un trabajo en cuestiones que no estén relacionadas directamente con la habilidad del solicitante para hacer el trabajo.

Las leyes más relevantes aplicadas a la contratación son:

—el Acta de Derechos Civiles de 1964, que prohibe el uso arbitrario y los requisitos arbitrarios que creen un impedimento para el trabajo por razones de raza, género, nacionalidad, etnia o religión.

—el Acta de Discriminación por Edad, que prohibe la discriminación laboral contra las personas de cuarenta y cinco años o mayores.

—El Acta de Discriminación por Embarazo de 1978, que prohibe la discriminación laboral basándose en el embarazo o en problemas de carácter médico.

—El Acta de Discriminación por Discapacidad, que prohibe la discriminación de las personas que sufren alguna minusvalía física o mental.

—El Acta de Control y la Reforma de la Inmigración de 1986, que prohibe la discriminación de las personas basándose en su nacionalidad de origen o ciudadanía.

Este apéndice le ofrece sugerencias de cómo usted, como entrevistador laboral, puede obtener la información que necesita sin mantenerse al margen de estas leyes. Bajo ningún aspecto pretende ser una fuente de asesoramiento legal. Su único propósito es alertarle respecto a esos aspectos que conlleva la contratación y en dónde se debe tener sumo cuidado.

Cuando contrata, hay algunas preguntas que usted no puede formular sin temor a ser demandado judicialmente. El departamento de recursos humanos es conocedor de estas preguntas y se asegura de que no aparezcan bajo ningún aspecto en el formulario de solicitud. Las preguntas que están prohibidas en estos formularios también lo están durante las entrevistas. A continuación, le ofrecemos aquellas áreas sobre las que usted *no* debe formular preguntas, o tener suma precaución:

—**Edad o fecha de nacimiento**. Eso le puede hacer quebrantar el Acta de Discriminación por Edad. Sin embargo, en ciertos puestos públicos de seguridad, existe una limitación de edad para la contratación. Las preguntas sobre la edad se pueden hacer si son necesarias para satisfacer las provisiones del estado o las leyes federales. Por ejemplo, *puede* preguntar: «Si usted es contratado, ¿puede demostrar que es mayor de dieciocho años?». Usted puede necesitar la edad y la fecha de nacimiento para cumplir las normas y otros planes de la empresa; sin embargo, estas preguntas sólo pueden plantearse una vez que el empleado ha sido contratado.

Otras preguntas *ilegales* relacionadas con la edad son: «¿Piensa jubilarse pronto?», «¿le importa trabajar para un directivo más joven?», «¿cree usted que puede ir a la par de sus compañeros más jóvenes?».

—**La religión del solicitante**. No se debe hacer ninguna pregunta a este respecto, excepto si las formulan organizaciones religiosas y exigidas por ciertos estatutos. No debe hacer preguntas como: «¿Piensa tomarse tiempo libre para sus prácticas religiosas?», ¿práctica usted alguna clase de religión que nosotros debamos conocer?», «¿cree usted que encajará con personas de otra religión?».

Resulta apropiado hacer preguntas como: «Este puesto exige que se viaje los fines de semana. ¿Tiene usted alguna responsabilidad que se lo impida?»

—**Estado civil**. Nunca pregunte si el solicitante es soltero o casado. Evite cualquier pregunta que parezca indicar que se trata de averiguar dicha cuestión, como puede ser: «¿A qué se dedica su marido?».

—**Intenciones de tener hijos**. Esta es otra área prohibida. No pregunte: «¿Tiene usted hijos?» o ¿tiene usted intención de tener hijos?». Las cuestiones indirectas acerca de este tema también están fuera de lugar, como: «¿Qué hará con sus hijos si acepta este trabajo?».

—**Raza.** Nunca le pregunte al solicitante sobre su raza o etnia. Ni tampoco exija una fotografía del solicitante en su solicitud laboral o curriculum.

—**Género o tendencias sexuales**. Otra área que está fuera de todo lugar.

—**Nacionalidad, etnia o parentescos**. No plantee preguntas acerca de estos temas. No las haga tampoco acerca de la nacionalidad de los padres, esposa u otros parientes cercanos. Y no cometa el error inocente de decir: «Draculaskov es un apellido muy interesante. ¿Qué clase de nombre es?». Otras preguntas que deben evitarse son: «¿Habla usted inglés en su casa?», «¿Vendrá vestido con ropa occidental al trabajo o lo hará con su atuendo tradicional?».

—**Ciudadanía**. No se debe preguntar: «¿Es usted americano?». Ni tampoco debe preguntar cuál es la ciudadanía de los padres o la esposa. Sin embargo, puede hacer preguntas como: «¿Está usted autorizado a trabajar en los Estados Unidos?» o ¿si es contratado, ¿puede demostrar que está legalmente autorizado para trabajar en los Estados Unidos?».

—**Discapacidad**. No haga preguntas al solicitante sobre si padece alguna discapacidad o impedimento físico o mental, ni tampoco sobre su naturaleza o alcance. Se debe aplicar el mismo argumento para temas como el alcoholismo, las drogas o el Sida. Otras preguntas ilegales son: «¿Está usted tomando alguna medicación?», «¿Va con frecuencia al médico?», «¿Ha estado alguna vez hospitalizado o ha recibido la compensación por baja?».

Sin embargo, puede hacer preguntas como: «¿Puede realizar las funciones esenciales de este puesto con o sin un acomodamiento razonable?».

—**Educación**. No haga preguntas a ese respecto salvo que los antecedentes educativos estén relacionados con el puesto. Por ejemplo, alguien que ha solicitado un empleo de analista financiero necesita de ciertos requisitos en matemáticas, finanzas y estadística; un empleado *e-mail* no necesita nada de eso. Sin embargo, debe evitar las preguntas que determinen la edad del solicitante.

—**Arrestos y antecedentes penales**. A menos que el solicitante esté buscando un trabajo de máxima seguridad, usted no debe hacer preguntas a ese respecto.

—**Embargo del salario**. Nunca pregunte: «¿Tiene el salario embargado?».

Si es que existe algún consejo sobre este tema, puede ser el siguiente: si la pregunta no está relacionada *directamente* con el trabajo, entonces no la haga.

Notas

Capítulo 1

1. El contenido de este capítulo está basado, en parte, en el artículo «Establecer Metas» de Harvard ManageMentor, un producto *online* de la revista de Harvard Business School.

2. Rober H. Schaffer, «Exigiendo Mejores Resultados, y Obteniéndolos», *Harvard Business Review*, marzo-abril 1991.

Capítulo 2

1. El proceso de cinco fases que se presenta en este capítulo está adaptado de Harvard Manage Mentor, un producto *online* de la revista de Harvard Business School.

2. Subrata Chakravarty, «Un modelo de super gestión: Golpee con lo más duro», *Forbes*, 16 de septiembre de 1991, 48-51.

3. Pierre Mornell, *Hiring Smart!* (Berckeley, CA: Ten Speed Press, 1998), 123.

Capítulo 3

1. Ed. Michaels, Helen Handfield- Jones y Beth Axelrod, *La Guerra de los Talentos* (Boston: Harvard Business School Press, 2001), 47

2. Véase Frederick Herzberg, «Una Vez Más: ¿Cómo se Motivan a los Empleados? *Harvard Business Review*, septiembre-octubre 1987, 109-120.

3. Peter Capelli, «Un Enfoque de Mercado para Retener a los Talentos», *Harvard Business Review*, enero-febrero 2000, 103-111.

4. Stewart D. Friedman, Perry Christensen y Jessica DeGroot, «Trabajo y Vida: el Final del Juego Suma Cero», *Harvard Business Review*, noviembre-diciembre 1998, 119-12

5. Véase http: www.att.com/telework/article_library/survey_results_2003.html para AT&T investigación y experiencia en el teletrabajo.

6. Mahlon Apgar IV. «Un Lugar de Trabajo Alternativo. Cambiando el Lugar y la Forma de Trabajar», *Harvard Business Review*, mayo-junio, 1998, 121-136.

7. Véase «Flexibilidad Laboral» en http://www.deloitte.com/dtt/e_library/0,2321, sid%253D1021,00.html (accedido el 21 de agosto del 2003).

Capítulo 4

1. Este capítulo se basa en el módulo «Delegación» de Harvard Manage-Mentor, un trabajo *online* de la revista de Harvard Business School.

Capítulo 5

1. Willian Oncken Jr y Donald L. Wass, «Gestión del Tiempo: ¿Quién Tiene la Clave?», *Harvard Business Review*, noviembre-diciembre, 1999, 178- 186.
2. Ibíd., 183.

Capítulo 7

1. Los materiales de este capítulo están basados en los módulos «Formación» y «Evaluación del Rendimiento» de Harvard ManageMentor, un trabajo *online* de la revista de Harvard Business School.

Capítulo 8

1. Frederick Herzberg, «Una Vez Más: ¿Cómo Se Motiva a los Empleados?» *Harvard Business Review*, enero 2003, 87-96. Nota: El artículo original de Herzberg se imprimió en 1968 por HBR, pero se reimprimió de nuevo en el año 2003.
2. Nigel Nicholson, «Cómo Motivar a las Personas Problemáticas», *Harvard Business Review*, enero 2003, 56-65.
3. Beth Axelrod, Helen Handfield-Jones y Ed Michaels, «Un Nuevo plan de Juego para Jugadores Mediocres», *Harvard Business Review*, enero 2002,83.
4. Esta sección se basa en el módulo «despidos» de Harvard ManageMentor, un trabajo *online* de la revista de Harvard Business School.

Capítulo 9

1. Este capítulo está adaptado del módulo «Gestión de Crisis», de Harvard ManageMentor, un trabajo *online* de la revista Harvard Business School.
2. Norman Augustine, «Gestión de la Crisis que se Intenta Prevenir», *Harvard Business Review*, noviembre-diciembre 1995, 147-158.

Capítulo 10

1. Timothy Butler y James Waldroop, «Diseño Laboral: El Arte de Retener a los Mejores Empleados», *Harvard Business Review*, septiembre, octubre 1999, 144-152.

2. Ibíd, 144-152.
3. Ibíd, 149.

Capítulo 11

1. Bernal Díaz de Castillo, *La Verdadera Historia de la Conquista de Nueva España,* Traducción de J. M. Cohen (Harmondsworth: Penguin Books, Ltd,1963), 38.
2. David Bradford y Allen Cohen, *Power Up* (Nueva York: John Wiley &Sons, Inc 1998), 232.
3. Everett M. Rogers, *Difusión de la Innovación,* tercera edición. (Nueva York: The Free Press, 1983), 315- 316.
4. Michael Beer, «Dirigiendo el Cambio», notas de clase 9-488-037 (Boston: Harvard Business School, 1988; revisión 1991), 2.
5. Esta sección está adaptada de «Cómo Dirigir Cuando Usted no es el Jefe», *Harvard Management Update,* marzo, 2000, 1-3.

Capítulo 12

1. Bruce Henderson, «Los Orígenes de la Estrategia», *Harvard Business Review,* noviembre-diciembre 1989, 139-143.
2. Michael E. Porter, «¿Qué es una Estrategia?», *Harvard Business Review,* noviembre-diciembre 1996, 61-78.
3. Ibíd.
4. Clayton M. Christensen, «Creando Estrategia: Aprendiendo con la Práctica», *Harvard Business Review,* noviembre-diciembre 1997, 141- 156.
5. Estas preguntas fueron planteadas hace muchos años por Kenneth Andrews en su libro clásico, *El Concepto de la Estrategia Corporativa,* tercera edición (Homewood, IL: Dow Jones- Irwin, 1978).
6. Porter, «¿Qué es Estrategia?», 72-73.
7. Ibíd, 72.
8. George Labovitz y Victor Rosansky, *El Poder del Alineamiento»,* (Nueva York: John Wiley & Sons, Inc, 1997).
9. Porter, «¿Qué es Estrategia?», 65.

Capítulo 13

1. Este capítulo se adaptó de Harvard ManageMentor, un trabajo *online* de la revista de Harvard Business School.

Glosario

ACCIÓN PREFERENTE. Una seguridad como la equidad que paga unos dividendos específicos y tiene una posición superior en el mercado normal en caso de distribución o liquidación.

ACTIVOS. Las partidas de balance que una empresa invierte con el fin de financiar los negocios. Ejemplos de ello son los instrumentos financieros y de caja, los inventarios de materias primas y de los artículos terminados, la tierra, el edificio, el equipamiento. Los activos incluyen también las cantidades que los clientes u otros deben a la empresa; un activo denominado *cuentas por pagar*.

ACTIVOS CORRIENTES. Los activos que más fácilmente se convierten en capital: equivalentes del capital como los certificados de depósito y los bonos del Tesoro, cuentas por cobrar y el inventario. Siguiendo los principios contables aceptados normalmente, los activos corrientes son aquellos que pueden convertirse en capital en un solo año.

ACTIVOS FIJOS. Los activos que son difíciles de transformar en capital, como, por ejemplo, el edificio y el equipamiento. A veces se les denomina activos de planta.

APALANCAMIENTO FINANCIERO. El grado al que se utiliza el dinero prestado para adquirir los activos. Se dice que una empresa está muy apalancada cuando su balance de situación es mucho mayor que su patrimonio.

APALANCAMIENTO OPERATIVO. El punto en el que los costes de explotación de una empresa son fijos en contra de variables. Por ejemplo, una empresa que confía excesivamente en la maquinaria y en unos cuantos trabajadores para producir sus artículos, tiene un apalancamiento operativo alto.

AVAILABLE-TO-PROMISE. Una herramienta de planificación del tiempo, normalmente instalada sobre una hoja electrónica, que le dice el volumen de capacidad de producción disponible en un determinado período de tiempo con el fin de poder aceptar pedidos adicionales. Esta herramienta puede adaptarse al horario laboral de una persona.

BALANCE DE SITUACIÓN. Un estado financiero que describe los activos que tiene una empresa y la forma en que son financiados, ya sea con los fondos de los acreedores (pasivos) y/o con la equidad de los propietarios. Es conocido también con el nombre de estado de situación financiera.

BENEFICIOS DE EXPLOTACIÓN. El margen bruto, menos los gastos de explotación y la depreciación. Se les denomina también ganancias antes de intereses e impuestos.

CAPITAL CIRCULANTE. Véase capital neto circulante.

CAPITAL NETO CIRCULANTE. Los activos actuales, menos los pasivos actuales. El capital neto circulante es la cantidad de dinero que una empresa ha inmovilizado en actividades de explotación a corto plazo.

CAPITAL PROPIO. Lo que queda, si es que queda algo, después de restar los pasivos totales de los activos totales. El valor del patrimonio es la suma del capital aportado por los propietarios, más las ganancias retenidas. Se le denomina también equidad de los accionistas.

CARTERA. Un activo intangible del balance de situación. Si una empresa ha comprado otra por un precio que excede el valor de mercado justo de sus activos, esa «cartera» se considera un activo. La cartera puede representar también otras cosas intangibles, como puede ser la excelente reputación de una empresa o su marca comercial. Ambos pueden ser valores reales. Por eso, existen otros activos intangibles, como las patentes.

CONTABILIDAD ACUMULATIVA. Una práctica contable que informa de cuándo tienen lugar las transacciones, tanto si el capital cambia de manos o no.

CONTABILIDAD DE CAJA. Una práctica contable que informa de las transacciones cuando el capital cambia de manos.

COSTE DE CAPITAL. Los costes que los accionistas y los prestamistas pueden obtener de su capital si invierten en la mejor oportunidad que tienen a su disposición con el mismo nivel de riesgo, calculados como los costes medios de las diferentes fuentes de capital de la organización.

COSTE DE LOS ARTÍCULOS VENDIDOS. En el estado de ingresos y gastos constan como los costes que afronta una empresa por producir sus artículos y sus servicios. Esta cifra incluye las materias primas, la producción y los costes laborales directos.

CRISIS. Un cambio, ya sea repentino o progresivo, que causa un problema urgente que la directiva debe afrontar de inmediato.

CUENTAS A COBRAR. Una categoría del balance de situación que representa las cantidades que los clientes y otros deben a la empresa.

CUENTAS POR PAGAR. Una categoría de pasivos del balance de situación que representa las deudas de la empresa con los suministradores, así como con otros acreedores a corto plazo.

DELEGACIÓN. La asignación que una persona hace de una tarea específica o un proyecto a otra, y el compromiso que esta última adquiere para completar dicha tarea o proyecto.

DEPRECIACIÓN. Un gasto que no es de capital, pero que reduce efectivamente el valor del balance de situación de un activo durante su período de vida.

DIAGRAMA DE GANTT. Un diagrama que ilustra la duración y el orden cronológico de actividades discretas.

EQUIDAD DE LOS ACCIONISTAS. Véase capital propio.

EQUIPO. Un pequeño número de personas con destrezas complementarias que se comprometen a lograr un propósito común y bajo una responsabilidad colectiva.

ESCALAFÓN PROFESIONAL. Una serie lógica de estados que desplaza a un empleado trabajador o inteligente hacia puestos de más responsabilidad.

ESTABLECER METAS. Un proceso para definir los objetivos que usted planea conseguir.

ESTADO DE BENEFICIOS Y PÉRDIDAS. Véase Estado de ingresos y gastos.

ESTADO DE FLUJO DE CAPITAL. Un estado financiero que detalla las razones de los cambios de capital (y los equivalentes del capital) durante el período contable. Específicamente se puede decir que refleja todos los cambios de capital debidos a las actividades de explotación, las inversiones y las actividades financieras.

ESTADO DE INGRESOS Y GASTOS. Un estado financiero que indica los resultados acumulados de las operaciones durante un período determinado de tiempo. También se le denomina estado de pérdidas y ganancias.

EVALUACIÓN DEL RENDIMIENTO. Un método formal para evaluar cómo lo está haciendo su plantilla con respecto a las metas asignadas.

FORMULACIÓN DE LA ESTRATEGIA. La búsqueda de un plan que diferencie a la empresa y que le dé una ventaja competitiva.

FUNCIÓN. Un grupo de tareas y proyectos que están relacionados con una actividad continua, como pueden ser las ventas, el *márketing* o la formación.

GANANCIAS. La cantidad de dinero resultante de la venta de los productos o de los servicios al cliente.

GANANCIAS NETAS. El «saldo total» del estado de ingresos y gastos. Las ganancias netas son aquellas que se han restado de los gastos y de los impuestos. A veces se las denomina también ganancias netas o beneficios netos.

GANANCIAS RETENIDAS. Los beneficios netos anuales que restan después de pagar los dividendos que se acumulan en el balance de situación de una empresa.

HORARIO. Un compromiso escrito de que se conseguirán unas metas en un marco de tiempo determinado.

INFLUENCIA. El ejercicio de la autoridad con el fin de cambiar la conducta, la actitud o los valores.

INTERESES EMPRESARIALES PRINCIPALES. Desde una perspectiva profesional, estos intereses se tienen desde muchos años atrás y son casi una pasión. Surgen de la personalidad de cada individuo e influyen en la clase de actividades que satisfacen a una persona.

INVENTARIO. Los suministros, las materias primas, los componentes, etcétera, que una empresa utiliza en sus operaciones. Incluye también las labores que están en progreso, como pueden ser los artículos en sus diversas fases de producción, así como los artículos terminados que esperan venderse o transportarse.

MARGEN DE BENEFICIOS. El porcentaje de cada euro de venta que constituye el saldo final. El margen de beneficios son las ganancias netas después de los impuestos dividido por las ventas netas. En ocasiones se le denomina también rendimiento de las ventas.

META SUPLEMENTARIA. Una meta que va más allá de las responsabilidades cotidianas, y que en su lugar se concentra en unas destrezas determinadas o un proyecto acordado por un directivo y un empleado, y que son de mayor importancia y merecen un esfuerzo extra.

PASIVOS. Una reclamación contra los activos de la empresa.

PASIVOS CORRIENTES. Los pasivos que deben pagarse en un año o en menos; préstamos a corto plazo, los salarios, la declaración de la renta y las cuentas por pagar.

PREGUNTAS ABIERTAS. Son aquellas que suscitan la participación y un deseo de compartir ideas.

PREGUNTAS CONCRETAS. Preguntas que sólo tienen un sí o un no como respuesta.

PREPARACIÓN. Una actividad de doble sentido en la que las partes comparten conocimientos y experiencia con el fin de maximizar el potencial del que recibe dicha formación y así ayudarle a conseguir las metas acordadas.

PRESUPUESTACIÓN INCREMENTAL. Una práctica presupuestaria que extrapola de las cifras históricas. Los directivos observan los períodos presupuestarios anteriores y los resultados actuales, así como las expectativas para el futuro, a la hora de determinar el presupuesto para el próximo año.

PRESUPUESTO. La traducción de unos planes estratégicos en cantidades posibles de medir y que expresan los recursos esperados que se requieren, así como los rendimientos anticipados sobre un determinado período de tiempo.

PRESUPUESTO DE BASE CERO. Una práctica presupuestaria que empieza cada nuevo ciclo presupuestario desde la base cero, o desde la misma base; es decir, como si el presupuesto se preparara por primera vez.

PRESUPUESTO DE CAJA. Un presupuesto que predice y planea el nivel y el momento de las entradas y salidas de capital.

PRESUPUESTO DE EXPLOTACIÓN. Un objetivo proyectado para el rendimiento en ganancias, gastos y beneficios de explotación.

PRESUPUESTO GENERAL. Un presupuesto que incorpora el presupuesto de explotación y el presupuesto financiero de una organización para crear una imagen comprensiva. En otras palabras, el presupuesto general resume todas las proyecciones individuales dentro de una organización en un período determinado de tiempo.

PRESUPUESTO RODANTE. Un plan que se actualiza continuamente, de tal manera que el marco temporal permanece inalterable, mientras que el período actual que cubre el presupuesto cambia.

PRINCIPIOS CONTABLES ACEPTADOS GENERALMENTE. En los Estados Unidos, un conjunto de convenciones, normas y procedimientos sancionados por el Comité Internacional para la Normalización de la Contabilidad, un organismo normativo e independiente. Todas las entidades deben cumplir las normas establecidas por este organismo en lo que se refiere a las transacciones y representar sus resultados en los estados financieros.

RECURSOS GENERADOS DESCONTADOS. Un método que se basa en el valor temporal del dinero y que calcula su valor encontrando el valor actual de los flujos de capital futuros de una empresa.

SOLVENCIA. La capacidad de pagar las facturas cuando se reciben.

TASA CRÍTICA DE RENTABILIDAD. La tasa de rendimiento mínimo que todas las inversiones de una empresa en particular deben conseguir.

TASA DE DESCUENTO. La tasa anual, expresada en porcentaje, a la que un pago o una serie de pagos futuros quedan reducidos hasta su valor actual.

TASA DE RENTABILIDAD INTERNA. La tasa de descuento en la que el valor neto actual de una inversión equivale a cero.

TELETRABAJO. El trabajo realizado por empleados en lugares que no son sus oficinas, y que son facilitados por las telecomunicaciones e Internet.

TRABAJO DE EQUIPO AUTODIRIGIDO. Una unidad autónoma con un objetivo específico.

VALOR ACTUAL. El valor monetario actual de un pago futuro, descontado a una tasa anual de interés compuesto.

VALOR DE EQUIDAD. El valor total de los activos menos el de los pasivos.

VALOR ECONÓMICO AÑADIDO. Una medida del beneficio económico real calculado como beneficio de explotación, después de pagar los impuestos, *menos* el coste de capital empleado para obtenerlo.

VALOR FUTURO. La cantidad a la que el valor actual, o series de pagos, aumentará durante un determinado período de tiempo a una tasa compuesta específica.

VALOR NETO ACTUAL. El valor actual de uno o más flujos de capital futuros, *menos* los costes iniciales de inversión.

VARIANZA. La diferencia entre los resultados actuales y los esperados en el presupuesto.

VISIÓN. Una visión de unos resultados esperados; cómo serán, cómo funcionarán y cómo se producirán.